U0894978

“适切”教学系列成果

小学低年级素养评价实践案例

刘琼◎主编

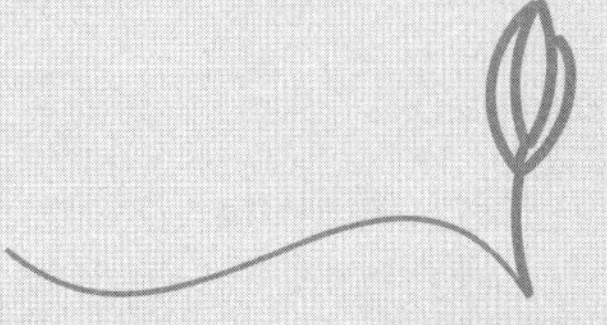

中国言实出版社

图书在版编目(CIP)数据

“适切”教学系列成果：小学低年级素养评价实践案例 / 刘琼主编 . -- 北京 : 中国言实出版社 , 2023.12

ISBN 978-7-5171-4635-3

Ⅰ . ①适… Ⅱ . ①刘… Ⅲ . ①素质教育 – 教学研究 – 小学 Ⅳ . ① G622.0

中国国家版本馆 CIP 数据核字 (2023) 第 252780 号

“适切”教学系列成果：小学低年级素养评价实践案例

责任编辑：张天杨
责任校对：王建玲

出版发行：中国言实出版社

地　址：北京市朝阳区北苑路180号加利大厦5号楼105室
邮　编：100101
编辑部：北京市海淀区花园路6号院B座6层
邮　编：100088
电　话：010-64924853（总编室）　010-64924716（发行部）
网　址：www.zgyscbs.cn　电子邮箱：zgyscbs@263.net

经　　销：新华书店
印　　刷：武汉颜沫印刷有限公司
版　　次：2024年4月第1版　2024年4月第1次印刷
规　　格：710毫米×1000毫米　1/16　24印张
字　　数：350千字

定　　价：98.00元
书　　号：ISBN 978-7-5171-4635-3

本书编委会

主　编：刘　琼

副主编：高　雅

编　委：（排名不分先后）

张维国　陈国富　黄　锴　杜　伟　杨　军　黎　忠

魏明萱　樊万清　蔡小鹂　崔锐瑶　郑康容　邢　楠

汪振兴　罗礼红　李　晓　林秋宏　丘梓鹏　周毓青

曾颂玲　陈水妙　邓建国　乔　柯　陈瑾瑜　杨　茜

蔡晓纯　廖佩珊　张明春

Preface 前言

2021年“双减”政策发布后，教育部办公厅发布《关于加强义务教育学校考试管理的通知》（教基厅函[2021]34号）明确指出“小学一二年级不进行纸笔考试”，小学一二年级的学业质量评价改革成为了一个紧迫的命题。

2022年新版的义务教育课程方案与课程标准发布，对小学一二年级的学习有了“活动化、游戏化、生活化”的原则性要求。同时，也对改进教育评价提出了“强化素养导向，注重对正确价值观、必备品格和关键能力的考查，开展综合素养评价”“注重动手操作、作品展示、口头报告等多种方式的综合运用，并注典型行为表现，推进表现性评价”“促进‘教—学—评’有机衔接”等具体要求。

如何改革创新小学一二年级学业质量评价，让其既符合无纸笔测试的政策要求，又全面融入五育并举的学业质量标准，还重点关注低龄段学生的学情特点。深圳市宝安区教育科学研究院引领全区小学开展了深入的研究与实践，于2022年启动了低年段综合素养测评研究项目，分别于2022年6月、2023年6月先后两次组织全区低年段综合素养测评方案评选与施测调研。

全区各小学积极参与，各学校根据自己的地处位置、学校特色、校园主题、经典阅读等精选主题、设置情境、设计项目、组织施测、分析诊断、应用结果、优化教学。例如航星学校，结合地理优势，创设了“挑战成功搭乘飞往新校园的航班”为主题情境的游戏式测评活动，测评项目既“实”且“活”；径贝小学以“四色创融，做出彩径贝少年”为主题，聚焦核心素养和关键能力，围绕任务驱动的真实情境，展现多元评价、尊重个体差异的新风貌；文汇学校本着“培养完整的人”的发展评价理念，以“百舸争流竞扬帆，测评赋能促成长”为主题，把“有好奇心、有想象力、有综合分析运用能力”等作为考查要点，设计富有趣味性、竞争性、挑战性的闯关游戏，体现多元化、多维度、多层次的综合测评。

两年多来的实践，全区涌现了丰富多样的案例，汇聚成了区域小学低年级综合素养测评的案例库，是区域教育评价改革创新的重要研究成果。本书精选其中 20 个优秀案例，供同类型区域、学校交流指导。

在此感谢朱利霞院长的全力支持与指导，高雅老师对案例征集与评选活动的全面组织，张维国、陈国富、黄锴、杜伟、黎忠、杨军、魏明萱等老师对开展研究的积极配合，宝安区宝安实验学校、天骄小学、海城小学等学校深入参与实践并提供优秀案例。

因时间仓促，书中难免错漏，恳请同行批评指正，不吝赐教。

刘 琼

2023 年 11 月于深圳

Contents 目录

百舸争流竞扬帆　测评赋能促成长
——文汇学校小学部一二年级 2022–2023 学年度第二学期期末综合测评活动方案 1

百舸争流竞扬帆　测评赋能促成长
——文汇学校小学部一二年级 2022–2023 学年度第二学期期末综合测评活动总结 12

“毕业赠礼·文化传承”主题项目式学评活动
——天骄小学（集团）天骄小学 2022–2023 学年度第二学期低年级综合测评方案 29

“毕业赠礼·文化传承”主题项目式学评活动
——天骄小学（集团）天骄小学 2022–2023 学年度第二学期低年级综合测评总结 47

智慧星启航，畅想新校园
——航星学校 2022–2023 学年度第二学期低年级综合测评方案 57

智慧星启航，畅想新校园
——航星学校 2022–2023 学年度第二学期低年级综合测评总结 69

四色创融　做出彩径贝少年
——海韵学校（集团）径贝小学 2022—2023 学年第二学期低年级综合素养测评方案 80

四色融创　做出彩径贝少年
——海韵学校（集团）径贝小学 2022—2023 学年第二学期低年级综合素养测评总结 104

造境·对话·联动·生长
——任务驱动视域下低年级综合测评西湾小学（集团）海城小学
2022–2023 学年度第二学期低年级综合测评方案 110

造境·对话·联动·生长
——任务驱动视域下低年级综合测评西湾小学（集团）海城小学
2022–2023 学年度第二学期低年级综合测评总结 123

腾跃龙吟，趣游乐学
——龙腾小学 2022-2023 学年度第二学期低年级综合测评方案 128

双减落地有声，“六艺”乐趣无穷
——龙腾小学 2022-2023 学年度第二学期低年级综合测评总结 134

体教融合，定向寻宝，乐学趣评
——海裕小学 2022-2023 学年度第二学期低年段综合测评方案 141

体教融合，定向寻宝，乐学趣评
——海裕小学 2022-2023 学年第二学期低年段综合测评总结 153

“粽”游千岛湖　家园共守护
——湖光学校 2022-2023 学年度第二学期低年级综合测评方案 159

“粽”游千岛湖　家园共守护
——湖光学校 2022-2023 学年度第二学期低年级综合测评总结 181

湖东学子大闯关　学评融合展风采
——天骄小学（集团）湖东小学 2022-2023 学年度第二学期低年级综合测评方案 187

湖东学子大闯关　学评融合展风采
——天骄小学（集团）湖东小学 2022-2023 学年度第二学期低年级综合测评总结 194

促学科素养落地生根　让每个生命自由舒展
——宝安小学（集团）茭塘小学 2022-2023 学年度第二学期低年级综合测评方案 201

让生命自由舒展　看茭塘星光灿烂
——宝安小学（集团）茭塘小学 2022-2023 学年度第二学期一年级综合测评总结 211

沙溪小舞台，缤纷大世界——“足”够精彩
——沙溪小学 2022-2023 学年度第二学期低年级综合测评方案 216

学科融合趣无穷　多元评价促成长
——沙溪小学 2022-2023 学年度第二学期低年级综合测评总结 226

智慧乐学，勇闯争星
——海韵学校（集团）海韵学校低年级综合测评方案 229

智慧乐学，勇闯争星
——海韵学校（集团）海韵学校低年级综合测评总结 250

乐评乐游　激趣促学　重回自然　快乐成长
——深圳外国语学校宝安学校 2022–2023 学年度第二学期低年级综合测评方案 252

乐评乐游　激趣促学　重回自然　快乐成长
——深圳外国语学校宝安学校 2022–2023 学年度第二学期低年级综合测评总结 259

提质赋能小黄人，耕耘黄田乐成长
——黄田小学 2022–2023 学年度第二学期低年级综合测评方案 270

提质赋能小黄人，耕耘黄田乐成长
——黄田小学 2022–2023 学年度第二学期低年级综合测评总结 282

华附少年　乐学趣闯
——华中师范大学宝安附属学校 2022–2023 学年度第二学期低年级综合测评方案 289

华附少年　乐学趣闯
——华中师范大学宝安附属学校 2022–2023 学年度第二学期低年级综合测评总结 301

趣学乐评，幸福成长
—— 宝安区实验学校（集团）宝安实验学校 2022–2023 学年度第二学期低年级综合测评方案 304

趣学乐评，幸福成长
——宝安区实验学校（集团）宝安实验学校 2022–2023 学年度第二学期低年级综合测评总结 310

葵园天地、乐享成长之“绿野仙踪”历险记
——西湾小学（集团）固戍小学 2022–2023 学年度第二学期低年级综合测评方案 317

葵园天地、乐享成长之“绿野仙踪”历险记
——西湾小学（集团）固戍小学 2022–2023 学年度第二学期低年级综合测评总结 325

多彩项目齐发力　多元智能促提升
——塈岗小学 2022–2023 学年度第二学期低年级综合测评方案 334

趣学乐考促成长　家校合力增实效
——塈岗小学 2022–2023 学年度第二学期低年级综合测评总结 342

智创"绮云"屋　慧学向未来

——西乡小学 2022—2023 学年度第二学期低年级综合测评方案 345

智创"绮云"屋　慧学向未来

——西乡小学 2022—2023 学年度第二学期低年级综合测评总结 356

闯关集星我能行　快乐学习我最棒

——坪洲小学 2022—2023 学年度第一学期低年级综合测评方案 363

多元评价　发掘潜力　促进成长

——坪洲小学 2022—2023 学年度第二学期低年级综合测评总结 367

百舸争流竞扬帆　测评赋能促成长

——文汇学校小学部一二年级 2022–2023 学年度第二学期期末综合测评活动方案

教育评价事关教育发展方向，事关教育强国建设。习近平总书记指出，要深化教育体制改革，健全立德树人机制，扭转不科学的教育评价导向，从根本上解决教育评价指挥棒问题。文汇学校严格落实中央关于教育评价改革和“双减”工作部署要求，以落实课程计划、践行新课程标准为本；以培养能力、促进素养提升为旨，针对低年级学生实施以“百舸争流竞扬帆，测评赋能促成长”为主题的期末学科综合素养测评活动。此项综合测评活动，学校已尝试并实施三年，初步探索形成适合本校的测评模式，收到很好的效果。

一、遵从“提升素养尊重成长”的理念与原则

（一）设计理念

1. 指向核心素养培养“完整的人”的发展的评价。新时代教育需要我们培养的是跨学科、跨领域的综合型、复合型人才，文汇学校以“文润品行，汇育英才”的办学理念，培养全面发展的人，为孩子们美好的未来奠基。测评活动通过创设任务情境，按照“游园乐考项目化测评”的形式，在情境中把学科知识、关键能力、意志品质的培养等融合成项目化任务，通过观察、描述学生个体及团队在任务解决过程中的表现，评定学生的学业水平，并结合测评结果给予个性化的指导和帮助。构建一个常态化、系列化、纵深项目化的测评体系，指向学生的全面发展。

2. 指向学科知识、关键能力的表现性评价。通过各种闯关集“赞”活动，全面考察低年级学生各学科知识、关键能力。努力让孩子在轻松愉快、多样的评价中感受学习知识的快乐，体验学习成功的喜悦，从而提升学生的综合能力与创新思维。真正落实“双减”政策，从儿童立场出发，指向儿童成长，同时落实课程目标、夯实学科基础，了解学科素养达成情况，融学科性、趣味性、

综合性为一体，从多角度关注学生素质能力，以多元化评价促进学生发展。

（二）设计原则（见图 1）

1. 把握内容的标准性的同时，注重形式的多样性。结合年段和学生年龄特点，在准确把握测评内容标准性的同时，设计丰富的测评内容，设置多种形式趣味化的游园闯关活动，符合孩子的年龄特征，在趣味化活动中完成测评。

2. 设置情境性活动的同时，注重过程的体验性。生活处处皆学习，引导学生关注生活，关注情境，结合学科特色设置相应的情境，学以致用，更好的激发学生迁移的思维，让学生拥有良好的学习成就体验感。

3. 注重测评创新性的同时，注重评价的客观性。创设情境，将学科知识与现实生活结合，考查学生应用学科知识解决实际问题的能力，采用开放性问题设计，考查学生发散思维能力与创新能力，跨学科融合设计问题，体现测评的客观性。

4. 注重测评全面性的同时，注重测评的实效性。通过闯关集赞的方式，鼓励学生大胆表现、乐于参与学习活动。充分考虑测评内容不仅面向全体学生的发展，更要针对不同层次的学生具有梯度性，闯关测评内容的由易到难，均在相应的情境中完成，充分体现测评的多元化、多维度、立体化，增强了学评的实效性。

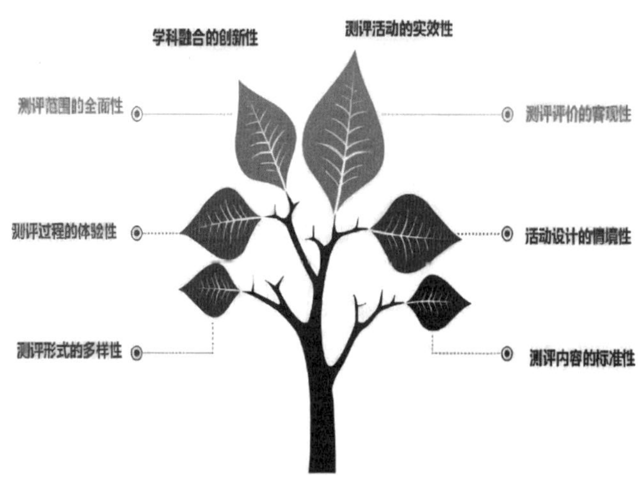

图 1　设计原则

二、遵循“立足教材依据课标”的目标设计

学校立足教材，依标扣本，把“有好奇心、想象力和求知欲，有信息收集整合、综合分析运用能力，有自主探究、独立思考、发现问题、解决问题的意识与能力”作为考查要点。同时，对应低年级各学科教材以及学段目标，确立测评目标。

1. 学科知识目标：每门学科依据学科教材和学科课标要求，确定各科测评子目标。

2. 情境体验目标：设置情境，以闯关游戏活动推进测评，激励和反馈学生在教学实施的过程中所取得的效果。

3. 意志情感目标：通过参与各项具有挑战性的测评活动，提升意志品质，在各项活动中体验参与学习，关注全体，照顾个体的动态表现，让学生体验学习的乐趣，激发学习的热情。

4. 综合能力全面发展目标：改变往常单元模块的纸笔测试，激发学生对学业水平测评的兴趣，最大限度地提升学生听说读写的能力和综合素养。

三、遵照“资源整合提升素养”的内容设计

结合多元智能理论，促进核心素养提升的理念指导下，在测评内容的选择上，基于各学科的课程标准，将各学科的知识理解点、技能应用点、能力表现点进行梳理，从学科核心素养出发，在主题情境中将所学学科的知识、能力的考核融在一起，开发立体式的测评内容，关注学生多元智能的发展。

1. 基于学科本位的知识化测评

语文：引导学生在探索、操作中感知汉字、偏旁，掌握音序查字法，积累古诗，培养孩子们观察能力、想象力，提升自身语言表达能力，提高学生语文综合素养。（见表1）

表 1　语文测评标准

年级	活动名称	活动目的	活动准备	活动流程及评价标准
一年级	认字桃花林	通过汉字部首组合转盘认读不同的字	1. 桃花树夹不同的字 2. 汉字部首组合转盘	1. 学生排队在桃树下摘汉字转盘花朵。 2. 转动汉字转盘能全部生字都读准确的同学可以获得一枚印章
	字典吉凤亭	通过字典卷轴确定音序，拼读音节，说出字词	字典卷轴	学生排四队随机抽取一份字典卷轴，按要求拼读音节说出该生字并组词
	背诵扇子园	看扇子图猜古诗，并背诵古诗	纸扇、团扇	学生随机抽取一把扇子，看扇子的内容猜故事，并背诵古诗
	文学创作廊	中国画培养学生想象力以及语言表达能力	幸运大抽奖转盘	学生分队，随机转动幸运大抽盘，走到对应序号的中国画面前，在 1 分钟内看图说话，具体说清图片中的四要素
二年级	捉虫之学	通过观察寻找日常易写错的字词，并深化记忆	制作打印 20 个词语贴在每个海底幼虫刺玫瑰的图案上，贴出学生平时易写错的生字词语。	1. 分成 4 个摊位，每个摊位 5 个词语。 2. 学生能从一个摊位里找到 5 个错别字并从备选词组里找到正确的词得 A+，能找到 3 个错别字从备选词组里找到正确的词得 A，能找到 3 个以下错别字得 B。
	诗海拾贝	在情境中运用课内积累的古诗词、名言警句等描写春天、夏天、乐于助人、诚信、天干地支等主题内容	1. 20 个超美珍珠贝壳 2. 模拟的沙滩场景 3. 打印相关主题语境	以学生能给相应贝壳上的语段填上正确的诗词佳句作译制标准，填 5 句得 A+，填 3 句得 A，填 3 句以下的得 B。
	双龙戏珠	考察学生成语的积累	1. 打印制作成语接龙词条 4 组 2. 设置迷宫场景	1. 两个同学携手同走成语迷宫，大声诵读成语。 2 最先走出迷宫的同学得 A+，后走出迷宫的同学得 A，答不完整的同学得 B。
	香鲸低语	选择场景图进行话题表达	制作打印三个场景对话	抽取题卡：根据情境说故事， 1. 能用上礼貌用语，根据场景能完整地说出 3 句话的得 A+，看图能完整说出 2 句话得 A，看图能完整说出 1 句话得 B

数学：引导学生能正确辨别已学的平面图形，熟练地根据图纸拼出图案。会讲符合生活实际的数学故事，语言流利通畅，表述清晰完整，培养学生的数学思维。

英语：通过朗读故事、演唱歌曲、说唱歌谣等形式激发学生的好奇心和求知欲，引导他们积极投入语言学习和实践，提高学生英语素养。（见表 2）

表 2　英语测评标准

年级	考核内容	考核形式	考核道具
一年级	Game 1：Happy Words “拍苍蝇”单词大擂台。	考官给出五张写有英语单词的苍蝇卡片，考官说中文，学生说出单词并快速反应拍打苍蝇卡片。	14 套苍蝇拍道具和张空白苍蝇白饭卡
	Game 2：Funny sentences 句子拼拼乐。	转动转盘读字母或单词，并用该单词造个句子	14 套雪糕棒
	Game 3：I am a singer 歌手争霸赛	用海盗桶插剑道具抽签抽到歌曲名称，带动作唱出来	14 套海盗桶插剑道具
二年级	Game 1：lucky Words 字母“大刮乐”。	1. 每人领一张刮刮卡，刮出字母，要读出字母音和发音，并说出含有该字母的 1 到 2 个单词 2. 刮出字母旁边有个星星的为幸运儿，奖励棒棒糖一根	刮刮卡 380 张
	Game 2：Magic Sentences 跳房子“大闯关”	1. 两人一组，A 跳到一个问句的格子，B 要跳到相应答句的格子，边跳边说 2. 要求 3–4 个问答回合到达终点为过关	跳房子地毯 2 张
	Game 3：Funny Talk 幸运“大骰子”	1. 学生转大骰子选中一个场景图片，两人一组进行对话或歌唱 2. 学生戴上头饰进行声情并茂的表演或唱歌	14 个人物角色头饰

科学：从亲近自然走向亲近科学，认识自然世界，理解科学、技术、社会与环境的关系，提高科学素养。

音乐：通过模仿表演，扮演不同的角色，展现自己的个性和特点，锻炼表演能力和沟通能力，提升自信心。

劳动：在游戏中体验、实践，运用所学劳动知识，培养简单的动手能力和探索能力，享受学习劳动的乐趣，达到乐学、爱学、活用劳动的目的。

美术：引导孩子对色彩鲜明的事物感兴趣，尝试用语言、表情、动作表示对美好事物的喜爱、亲近之情，初步体验美术欣赏活动的快乐。

体育：通过知识问答、团体合作和个人技能展示，让学生充分发现自己的个性和特点，积极参与体育活动，良好的体育品德。（见表 3）

表 3 体育测评标准

年级	考核内容	考核形式	活动评价	对应课标考查能力
一二年级	第一关：健康行为（问答）	1. 是否学会运用健康与安全的知识和技能，形成健康的生活方式？ A 能够、B 不能、C 不了解 2. 通过体育锻炼，体育课是否能给你带来快乐？ A 能够、B 不能、C 不了解 3. 通过体育锻炼，能否积极应对挫折和失败，保持良好的心态？ A 能够、B 不能、C 不了解 4. 体育课是否教会你主动同他人交流与合作，养成良好的锻炼习惯？ A 能够、B 不能、C 不了解	A^+：回答完全准确（三题以上），声音洪高、清晰； A：回答草本准确（两题），声音洪亮； B：回答准确（一题）。	健康行为：能否认识体育学科并做到与生活中的健康行为相结合。
	第二关：体育品格	1. 创意合作 2. 团体障碍接力跑	A^+：有合作精神，有领导力、能吃苦、敢拼搏、乐于助人； A：有团队精神、主动参与、但吃苦耐劳精神偏弱； B：基本有体现合作精神、团队合作能力偏弱，没有完成团队任务。	体育品格：积极主动，学会合作，敢于拼搏，乐于贡献有吃苦耐劳精神。
	第三关：运动能力	1. 花样跳绳 2. 篮球运球投篮 3. 跳跃能力	A^+：能准确掌握考核中三项运动技能并在展示中熟练运用，有观赏性、失误较少； A：能基本准确掌握考核中两项运动技能并在展示中运用，观赏性般、失误较多； B：没能掌握考核运动技能，在展示中没有有效运用，没有观赏性、失误较多。	运动能力：认识和掌握两项以上运动技能，并能利用技能运用到生活中去，形成良好的运动习惯。

2. 体现学科融合的综合化测评

建构主义理论认为，“学习者要想完成对所学知识的意义建构，最好的办法是自己到现实世界的真实环境中去感受，去体验。”“活动型”课程以及测评是聚焦核心素养的关键抓手。

3. 结合学情实际的项目化测评

“生活即教育。”设置“贴近学生，贴近社会，贴近生活”的测评活动，考查学生分析和解决现实问题的能力，指向教学目标的达成。

例如：以数学科组与科学科组联合设计的“我爱深圳”游学项目，设计了“选择合适的交通工具，打卡最美深圳”的任务。以选择乘坐公共汽车的小组为例，测试题目除了要求完成“根据钟面认读出发和抵达的时间、计算行程时间”的任务外，还安排了模拟购票和安全文明乘坐公交车的考题，考查学生的综合能力。

4. 促进素养提升的立体化测评

体现学科整合，全面考查学生的学科素养，又发挥无纸笔测评的优势，为可持续学习奠定了基础，促进学生的发展。

例如：以美术科组与信息科组联合设计的“美丽文汇”测评项目为例，在测试中，教师鼓励学生以小组为单位，充分发挥想象，合作设计并制作“最美文汇教学楼”作品，并附上作品的相应说明。活动当日，参评学生则化身小评委，根据事先指定的5个评分层面(创意、外观、结构、技术、展示)对作品进行打分。电脑系统迅速提供每个小组作品各维度的得分情况，对比评选出“创意之星”“美丽达人”“技术之王”“展示能手”等奖项，根据总得分的高低，评出“最佳作品”。

四、遵守“梯度提升　多维锻炼”的过程设计

以落实立德树人为根本任务，设计螺旋上升的梯度，从多种维度锻炼学生的思维、能力、品质。

（一）日常教学梯度渗透

在日常教学中依据新课标要求，结合学科教学精心设计发散性问题，激发学生全面思考、多向思维，培养学生多元表达，激发学习热情，培养创新精神。

（二）科学制定测评方案

根据各学科课程标准，结合教材规定、年段要求，制定体现科学性、差异性、可操作性的适合小学低年级无纸笔测评的评价标准，并以“等级+评语”的形式呈现。关注学生的个性成长和多元智能的发展，让每一个学生拥有丰富多元的成长体验。（见表4）

表 4　全面发展测评标准

年级	考按内容	活动评价	对应课标考查能力
一年级	第一关：绿色星球	A+：能迅速、准确说出植物的特点和对人类的重要性 A：经过思考后能说出慎物的特点和对人类的重要性 B：经过思考后能说出植物的部分特征和对人类的重要性	认识周边常见的动植物，能简单描逃其外部特征和生长过程，知道地球是人类和动植物共同的家园。能利用感官或简单的工具，观察对象的外部形态特征和现象，并对其进行简单比较、分类。具有初步的收果信息和得出结论的意识。
	第二关：天气轮转	A+：能快速、准确将天气与其特点对应上 A：能准确地将天气和特点对应上 B: 能将部分天气与其特点对应上	能说出天气变化和其对人类生活的影响。能利用感官或简单的工具，观察对象的外部形态特征和现象，并对其进行简单比较、分类等。具有初步的收集信息和得出结论的意识。
	第三关：测量专家	A+：熟练掌握用小木块进行测量的方法并且全部测量正确 A：全部测量正确 B：部分测量正确	知道简单工具的动能和使用方法，能利用身边的材料和工具完成简单的任务
二年级	第一关：材料世界	A+：所有材料能进行迅速正确分类，态度自信，表达流利 A：能对绝大部分材料进行正确分类，态度自然，表达流利 B：能对部分材料进行正确分类。	认识常见物体的基本外部特征，认识生活中常见的材料，知道自然物和人造物存在区别。能在教师指导下，观察具体事物的构成要素，通过口述等方式描述事物的外部特征和表达自己的想法。能利用感官或简单的工具，观察对象的外部形态特征和现象，并对其进行简单地比较、分类等。具有初步的收集信息和得出结论的意识。
	第二关：四季变迁	A+：能准确辨认所有季节的图片，清晰流利说出季节的特点和对人类的影响 A：能准确辨认大部分季节的图片，清晰流利说出季节的特点和对人类的影响 B：能准确区分不同季节的图片，并说出季节特点对人类的影响	能描述季节变化等自然现象，说出对人类生活的影响。能在教师指导下，观察具体事物的构成要素，通过口述等方式描述事物的外部特征和表达自己的想法。能利用感官或简单的工具，观察对象的外部形态特征和现象，并对其进行简单比较、分类等。具有初步的收集信息和得出结论的意识
	第三关：阴晴圆缺	A+：能对所有月亮图片进行准确排序 A：能对大部分月亮图片进行准确排序 B：能对部分月亮图片进行准确排序	能描述月亮形状变化等自然现象。能在教师指导下，观察具体事物的构成要素，通过口述等方式描述事物的外部特征和表达自己的想法。能利用感官或简单的工具，观察对象的外部形态特征和现象，并对其进行简单的比较、分类等。具有初步的收集信息和得出结论的意识。

（三）实施测评检验成果

综合测评由日常的课堂表现（占比例20%）（见表5）、课堂作业完成表现（占比例20%）（见表6）、文学素养考核表现（占比例20%）、期末素养测评活动表现（占比例40%），四个方面综合评价而成。

表5 日常课堂表现测评标准

测评项目	评价细则	个人评价（30%）	同学评价（30%）	教师评价（40%）
听课情况	A级：注意力集中，参与度高，认真听讲，紧跟老师同学步伐。 B级：认真听讲，没有走神、讲闲话等现象。 C级：听课比较认真，偶尔有走神、讲闲话等现象。 D级：听课不认真，走神、讲闲话现象比较严重。			
发言情况	A级：积极举手，踊跃发言，有自己独特的见解。 B级：能举手发言，参与交流讨论，表达较好。 C级：偶尔举手发言，发言内容缺少自己的思考。 D级：基本上不发表自己的观点。			
合作学习	A级：善于与人合作，虚心听取他人意见。 B级：能与人合作，能接受他人意见。 C级：较少与人合作，但能接受他人意见。 D级：缺少与人合作精神，难以听取他人意见。			
课堂作业情况	A级：按时按量认真完成，作业书写美观、准确率高。 B级：按时按量完成，书写较好，准确率较高。 C级：能完成作业，但没有速度，作业质量较差。 D级：不按时不量完成，时有拖欠缺项。			
总评				
我这样评价自己				
同学眼中的我				
老师的评价				
备注说明	1. 本评价表针对学生课堂表现和作业完成情况作评价。 2. 学生自评和同学评价直接采用等级制，为了让等级评价更显性量化，教师评价将采用盖章集赞的方式进行量化。A级评价奖励4个印章，B级评价奖励了3个印章，C级评价奖励2个印章，D级评价奖励1个印章，最后通过印章数来评定等级。 3. 本评价分为定性评价部分和定量评价部分，定量评价分为自评，同学评和教师评价。 4. 定性评价部分，分为“我这样评价自己”“同学眼中的我”“老师的评价”，被评价者作总体评价描述和提出建议，以帮助被评价学生的改进和提高。			

表 6 文学素养考核表现

<table>
<tr><th rowspan="2">主题</th><th rowspan="2">任务</th><th rowspan="2">项目</th><th colspan="4">等级描述</th></tr>
<tr><th>A 级</th><th>B 级</th><th>C 级</th><th>D 级</th></tr>
<tr><td rowspan="5">城堡畅游记</td><td>芝麻开门</td><td>背诵</td><td>能正确、流利地、响亮地、有感情背诵课内 4 首古诗，课外积累的 2 首古诗。</td><td>能正确、流利地、响亮地、有感情背诵课内 4 首古诗。</td><td>能较正确、较流利地、声音较响亮背育课内 4 首古诗，提醒不超过 1 次。</td><td>能基本正确背诵课内 4 首古诗，提醒次数 1–4 次。</td></tr>
<tr><td>字树开花</td><td>识字</td><td>能正确、熟练认读并组2–3个词，推确率务必高达97%。</td><td>能正确、熟练认读并组 1–2 词，准确率必须高达 94%。</td><td>能比较正确、熟练认读并组 1–2 词，准确率务必达到 90%，提示不超过 1 次。</td><td>能基本正确、熟练认读并组 1 个词，准确率必须达 85%，提示不超过 2–3 次。</td></tr>
<tr><td>朗读演绎</td><td>朗读阅读</td><td>能正确、流利、有感情地朗读且声音响亮无错误。</td><td>能正确、流利、较有感情地朗读且声音响亮，有 1–2 处错误。</td><td>能较正确、流利较有感情地朗读且声音基本清晰，有 3–5 处错误。</td><td>能基本正确朗读，停顿有错误，声音较小，误较多，需要提醒多次。</td></tr>
<tr><td>伶牙俐齿</td><td>口语交际</td><td>介绍时态度自然大方，声音响亮；能说出 3 点以上的理由并阐述清楚、充分。</td><td>介绍时态度自然大方，声音响亮：能说出 3 点理由并阐述清晰。</td><td>介绍时态度基本自然大方，声音较响亮；能说出 2 点理由并阐述基本清晰。</td><td>介绍时较紧张，声音较小：能在提示下清楚地说出 1 点理由。</td></tr>
<tr><td>绘声绘色</td><td>看图说话</td><td>能借助图片和关键词完整、清楚地介绍图片中呈现的内容，并能加入自己的想象和动作。</td><td>能借助图片和关键词较完整、清楚地介绍图片中呈现的内容。</td><td>能借助图片和关键词基本完整、清楚地介绍图片中呈现的内容。</td><td>能在指导下根据图片和关键词基本能介绍图片中呈现的内容。</td></tr>
<tr><td>备注</td><td colspan="6">1. 每一学期的素养面试主题可以变动，需要完成的任务也是可以变动，但考核项目主要是围绕：听、说、读写和语文学科校心素养方面进行考核。
2. 每一学期的主题活动考核细则会根据具体的考核内容进行调整。
3. 主题考核活动注重情境性、趣味性、综合性，能较全面地掌握学生学习效果，活动形式多以游园活动形式开展。</td></tr>
</table>

（四）总结分析，调整提升

根据学情及各学科评价量表，相关科任教师根据学生的真实记录，结合平时表现，对每一位学生进行相应的学情分析，并及时归档，然后通过多种方式进行有针对性地反馈，并与班级科任教师团队、家长等进行沟通达成下一阶段教育目标。这样，教师能关注到不同学生的水平和特色，有针对性地调整指导不同学段学生的教学过程与学生活动。

聚焦综合素养，为“双减”赋能。本次测试本着“教学评一体化”理念，以任务驱动的方式，创设生活化的主题情境，聚焦学生的核心素养，关注趣味性、关注生活经验、关注真实体验，初步构建了一二年级无纸笔测试的框架和范式，是“双减+新课标”背景下的成功尝试，为今后开展学业评价开拓了有效路径。我们将不断思考创新，把知与行、学与用统一起来，把身与心的健康统一起来，不断促进学生认知、能力、情感、态度、价值观等方面的提高与养成，让“双减”落地有声，成长悄然绽放。

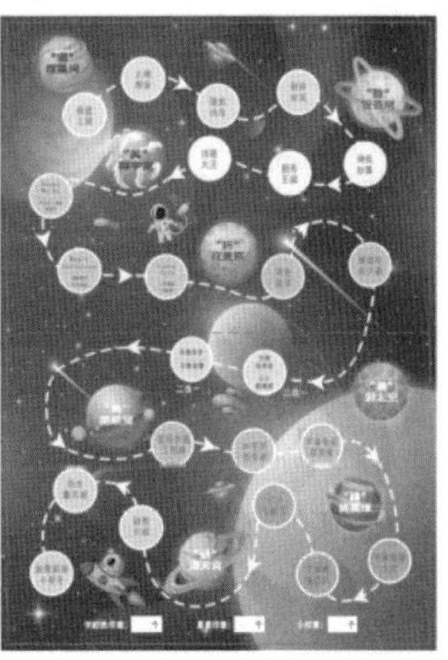

百舸争流竞扬帆 测评赋能促成长

——文汇学校小学部一二年级 2022-2023 学年度第二学期期末综合测评活动总结

习近平总书记指出：“要深化教育体制改革，扭转不科学的教育评价导向，从根本上解决教育评价指挥棒问题。”为全面贯彻党的教育方针，落实国家“双减政策”、立德树人的根本任务，促进学生德、智、体、美、劳全面发展，文汇学校严格落实中央关于教育评价改革和“双减”工作部署要求，以落实课程计划践行新课程标准为本；以培养能力，促进素养提升为旨，对低年级学生实施以“百舸争流竞扬帆，测评赋能促成长”为主题的一二年级期末学科综合素养测评活动。此项综合测评活动，学校已尝试并实施四年，初步探索出适合本校的测评模式，收到很好的效果。

一、综合测评活动概况

荷风送香气，测评提素养。6 月 14 日，文汇学校一二年级全体师生齐聚篮

球场，开展期末综合测评活动。宝安区教育科学研究院高雅老师、杨军老师以及兄弟学校的领导、老师等多位领导嘉宾莅临现场观摩指导。

二、测评内容

此次测评活动内容涵盖了一二年级所有学科，注重学科知识层面测评的同时，更注重实践与创新能力的考查。如语文科目中的拼音、词语、情景表达；数学科目中的问题解决、逻辑思维；英语科目中的听说训练、文化理解；科学科目中的解决实际问题等，结合学科内容进行项目化测评。

三、测评形式

我们采用了结合日常测试、现场展示、现场闯关、实践操作等多种测评形式，力求全面、客观地测评学生的真实水平，锻炼学生的各项能力。

四、活动流程

活动前，我们制定了详细的测评活动方案，并做好充分的准备工作。活动中，教师们严格按照方案执行，为增进家校联系，我们还邀请了家长义工、家长代表参与，确保测评的公平、公正。活动后各学科、各班、各年级都结合相关数据进行总结。

本次测评活动分为三个环节进行。

首先是一二年级全体学生进行学科融合的歌舞才艺展示：结合文汇学校课桌舞活动的开展，一二年级全体孩子将古诗词诵读、英语儿歌、现代歌曲演唱、舞蹈表演等融于一体进行展示。

接下来是班级学生有序到各测评点进行分学科测评以及综合素养测评。此次测评本着“教学评一体化”，指向核心素养的“完整的人”的发展评价理念，立足教材，依标扣本，以任务驱动的方式，按照学科知识 + 综合能力锻炼 + 全面素养提升的思路，设计富有趣味性、竞争性、挑战性的闯关游戏，体现多元化、多维度、多层次的综合测评活动。

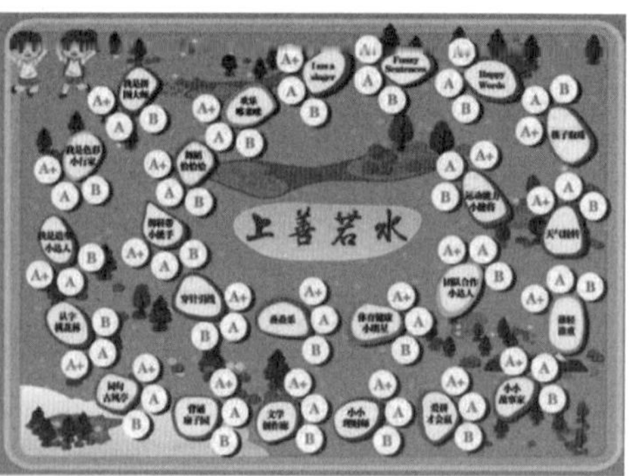

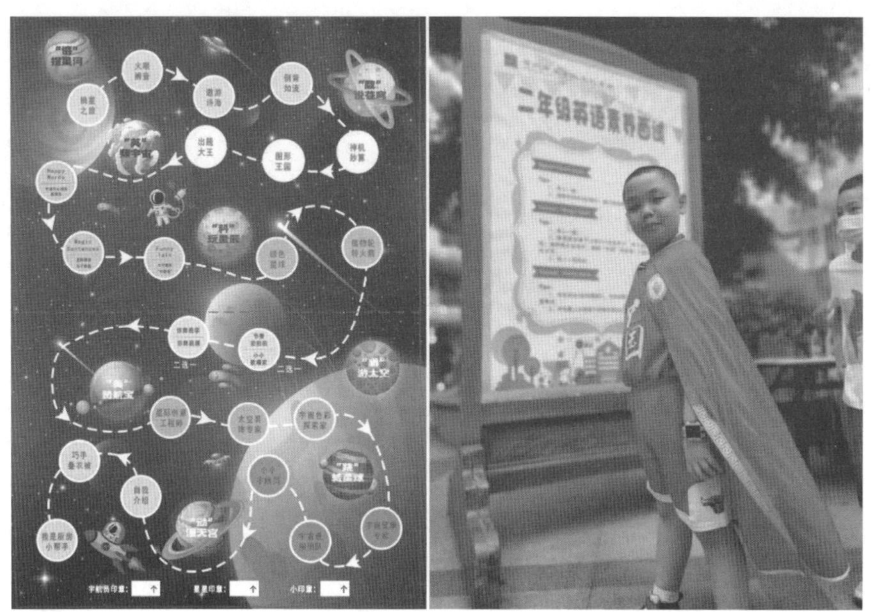

披上战袍，开始闯关啦

孩子们穿上自己喜欢的衣服，带着测评卡，开心地参与到活动中。

语文的成语阵闯关

一年级的语文素养测评的闯关活动以“邂逅桃花源，古风采蜜甜”为主题，从听说读写几个角度，设计了涵盖语文基础知识及学科能力的测评。分为“认字桃花林”、“字典古风亭”、“背诵扇子园”、“文学创作廊”四关，二年级则以“畅游海洋世界”为主题，分“捉虫之学”、“诗海拾贝”、“二龙戏珠”、“香鲸低语”四关，融学科性、趣味性、综合性为一体，激发学生学语文、爱语文、用语文的兴趣，提升学生积累语言、运用语言的能力。

一年级数学综合测评活动分为“神机妙算”、“爱拼才会赢”、“故事大王”三关，二年级则分为“计算小达人”、“测绘家”、“有趣的时钟”“数

学知识我来用”四关，从多角度关注学生素质能力，以多元化评价促进学生发展，让学生将书本知识付诸实践运用。

英语学科测评活动以“Happy English, Colourful Life”为主题，一年级英语分为“Happy Words”、“Funny sentences”、“I am a singer”，二年级则为“lucky Words”、“Magic Sentences”、“Funny Talk”三关。英语科组根据低段孩子们的实际情况，坚持育人导向，以听说唱为主，注重学生的体验、感知和实践，更注重激发低年级学生的英语学习兴趣，增强他们学习的自信心。

科学学科，亲自动手称一称、认识各部位名称、磁力小车

孩子们自己动手制作的太空帽

科学科组喊出“扬帆起航，让我们征服科学之海”的口号，在科学老师的指导下，家长的帮助支持下，孩子们创意十足，带着自己的太空梦想，制作了太空帽。现场测评活动一年级以“谁轻谁重”、“天气轮转”、“筷子取珠”等为考核内容。二年级以“磁力小车”、“四季变迁”、“筷子提米”等为考

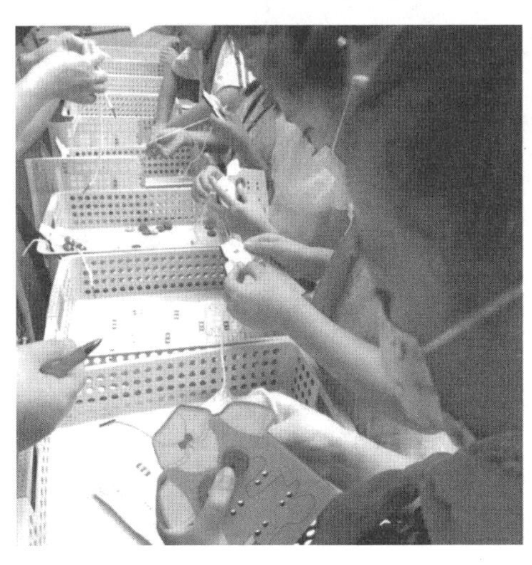

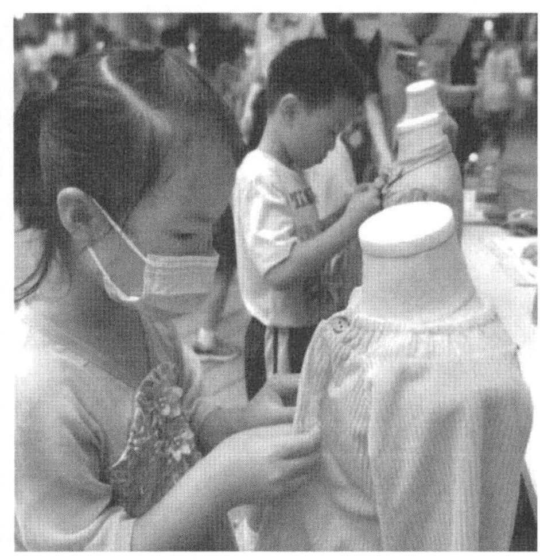

核内容，以游戏互动、动手探索为主要活动形式，寓教于乐，让学生在游戏中爱上科学，在实践中巩固知识、学习本领。

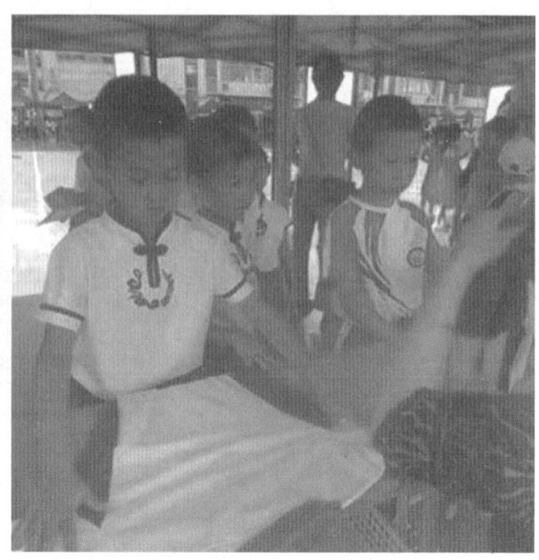

劳动课的综合实践——叠衣服、给模特穿衣服、缝扣子、系鞋带

生活即教育。基于1–2年级学生的身心特点和学习能力，联系生活实际，劳动科组老师将劳动学科知识融入到游戏活动中，在测评中注重引导学生运用他们所熟悉的劳动项目“我会绑鞋带”、“我会串手链”、“我是折叠小能手”“我是妈妈小帮手”等项目进行测评，开展生活化、情景化、趣味化、综合化的劳动素养测评。

音乐学科的“小小歌唱家”测评活动

音乐科组以“唱唱跳跳嗨起来！”为主题设计综合素养测评内容，融音乐基本常识、小小才艺展示融入游戏任务，提高学生对音乐与舞蹈的兴趣，让学生更好认识自我，表达自我，激发学生学习音乐与舞蹈的兴趣，提升自信心。

体育科组从“健康行为（问答）”、“体育品格（团队）”、“运动能力（个人）”等方面对一二年级孩子进行综合考核，通过让学生完成不同的项目，激发学生对体育运动的喜爱，激发学生的运动乐趣、参与的热情，提升运动意识。

最后是测评结果与反馈，并进行现场的总结表彰

一二年级的无纸化综合素养测评活动，文汇学校已经开展几年了，初步探索出具有文汇特色的测评模式。此次测评活动更是“双减＋新课标”背景下的成功尝试，把知与行、学与用统一起来，把身与心的健康统一起来，不断地促进学生认知、能力、情感、态度、价值观等方面综合素养提升，让“双减”落地有声，促进学生健康快乐成长。

五、活动成效与结果分析

通过本次活动，我们对学生的培养全面发展的人、提升学生综合素养有了更深刻、更全面、更深入的认识与思考。孩子们在活动中展现出了较高的学习热情和实践能力。活动为老师们的教育教学提供有利的参考。对于学生的测评，除了日常学习中的过程性评价，我们也结合此次测评活动中老师们现场观察的学生表现情况，及时进行记录分析。活动结束后，我们根据学生的测评闯关卡，进行学科相对应的知识与能力分析、年级分析，统计汇总测评结果，具体分析今后教育教学中的待改进，制定相应的改进措施。

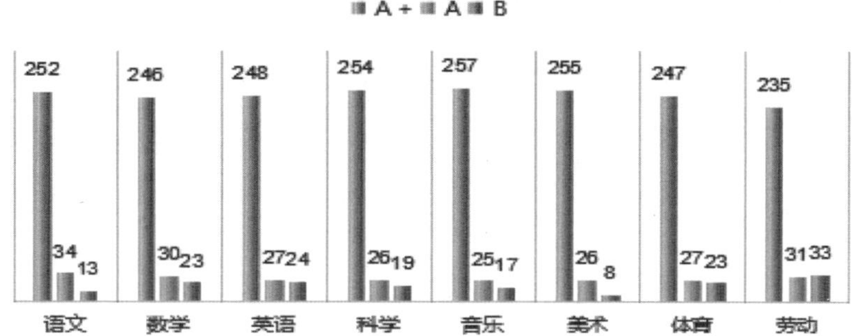

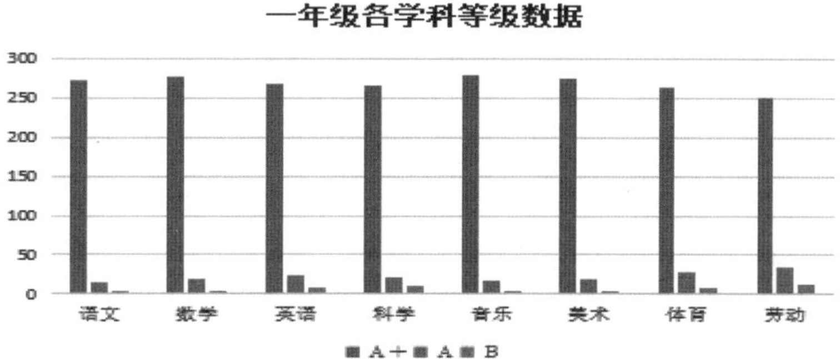

（一）学生层面的得失与启示作用

1. 综合测评活动既有统一要求，又关注学生的个性差异。对每一名学生都有比较全面客观的评价。在评价的过程中，学生对照评价的目标与标准，引导他们认识到自身的真实水平与能力，帮助学生明确努力的方向。为学生的个性彰显，全面有特色的发展提供了一定的空间。

2. 测评活动过程就是学生回忆自身近期学习生活、梳理自身成长进步的足迹、明确自身失误、享受成功的喜悦的过程。他们在失败中摸索，成功中总结，不论是短期还是长期的记录，他们成长的轨迹就清晰地呈现在自己眼前。教育引导学生在不断地总结过程中，调整自我，完善自我，学生的这一收获是巨大的。

3. 综合测评活动关注学生的行为与习惯的教育、品德形成的浸润教育等，促进学生良好品德形成与良好习惯的培养，也将促进他们在未来的生活中更加明确今后努力和成长的方向。

一年级综合测评结果汇总					
科目	等级	等级			结果分析
		A+	A	B	
语文	识字	96%	3%	1%	"认字桃花林"要求学生排四列队伍在桃树下转动"部首识字转盘"旋转认读四个生字，并且随机抽取三张词语书签认读三组词语。学生对于站在桃花树下识字特别感兴趣，对此做了充分准备，从整体通关情况来说，识字部分孩子们都能全对。
	词语	95%	3%	2%	"词句古风亭"要求学生随机从四份卷轴中抽取一份，按要求回答音序、音节、部首、组词并造句，学生出错率较多的视部首，容易说错部首名称，但是绝大部分同学都能把字典词句知识熟练掌握。
	句子	92%	6%	2%	"背诵扇子园"要求学生随机抽选一把扇子，看着扇子的内容猜古诗，一分钟内限时背诵古诗。这一关对于学生来说难度不大，因为平时练习到位，绝大部分学生都能准确看图流利背诵古诗。
	表达	87%	10%	3%	"文学创作廊"要求学生随机从六张卡片抽取一张，在2分钟内看图说话，具体说清楚图片的内容。这一关是最考验学生的综合实力的，学生看图限时说清楚图片中的时间、地点、人物、事件，这个对于一年级小朋友来说有一定难度，说的句子有很多不是很通顺流畅。
数学	小小理财师	92%	5%	3%	学生100以内的加减法计算，如遇到进退位加减法，速度回较慢，但整体正确率较高。
	爱拼才会赢	97%	2%	1%	用七巧板拼图总体完成得较好，只有极个别学生不会根据图纸完成拼图。
	小小故事家	96%	2%	2%	绝大部分学生表达流利，能将数学运用到生活中。
英语	Happy Words	95%	4%	0.60%	学生单词认读总体不错，个别单词区分容易错
	Funny Sentences	96%	4%	0	学生交际语掌握不错，但还需加强学生表达自信心
	I am a singer	99%	1%	0	英文儿歌朗朗上口，学生基本上都掌握
科学	天气轮转	99%	1%	0	学生能够识别天气并且说出对应特点以及现象，少部分学生对不同天气带来的现象认识不够
	筷子取珠	98%	2%	0	大部分学生能够轻松使用筷子转移玻璃珠，少部分对工具的使用比较生疏
	谁轻谁重	100%	0	0	学生能够规范使用天平比较排列不同物品的轻重
美术	我是拼图大师	98%	2%	0	学生非常喜欢，大部分学生能够在规定时间内轻松选择自己喜欢的图形，完成拼贴题目，并且能够完成的非常有创意
	我是色彩小行家	99%	1%	0	学生能够在规定时间内选出两个色板完成题目指定的颜色
	我是造型小达人	96%	4%	0	绝大多数学生可以用两根扭扭棒完成抽到的题目
音乐	欢乐哆来咪	99%	1%	0	学生基本掌握教材内节奏，个别节奏区分易错
	舞蹈恰恰恰	97%	3%	0	学生动作协调能力总体不错，个别学生感知协调能力需提升
体育	健康小达人	99%	1%	0	学生能够完全回答出正确答案。
	运动小明星	96%	4%	0	学生基本掌握爬、钻、绕、跳，个别学生协调能力不好，没能顺利完成
	运动小健将	95%	5%	0	学生基本掌握花样跳绳、跳跃摸高、运球投篮等技能。个别学生不熟练
劳动	叠叠乐	99%	1%	0	绝大部分学生能够自己叠好衣服
	穿针引线	90%	10%	0	大部分学生能够穿线，并把纽扣缝在衣服上，少数学生只能能够穿好线，不能将纽扣缝在衣服上。
	穿鞋带小能手	95%	5%	0	绝大部分学生能够自己绑鞋带

4．孩子们能够在炎热的天气里，保持求知的热情，克服困难，积极闯关进行测评，活动也锻炼了学生的耐挫力和意志力，培养了学生的意志品格，全面锻炼学生。

（二）教师层面的得失与启示作用

1. 通过制定评价方案、活动过程的观测、活动结果的总结与分析，更加明确了如何培养全面发展的优秀学子。此次活动的综合评价，参与面大，评价内容全面，操作性强，实施过程科学、有序，相应的数据结果也具有很强的精确性和科学性，体现评价的参与性、过程性、全面性。

2. 评价有利于教师全面了解学生，并及时调整教育教学策略。教师通过汇总分析孩子每一项的考核情况，能比较全面地了解学生的情况，明确日常教育管理中的得失，有助于教师即时调整教育策略，不断提高教育教学质量。

（三）家长层面的得失与启示作用

1. 综合测评活动首先使家长了解孩子在道德品质、公民素质、学习能力等诸方面应达到的目标，在对比目标对孩子进行评价的同时，明确在家庭教育管理中的得失，有利地调控学生在校外的行为，调动家长参与教育与管理的热情，促使学校、教师、家庭形成教育的合力，对学生实施全面的教育管理，促进学生健康成长。

2. 根据测评活动中了解孩子的兴趣爱好，利于家长早起挖掘孩子的特长，明晰孩子个性发展的方向，进行相应的教育与指导，促进孩子的个性化发展。

（四）学校层面的得失与启示作用

对于低段校本课程的设置与调整提供参考依据。对于学校活动的开展奠定基础、提供参考。

六、活动亮点与反思

（一）测评活动亮点：

1. 指向核心素养的“完整的人”的发展的评价。

文汇学校秉持“文润品行，汇育英才”的办学理念，培养全面发展的人，为孩子们美好的未来奠基。测评通过创设任务情境，按照“游园乐考项目化测评”的形式，从学科核心素养出发，在情境中把学科的知识、关键能力、意志品质的培养等融合成主题化、游戏化、情景化、项目化的闯关任务，通过观察、描述学生个体及团队在任务解决过程中的表现，评价学生的学业水平，并结合测评结果给予个性化的指导和帮助。构建出一个教育常态化、活动系列化、学科融合全面化、测评纵深项目化的综合测评体系，促进了学生的全面发展。

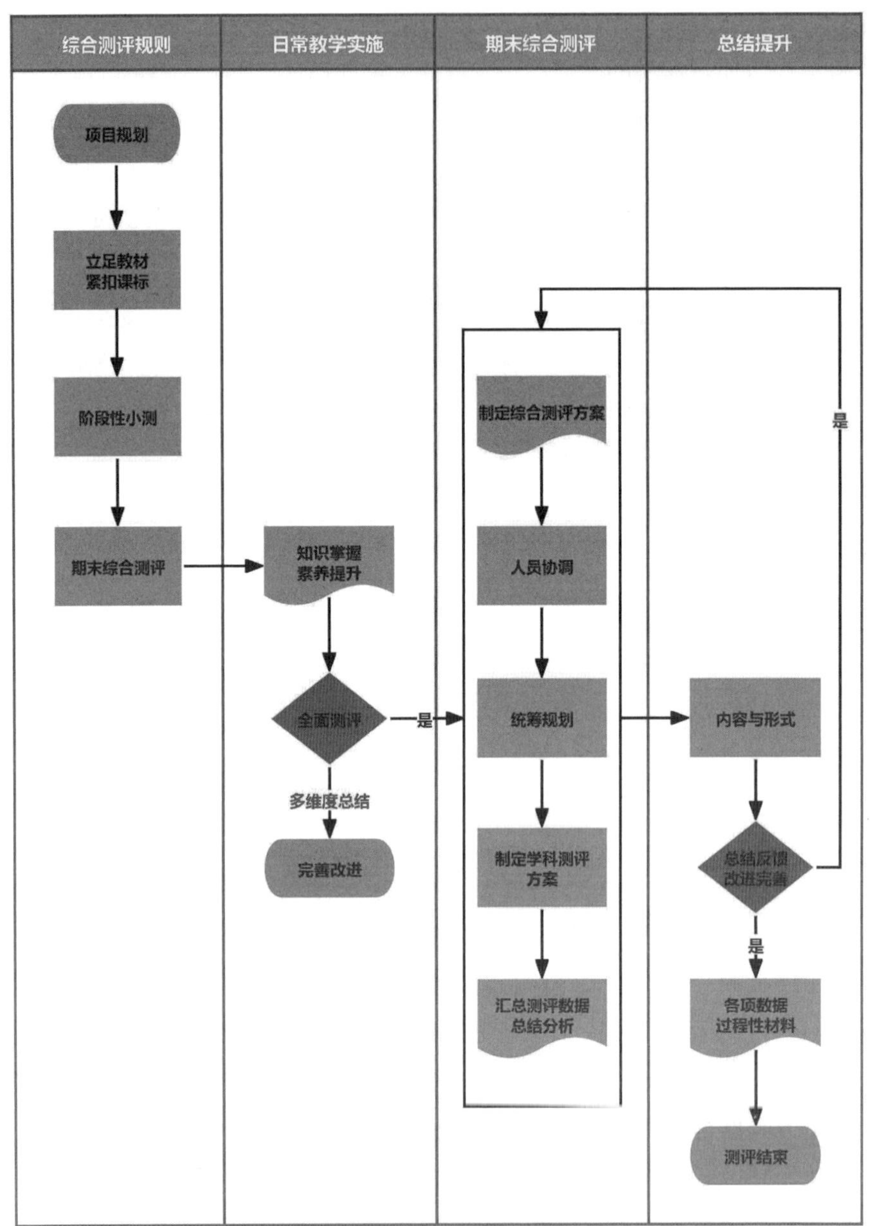

2. **指向学科知识、关键能力的表现性评价**。

通过各种闯关集“赞”活动，全面考察低年级学生各学科知识、关键能力。努力让孩子在轻松愉快、多样的评价中感受学习知识的快乐，体验学习成功的喜悦，从而提升学生的综合能力与创新思维。真正落实“双减”政策，从儿童立场出发，指向儿童成长，落实课程目标、夯实学科基础，了解学科素养达的成情况，融学科性、趣味性、综合性为一体，从多角度关注学生素质能力，以多元化评价促进学生发展。

3. 指向全员参与提升自信、因材施教个性发展的评价

本次活动一二年级所有学生全程参与活动，全面开花。学生穿着漂亮的班服，或穿着自己喜欢的服装，以自己喜欢的角色，开启妙趣横生的闯关益智之旅，富有仪式感。每个项目都是以游戏，闯关的形式考察本学期各科学习的内容，创设了各种生活情境，如跳房子成语接龙赛，捡贝壳诵读诗词佳句，挑选情境交谈话题等，情境中孩子们爱玩，乐玩，玩中学，玩中悟。每一个孩子都有展示的舞台，找到学习的自信，感受成长的快乐。

4. 活动体现了形式的多样性、过程的体验性、评价的客观性、测评的实效性。

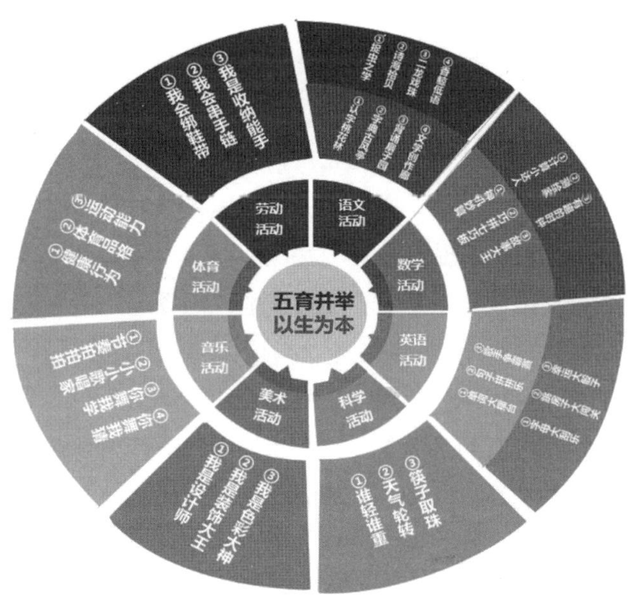

结合学生年龄特点，在准确把握测评内容标准性的同时，结合学科特色设计丰富的测评内容，设置相应的情境，将学科知识与现实生活结合，考查学生应用学科知识解决实际问题的能力；采用开放性问题设计，考查学生发散思维能力与创新能力；采用跨学科融合设计问题，不仅具有面向全体学生的发展，

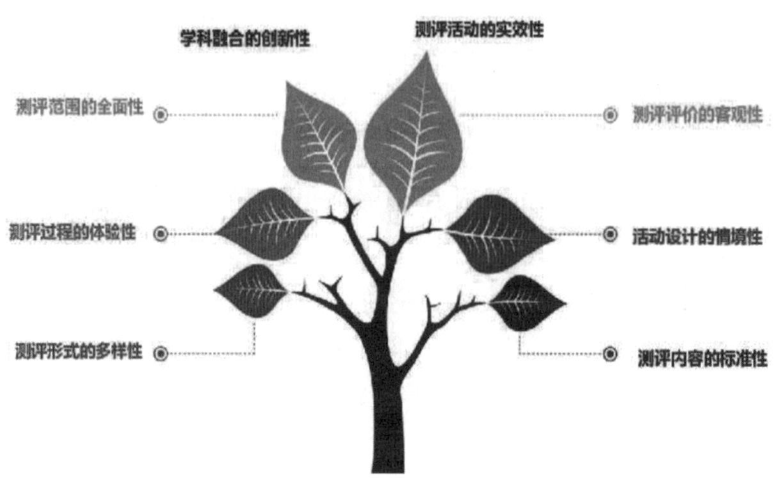

更体现了针对不同层次的学生的梯度性，闯关测评内容的由易到难，均在相应的情境中完成，充分体现测评的多元化、多维度、立体化，增强了学评的实效性。

（二）待改进之处：

1. 由于天气炎热、场地所限，给学生活动的时间不够充分，还有一些同学没有体验到所有的活动项目，留下遗憾。今后可以适当考虑调整一下时间。

2. 内容方面可以更进一步丰富和完善，多增加一些小组或者需要几人合力完成的团队合作类的测评活动。更好地促进学生在做好自己的同时也能够学会团队合作，促进综合素养的提升。

3. 努力克服场地限制的不足，更加科学地规划场地使用尽量将一些测评的情景化设置的更加贴合实际，引导学生情境中体验。

（三）今后努力的方向

今后，我们将在已有的基础上，结合学校实际、学生实际，继续探索，注重评价的过程性、全面性、激励性、指向性作用，切实落实“五育”并举，充分发挥课程的育人功能，结合评价结果与分析，及时引入相应的教学资源，及时调整教学策略，针对不同差异的学生进行个性化教学，确保让每一个孩子都能在文汇得到更好地发展，培养孩子们求真知、明真理、行真事、做真人，让每个孩子都绽放出属于自己的精彩。

“毕业赠礼 · 文化传承”主题项目式学评活动

——天骄小学（集团）天骄小学 2022–2023 学年度第二学期低年级综合测评方案

一、综合测评的设计理念

（一）测评背景

长久以来，学校习惯用纸笔测试卷考核学生对知识与技能的掌握情况，但单一的测试内容和形式、严格的等级和分数往往忽视了评价的育人功能。中共中央办公厅、国务院办公厅印发《关于进一步减轻义务教育阶段学生作业负担和校外培训负担的意见》。“双减”政策出台牵动着基础教育整体改革。“双减”政策明确指出一二年级不进行纸笔测试，期末学科测试的变革与完善成为落实“双减”的重要一环。深圳市宝安区天骄小学（以下简称“我校”）顺势而为，积极探索低年级综合素质测评的目标、内容和方式。

自 2016 年以来，我校便尝试游戏化学习理念下的低年段学科测评。在经历了 1.0 版本的“游戏大闯关”，2.0 版本的 “趣味打卡游园”后，我们发现测评活动存在以下几个问题：趣味打卡的项目之间的关联性不强；游戏闯关缺乏任务情境或真实性；测评的内容过分关注学科内容；测评的维度局限于学科化，无法有效反馈学生的综合素质等。因此本次低年级测评活动我们探索了 指向学生素养发展的多元化项目式学评。力争克服以往综合素质测评中存在的情境任务脱离实际、项目环节缺少关联、评价内容忽视综合表现、评价维度简略粗浅等问题，通过精心的设计与实施，用评价活动诊断和反馈学生的学科知识能力和素质发展水平，激发学生的学习兴趣，让学生在“玩中评”、在“评中学”，全面落实“评价即学习”的理念，促进学生的全面发展。

（二）测评特征

1. 评价定位：从知识走向素养。

《中国学生发展核心素养》提出，学生在接受相应学段的教育过程中，需逐步形成适应个人终身发展和社会发展需要的必备品格与关键能力，以培养“全面发展的人”为核心。小学作为基础教育的起始阶段，发展学生的素养就是关注人的培养，简言之就是如何“育人”。学校教育不仅拥有传递学科知识的功能，还承载着育才成人的责任，需要培养能适应未来生活的人。教育评价应跟教育目的一致，一方面需改变评价仅检测学科知识、技能达成情况，而以综合素质评价诊断学科素养发展状态，形成学生素质发展的全面画像；另一方面需改变过去用分数来报告学生学科知识掌握情况的做法，而通过综合素质评价采集学生学科学习系列过程性信息，帮助学生找到自身发展的优势和问题。

2. 评价目标：从诊断走向发展。

合理的、高质量的评价必须首先要有明确的目标，小学低年级综合素质测评需要回答为什么评，通过测评能解决什么问题，达成什么样的效果，这就是评价目标的定位。传统意义上的期末测评目标较为功利，偏重于知识的记忆，重评价结果。而综合素质测评的评价目标不仅仅是诊断，更侧重于促进学生综合素质发展。因此，综合素质测评更应关注评价主体学生的需要和特点，评价过程更能体现学生的自我认知和自主发展，评价形式更能吸引学生参与，激发学生的学习兴趣，评价的内容、角色应更多样。促进学生发展的评价既关注结果，又关注过程，既需要有对学生客观、有效的反馈，又能找到学生的闪光点、增长点。

3. 评价方式：从单一走向多元。

“双减”政策要求小学一二年级不允许进行期末纸笔测试，是为了减轻学生的学业压力和负担，也是要改变过去用试卷检测学科知识，用分数反馈学习效果的单一评价方式。多元的评价方式倡导表现性评价和终结性评价相结合，既能体现对学习习惯、学习态度的关注，又有思维过程、思维方式的测评。评价的主体更多元，教师为主导的评价之外，增加了学生自评、小组互评和家长点评等方式。评价过程是学习过程，收集评价信息的同时能让学生在沟通互动中改进方法、发展能力。多样的情境评价任务、生动的活动主题，都能增强评价方式的趣味性，而且更符合小学低年级学生的认知能力和学习兴趣，从而激发学生学习的内驱力。

二、综合测评目标

（一）测评总目标

学生能在主题引领下，在真实情境中，通过体验与实践，运用所学的语文、数学、英语、美术、音乐、科学等学科知识和已有的运动和劳动技能，在互动式、探究式和体验式的学习中完成主题任务，解决真实的问题，提升综合素养。同时，考虑到7月份毕业季，可以借给六年级毕业班学生送小礼物这一学校传统，传承奋发有为、活泼创新的学校文化，将精神文化传承纳入本次测评活动的目标中。

（二）测评情境设计

低年级学生入队都会有六年级的哥哥姐姐为他们戴上鲜艳的红领巾，作为低年级的学弟学妹，也可以在毕业季为哥哥姐姐们做一份有纪念意义的礼物。基于这一真实情境，我们将本次测评的主题确定为“给六年级哥哥姐姐们的毕业赠礼”。

基于测评主题，以给哥哥姐姐送一份毕业礼物为出发点，我们列举了完成这一任务可能经历的问题，并设计了以下测评情境（见表1）。

表1

为六年级哥哥姐姐的毕业赠礼	
真实问题	**测评情境**
我送一个什么礼物?	天骄心愿屋
制作这份礼物，我需要准备什么东西?	天骄客服中心
我如何获得制作礼物需要的东西?	天骄银行、天骄百货店
我如何用准备好的东西制作礼物?	天骄手工坊、天骄摄影工作室
送礼物给哥哥姐姐的时候，我要说什么?	天骄百货店
礼物制作好以后，我如何包装?	天骄快递（提供礼品包装服务）

（三）分情境测评目标

以测评总目标为导向，结合核心素养要求，我们在每一个测评情境下，设计了相应的测评目标（见表2）。

表 2

给六年级哥哥姐姐的毕业赠礼			
测评情境	测评目标	综合素养	学科融合
天骄心愿屋	学生能用中英文介绍自己，表达自己想送给哥哥姐姐礼物以及给哥哥姐姐送礼物的理由，句式正确，语音标准，表达完整，语速流畅，举止文明，态度礼貌	语言表达与交流；社交能力；懂得感恩；文明礼仪	语文，英语道德与法治（以下简称“道法”）
天骄客服中心	学生能用中英文表达自己的诉求，获得帮助与指引。举止文明，语言礼貌，表达清晰，语言流畅	语言表达与交流，社交能力，文明礼仪，解决问题能力	语文，英语，道法
天骄银行	学生能根据指引将班级优化大师的积分兑换成天骄币，完成数字与钱币的换算，语言表达清晰，举止文明，换算正确	语言表达与交流，文明礼仪，解决问题能力，数感	语文，数学，道法
天骄百货店	学生能读懂指引清单，根据指引用中英文表达购买需求并购买或租赁需要的东西。语言表达清晰，钱币支付正确，举止文明	计算能力，语言表达与交流，文明礼仪，解决问题能力，阅读能力	语文，数学，英语，道法
天骄手工坊	学生能读懂时钟并在规定时间内完成手工制作。能在制作过程中，表达自己的想法。能遵守手工坊规则	创新实践，艺术素养，科学素养，语言表达与交流	语文，数学，美术，科学，道法
天骄摄影工作室	学生能用唱歌、表演等方式表达自己对哥哥姐姐们的祝福。举止文明，表达自信	艺术素养，自信表达	语文，音乐，英语，道法
天骄快递	学生能为礼物选择合适的包装纸并包装好礼物，能填写快递单并支付包装费。能按要求书写祝福语。书写工整，支付正确	劳动技能，艺术素养，语言表达与创作	语文，劳动，美术，数学

三、综合测评内容

根据测评目标，结合学生当前的学情，我们将测评内容按七个情境的需求设计了测评内容和评价标准。

（一）情境一：天骄心愿屋

本情境下的测评目标是学生能用中英文介绍自己，表达自己想送给哥哥姐姐的礼物以及给哥哥姐姐送礼物的理由，语言正确，语音标准，表达完整，语速流畅，举止文明，态度礼貌。主要涉及了语文、英语和道法学科的内容，体现学生在语言表达与交流、英语语言运用能力、文明礼仪和感恩教育方面的综合表现。基于以上目标，本情境下的具体测评内容为：

1. 用中英文自我介绍

中文：老师好！我是 ____ 年级 ____ 班的 ____。我今年 ____ 岁。我喜欢 ____。（活动 / 颜色 / 食物 / 书籍）

英文：Good morning!/Good afternoon! My name is ____. I' m in Class ____ Grade ____. I' m ____ years old. I like ____ (color/food/drinks/books/activities).

2. 中文大声朗读心愿单并选择想送的礼物

心愿单：

①纸质书签 ②DIY 发夹或手链

③表演祝福（唱歌、跳舞） ④一封信

⑤手工作品（折纸、轻粘土） ⑥磁性书签

3. 说一说你为什么想送这份礼物？

（二）情境二：天骄客服中心

本情境下的测评目标是学生能用中英文表达自己的诉求，能通过与客服人员的交流，知道要制作这份礼物需要准备的东西。对活动过程有任何疑问，能主动到客服中心寻求帮助。

主要涉及了语文和道法学科的内容，体现学生在语言表达与交流、英语语言运用能力、文明礼仪和解决问题等方面的综合表现。基于以上目标，本情境下的具体测评内容为：用中文表达自己的诉求。

你可以这样说：“您好，请问我想送 ____ 给六年级的哥哥姐姐，现在应该怎么做？”

客服中心问答：

同学您好，请问你要送什么礼物？

好的，要想成功送出这份礼物，你需要获取的物品有：卡纸 / 粘土 / 信纸 / 租彩色笔 / 租表演道具 / 树叶书签 / 磁性书签。

首先，你可以先到“**天骄银行**”将班级优化大师的积分兑换成天骄币。

接着到“**天骄百货店**”用获得的天骄币购买你制作礼物需要的物品。

然后到“**天骄手工坊**”或“**天骄摄影工作室**”完成礼物制作。

最后到“**天骄快递**”站寄出自己的礼物。

（三）情境三：天骄银行

本情境下的测评目标是学生能根据指引将班级优化大师的积分兑换成天骄币，完成数字与钱币的换算。 主要涉及了语文、数学、道法学科的内容，体现学生在语言表达与交流、文明礼仪、解决问题的能力、数感方面的综合表现。基于以上目标，本情境下的具体测评内容为：

（1）通过文明清晰的表达，将积分兑换成天骄币。

例：您好，我有 83 个积分，8 个十，3 个一，请帮我换成 83 元天骄币。

（2）在兑换的过程中，学会有计划使用自己的积分。

例：我有 65 个积分，我要获得 xxx，需要 40 元，所以我要将其中的 40 个积分换成天骄币。

（3）我需要多少天骄币去购买制作礼物需要的东西？

（四）情境四：天骄百货店

本情境下的测评目标是能读懂指引清单，根据指引用中英文表达购买需求并购买或租赁需要的东西。语言表达清晰，钱币支付正确，举止文明。主要涉及了英语、数学学科的内容，体现英语语言运用能力，数学运算能力、文明礼仪和解决问题等方面的综合表现。基于以上目标，本情境下的具体测评内容为：

（1）用英文表达自己需要采购的物品

例：　师：Can I help you?　　　　　生：Card，please.

　　　　　What do you like?　　　　　　　I like ...

　　　　　Here you are.　　　　　　　　　Thank you.

或者 师：What do you need?　　　　生：I need ...

　　　　　What do you like?　　　　　　　I like ...

　　　　　Here you are.　　　　　　　　　Thank you.

（2）用简洁的数学语言告诉自助收银台工作员购买物品的数量和价格。

例：我要买 2 张 7 元的卡纸和租 1 套租金 88 元的彩笔。

（3）自助收银台：算一算，一共花费多少元，还剩多少元，或应该找回多少元?

例；我的商品一共（　）元，我付（　）元，找回或还剩（　）元。

商品	卡纸 / 一张	粘土 / 一份	信纸 / 一张	租彩色笔 / 一套	租表演道具 / 一件	树叶书签 / 一张	磁条贴 / 一个
一年级价格	3 元	9 元	2 元	38 元	28 元	14 元	1 元
二年级价格	7 元	19 元	34 元	88 元	68 元	26 元	3 元

（五）情境五：天骄手工坊

本情境下的测评目标是学生能**用阿拉伯数字的外形特征进行意与形的想象变化，学会用“点、线、色”装饰数字的形态、色彩，设计以趣味数字造型为主题的书签**，表达自己对哥哥姐姐们的祝福。也可以根据科学磁铁的原理，将书签设计为磁性书签，要求设计造型美观、趣味联想、内容积极。主要涉及了美术、数学、科学的内容，体现学生在创意实践方面的素养表现。基于以上目标，本情境下的具体测评内容为：在 3–5 分钟之内（可同时多人进行），在空白的书签里，设计一幅有趣味的数字装饰画。根据数字的形状特点，用“变身魔法”（装饰法、拟人法、联想法）为你喜欢的数字变身。结合装饰画的内容合理运用磁性圆片，利用异极相吸的原理，制作带磁性的书签，使书签不易掉落。

（六）情境六：天骄摄影工作室

本情境下的测评目标是自信表达，主要涉及了语文、英语、音乐、道法学科的内容，体现学生艺术素养方面的综合表现。基于以上目标，本情境下的具体测评内容为：

1. 给哥哥姐姐唱一首英文和中文歌（可自备曲目）。

你可以选择以下中文歌：

《十个印第安人》《拍手谣》《唐老伯有个小农场》
《小小的船》《咏鹅》《音阶歌》《有个洋娃娃》
《勇敢的鄂伦村》《野兔饿了》《降落伞》

你可以选择以下英文歌：

Bingo/ Rain rain go away/ Happy birthday to you
Happy new year / Here it comes/Doggy, doggy, I beg you
Ride, ride, ride a bike

2. 创意表演（自选表演内容）。

学生自己选择表演的形式，租用服装，学生可以小组形式展示。

（七）情境七：天骄快递

本情境下的测评目标是能根据自制手工礼物、信件选择合适的包装材料，并进行包装，会填写及粘贴快递单，或会使用电子邮件发送表演作品，主要涉及了劳动、美术、音乐、语文、数学、信息学科的内容，体现劳动技能、艺术素养、语言表达与创作、数学测量与解决问题方面的综合表现。基于以上目标，本情境下的具体测评内容为：测量自制手工礼物的尺寸；选择合适的包装材料；包装自制手工礼物；填写及粘贴快递单。

四、综合测评过程

（一）综合测评的前期准备

1. 学生准备。

（1）结对。

为了保证测评工作的顺利开展，将低年级同学和高年级同学按照班级学号进行一一配对。即一二年级 1 班 1 号学生对应六年级 1 班 1 号学生。

（2）认识。

为了保证礼物顺利送出，低年级学生需要填写准确的快递单。按照配对规则，由班主任安排一位低年级学生对应一位六年级。六年级班主任安排学生为对应的低年级学生写一张毕业寄语。一位六年级学生对应一位一年级和一位二年级学生。

（3）见面。

测评前一周，由班主任带着学生到六年级与结对的哥哥姐姐一起拍照。

2. 工作进度表与场地安排。

按照测评工作要求，制定进度表，确定负责部门。

3. 测评道具准备与人员安排（见表3）。

按照每个情境需求，安排低年级学科教师与家长义工。

表3

测评情境	道具准备	人员安排
天骄心愿屋	自我介绍内容与要求（展板） 心愿单（展板） 印章8个（印在学生手册想送的礼物处）	测评教师8名，家长义工2–3名
天骄客服中心	长桌子、凳子、纸笔、酒精、纸巾、奖励糖，常见问题列表（展板） 打印不同回答的纸条若干份，印章8个	测评教师8名，家长义工2–3名
天骄银行	凳子5张，天骄币1元、2元、5元、10元、20元、30元、50元、100元各50张，评价章，各班班优积分表，印章8个	测评教师8名，家长义工2–3名
天骄百货店	语言表达内容要求（展板）与货品（中英文名称）价目表（展板） 商品工具：彩色500张，信纸400张，磁条贴20米，彩色粘士30套（一套12色），卡纸空白树叶形状书签带绳600张，带背胶磁条贴（元20厚1.5mm）15米 表演道具：4套响铃手环、4套卡通眼镜、4套发光星星、4套卡通发箍，彩色马克笔12套，表演服装定制天骄1080服装、带祝福语50件 计算工具：草稿纸50张，铅笔10支，计数器3个，印章8个	测评教师8名，家长义工2–3名（百货租借工作人员4人、收银台工作人员4人）
天骄手工坊	桌子四张，时钟4个，备用美术工具，印章8个	测评教师3名，家长义工2–3名
天骄摄影工作室	摄影棚及固定照相机脚架，音乐伴奏，音乐曲目表，各种乐器、话筒，评价章8个，动物头饰若干、奥尔夫舞蹈纱巾、区域标签牌或标签贴（歌唱组、舞蹈组、乐器组）便携式音箱和U盘等推荐曲目表（展板）表演开头的介绍内容展板 印章3个	测评教师3名，家长义工3名

续表

测评情境	道具准备	人员安排
天骄快递	测量工具：20CM 直尺 20 把 包装材料：信封 300 个、小包装盒 400 个、中包装盒 400 个、大包装盒 400 个. 包装辅料：固体胶 20 支、小透明胶 20 卷、大透明胶 20 卷、包装彩纸 200 张、安全剪刀 20 把、快递单打印件 900 张 工作台：测量台 3 张、包装台 3 张、快递收货台 2 张、六年级学生资料（班级、学生姓名、班主任姓名、班主任邮箱），天骄快递单若干份，印章 4 个，快递费用表（展板）	测评教师 4 名 家长义工 6 名

（二）综合测评过程

1. 测评时间：一年级上午，二年级下午。

2. 学生进入测评场地。

按照学生的学号，将全年级学生分为 50 批，每一批 8 人，学生按照班级学号依次进入测评场地，待第一批学生完成情境一的测评后，第二批学生进入。（家长义工 8 名协助）

3. 学生测评过程。

（1）情境一：天骄心愿屋（测评教师 8 名）。

学生文明有序地排队进行测评，首先跟老师用中英文进行自我介绍，对于没有头绪的孩子，可以引导他参照模板进行表达。然后用中文大声地朗读心愿单，并说出自己想要送的礼物。最后说一说想送这份礼物的原因是什么。

测评老师首先请学生进行中英文自我介绍，然后说明问题情境（今年 7 月，六年级的哥哥姐姐们就要毕业了，他们即将离开生活了六年的天骄小学，请你在这个毕业季为他们做一份毕业礼物），让学生读心愿单，再说出一个想要送的礼物。最后，询问学生为什么想送这份礼物。测评结束后，教师根据学生现场表现给予评价并告知孩子们下一站：天骄客服中心。

（2）情境二：天骄客服中心（测评教师 8 名）。

学生在 3 分钟之内，在客服中心与客服人员进行交流，表达清楚自己要送的礼物，并有礼貌地问出要准备的材料以及接下来的行动去向，获得提示指引。若中途学生对自己的行动和想法有任何疑问，都可以随时到客服中心进行咨询。教师根据学生现场表现给予评价。

（3）情境三：天骄银行（测评教师 8 名）。

学生查看自己班级优化大师的积分，去客服中心了解制作礼物需要材料的价钱后，来到天骄银行，用数学语言表达要兑换的天骄币数量。

8 名负责兑换的老师根据学生的描述兑换对应的天骄币给学生，并在班优积分表上做好记录，最后根据学生的表现给予评分盖章。2 名义工负责去其他情境中回收学生支付后的天骄币。

（4）情境四：天骄百货店（测评教师 8 名）。

学生在 3 分钟之内，在百货店用英语与工作人员进行交流，租借到自己需要的材料。接着用中文在收银台用简洁的数学语言告诉自助收银台工作员购买物品的数量和价格，计算出应付钱数和应找钱数完成材料采购。如果学生选择表演，可以用英文表达租用需求并支付租金。测评过程中，学生可以随时到百货店购买材料。教师根据学生现场表现给予评价。

（5）情境五：天骄手工坊（测评教师 3 名）。

学生用天骄币购买空白书签和彩笔，带背胶磁条贴。在 3–5 分钟之内（可同时多人进行），在空白的书签里，设计一幅有趣味的数字装饰画。根据数字的形状特点，用“变身魔法”（装饰法、拟人法、联想法）为你喜欢的数字变身。结合装饰画的内容合理运用磁性圆片，利用异极相吸的原理，制作带磁性的书签，使书签不易掉落。

老师检验学生作品，盖印章，收集学生作品。

（6）情境六：天骄摄影工作室（测评教师 3 名）

学生来到摄影棚，先自我介绍并表达自己想法，用什么方式给大哥哥大姐姐送祝福，说清楚这份祝福要送给六年级几班的同学。表演形式由学生自己选择，可有人领唱、表演唱、敲小乐器伴唱等多种形式，并根据形式选择表演区域和道具（话筒、歌曲头饰、表演纱巾、一组小乐器等）。学生可以小组的形式表演

老师：A 摄影工作人员全程录像，B 分配音乐曲目表，C 引导区分三个区域，分发学生需要使用的乐器和道具，D 播放音乐伴奏，F 评价人员根据学生表现给予评分盖章。

（7）情境七：天骄快递（测评教师 4 名）。

学生到测量台 3 分钟内测量礼物尺寸，再到包装台根据尺寸选择合适的包

装材料，并进行包装及包装材料装饰，然后到快递收货台选择接收礼物的学长，填写及粘贴快递单，支付材料费和快递费。教师根据学生的包装和现场表现给予评价。

4. 学生测评结束后。

（1）兑换积分。

学生计算自己获得的总印章数，并到班主任那里将印章兑换成班级优化大师积分。一个印章 1 积分。

（2）互赠祝福。

快递组老师在测评结束后第二天下午第 7–8 节课将学生作品送到对应的各班。班主任带低年级学生，按照班级名称，一一对应，进行礼物赠送活动。低年级学生赠送自制礼物。六年级学生将写好的寄语送给弟弟妹妹，贴在弟弟妹妹的测评手册并给他们的作品评价星级。

五、综合测评评价表

（一）测评评价整体实施方式

本次测评主要围绕五大维度：语言表达与交流；数感与量感；问题解决与创意实践；文明素养与文明礼仪；劳动技能与艺术素养。围绕着五大维度，测评内容涉及学生在中文语言表达与交流、英语语言运用能力、数学思维、感恩教育、文明礼仪、美术表现、音乐表现力、劳动技能和科学观察力与设计素养等九大核心素养。

本次测评采用星级评价，围绕五大测评维度、九大核心素养，对学生在 21 项测评内容中的表现进行综合评价。评价形式：学生自评，生生互评，师生共评。学生根据自己的表现自评，老师根据学生的表现，依据评价标准进行评价。评价结果 1–2 颗星需继续跟踪指导，3–4 颗星达标，5 颗星优秀。具体实施方式见表 4：

表4

测评评价实施方式				
测评维度	测评内容	评价主体与方式	评价等级与评价标准	主要测评情境
语言表达与交流	1. 用中英文介绍自己，表达自己想送给哥哥姐姐的礼物以及给哥哥姐姐送礼物的理由 2. 用中英文表达诉求，能通过与客服人员的交流，要知道要制作这份礼物需要准备的东西，对活动过程有任何疑问，能主动到客服中心寻求帮助 3. 用英语说出采购需求 4. 表达对哥哥姐姐们的祝福并留言	学生自评 师生共评	根据语言表达的正确度、流畅度、清晰度、自信度（音量与体态）给予星级评价 素养评价标准：1–2 颗星需跟踪指导，3–4 颗星达标，5 颗星优秀	天骄心愿屋，天骄客服中心，天骄银行，天骄百货店，天骄摄影工作室，天骄快递
数感与量感	1. 将积分兑换算成天骄币 2. 用简洁的数学语言告诉自助收银台工作员购买物品的数量和价格并计算，支付快递费 3. 能准确读出时钟的时刻是几时几分，能根据开始时刻和经过时间计算出结束时刻 4. 测量自制手工礼物的尺寸	学生自评 师生共评	根据换算推确度，计算速度、计算准确度、时钟辨认正确度、测量的精准度给予星级评价 素养评价标准：1–2 颗星需跟踪指导，3–4 颗星达标，5 颗星优秀	天骄银行，天骄百货店，天骄手工坊，天骄快递
问题解决与创意实践	1. 应用点、线、色采彩对文字或数字进行装饰、联想 2. 利用磁铁设计可以吸附的磁性书签 3. 创意表演，表达对六年级哥哥姐姐的祝福	学生自评 师生共评 生生互评	根据作品的配色、创意、布局、实用性，视频表演的创意评价：1–2 颗星需跟踪指导，3–4 颗星达标，5 颗星优秀	天骄手工坊，天骄快递
文明素养与文明礼仪	1. 认真倾听别人所讲的内容 2. 使用文明用语，有礼貌地表达感谢 3. 行为举止文明，能守秩序、耐心排队 4. 积极地参与活动，在活动中能主动帮助他人，与人合作 5. 善于思考，计划安排自己的时间 6. 大方自然地与大哥哥大姐姐交流 7. 懂得感恩	学生自评 师生共评 生生互评	根据学生在测评全过程中的综合表现给予星级评价：1–2 颗星需跟踪指导，3–4 颗星达标，5 颗星优秀	天骄心愿屋，天骄客服中心，天骄银行，天骄百货店，天骄摄影工作室，天骄手工坊，天骄快递

续表

劳动技能与艺术素养	1. 为制作的礼物选择合适的包装并包装好 2. 表达想唱的歌曲并演唱。	学生自评 师生共评 生生互评	根据包装的完成度、精美度、创意度，歌曲完成度、音准，节奏，表现力给予星级评价，每个素养评价标准：1–2 颗星需跟踪指导，3–4 颗星达标，5 颗星优秀	天骄摄影工作室，天骄快递

（二）七大情境评价标准

基于以上整体评价实施方式，每一个情境组根据考查的不同素养，制定了情境评价表（见表 5）

表 5

天骄心愿屋			
测评内容	**综合素养**	**评价星级**	**评价标准**
用中英文自我介绍，用中文大声地朗读心愿清单并选择想送的礼物，说一说你的理由	语言表达与交流	☆☆☆☆☆	1. 清楚地介绍自己，条理清晰 2. 创造性地阐述多条所选赠送礼物的理由 3. 声音洪亮，大方自然、自信地表达
	英语语言运用能力	☆☆☆☆☆	1. 语音语调标准，语速适当表达流畅，节奏明快，有停顿断句 2. 声音洪亮，富有表情，大方自信地表达
	文明礼仪	☆☆☆☆☆	1. 能认真倾听别人所讲的内容 2. 能使用文明用语懂得微笑，真诚地沟通
	感恩教育	☆☆☆☆☆	懂得关爱身边的人，能积极地投入到礼物的选择
天骄客服中心			
测评内容	**综合素养**	**评价星级**	**评价标准**
用中文表达自己的诉求，知道要送礼物必须准备的物品，会主动寻求帮助与指引	语言表达与交流	☆☆☆☆☆	1. 声音洪亮，大方自然，表达自信 2. 能清楚表达自己的诉求 3. 能清楚表达自己要准备的物品
	文明礼仪	☆☆☆☆☆	询问有礼貌，询问结束能表达感谢 ，熟练运用如"你好""您好""请问""谢谢"等
	解决问题能力	☆☆☆☆☆	能主动到客服中心咨询，寻求帮助

续表

<table>
<tr><td colspan="4">天骄银行</td></tr>
<tr><th>测评内容</th><th>综合素养</th><th>评价星级</th><th>评价标准</th></tr>
<tr><td rowspan="3">通过文明清晰的表达，将积分兑换成天骄币</td><td>语言表达与交流</td><td>☆☆☆☆☆</td><td>能清楚用数学语言表达出自己要兑换的积分</td></tr>
<tr><td>问题解决能力</td><td>☆☆☆☆☆</td><td>能有计划地正确兑换需要的天骄币</td></tr>
<tr><td>文明礼仪</td><td>☆☆☆☆☆</td><td>声音洪亮，大方自然，表达自信，询问有礼貌，询问结束能表达感谢</td></tr>
<tr><td colspan="4">天骄百货店</td></tr>
<tr><th>测评内容</th><th>综合素养</th><th>评价星级</th><th>评价标准</th></tr>
<tr><td rowspan="4">能读懂指引清单，根据指引用英文表达购买需求并购买或租赁需要的东西。语言表达清晰，钱币支付正确，举止文明</td><td>英语语言
运用能力</td><td>☆☆☆☆☆</td><td>能用英语说出自己的采购需求，语音准确，语言流畅</td></tr>
<tr><td>数学思维思考</td><td>☆☆☆☆☆</td><td>1. 能独立思考，算对应付钱数
2. 能认真思考，算对找回钱数或剩下钱数
3. 能支付正确的钱币</td></tr>
<tr><td>数学语言表达</td><td>☆☆☆☆☆</td><td>准确表达物品价格，数量
声音洪亮，大方自信地表达</td></tr>
<tr><td>文明礼仪</td><td>☆☆☆☆☆</td><td>1. 能守秩序、耐心排队
2. 能积极地投入到购物和结算中</td></tr>
<tr><td colspan="4">天骄手工坊</td></tr>
<tr><th>测评内容</th><th>综合素养</th><th>评价星级</th><th>评价标准</th></tr>
<tr><td rowspan="3">能应用点、线、色彩对文字或数字进行装饰、联想。</td><td>美术表现</td><td>☆☆☆☆☆</td><td>能熟练运用“点线色”装饰法、拟人法、联想法任意一种（如使用多种“变身魔法”，则加 1 颗星）</td></tr>
<tr><td>科学观察力
和实验设计素养</td><td>☆☆☆☆☆</td><td>设计美观与书签图形巧妙结合</td></tr>
<tr><td>数学思维思考</td><td>☆☆☆☆☆</td><td>能准确读出时钟的时刻是几时几分，能根据开始时刻和经过时间计算出结束时刻。能遵守时间完成任务。</td></tr>
<tr><td colspan="4">天骄摄影工作室</td></tr>
<tr><th>测评内容</th><th>综合素养</th><th>评价星级</th><th>评价标准</th></tr>
<tr><td rowspan="2">能清楚表达自己想唱的歌曲并演唱能创造性地表达对六年级哥哥姐姐的祝福</td><td>自信与表达</td><td>☆☆☆☆☆</td><td>1. 声音洪亮，大方自然，表达自信
2. 能清楚表达自己想法，条理清晰
3. 能创造性地表达给大哥哥姐姐演唱的曲目理由</td></tr>
<tr><td>语言能力
与音乐表现力</td><td>☆☆☆☆☆</td><td>1. 能用唱歌、表演等方式表达
2. 有较好的音准节奏，歌曲演唱完整，具有表现力，创造性，能加小乐器或歌舞，能够生情并茂地演唱歌曲
3. 英语歌曲发音清楚，音色清晰，有较强的理解表现能力</td></tr>
</table>

续表

天骄快递			
测评内容	综合素养	评价星级	评价标准
测量礼物，选择包装，包装礼物、寄出快递、支付快递费和包装材料费	创意实践与劳动技能	☆☆☆☆☆	能选择合适的包装材料，能包装礼物，包装设计精美、整洁，能填写快递单，字迹工整，能粘贴快递单
	语言表达与交流	☆☆☆☆☆	能准确表达自己的需求，购买包装材料，声音洪亮，大方自信地表达
	量感与数感	☆☆☆☆☆	用工具测量礼物的尺寸，数据准确，根据测量结果选择合适的包装，能正确支付包装材料费与快递费

（三）学生星级评价表（见表6）

表6

我的星级评价单 自评说明：小朋友，你觉得自己表现如何？请在〇里画相应的星星吧。每个项目最多五颗星哟！ 师评说明：根据学生的表现给予星级评价，在〇处盖章相应数量的印章				
测评维度	测评情境	测评内容	星级评价	评价标准
语言表达与交流	我在天骄心愿屋	用中文介绍自己	我给自己〇〇〇〇〇星 老师给我〇〇〇〇〇星	5颗星：优秀，表达流畅、清晰，声音洪亮，表现自信 3–4颗星：达标，表达比较流畅、比较清晰，声音较洪亮，表现较自信 1–2颗星：需跟踪指导
		用英文介绍自己	我给自己〇〇〇〇〇星 老师给我〇〇〇〇〇星	5颗星：优秀，表达流畅、清晰，声音洪亮，表现自信 3–4颗星：达标，表达比较流畅、比较清晰，声音较洪亮，表现较自信 1–2颗星：需跟踪指导
文明素养与文明礼仪		用中文大声朗读心愿单并说明选择礼物的理由	我给自己〇〇〇〇〇星 老师给我〇〇〇〇〇星	5颗星：优秀，准确大声地朗读心愿单，清晰地表达理由，并能使用文明用语 3–4颗星：达标，较准确地朗读心愿单，较清晰地表达理由 1–2颗星：需跟踪指导
语言表达与交流	我在天骄银行	通过文明清晰的表达，将积分兑换成天骄币	我给自己〇〇〇〇〇星 老师给我〇〇〇〇〇星	5颗星：优秀，表达文明有礼貌、流畅，清晰正确，声音洪亮，表现自信 3–4颗星：达标，表达文明较流畅清晰，无错误，声音较洪亮，表现较自信 1–2颗星：需跟踪指导
解决问题能力		在兑换的过程中，学会有计划使用自己的积分	我给自己〇〇〇〇〇星 老师给我〇〇〇〇〇星	5颗星：优秀，有计划地根据制作礼物需要的价格安排自己的积分。 3–4颗星：达标，能准确表述自己要兑换的积分。 1–2颗星：需跟踪指导
数感和量感		准确用规范的数学语言表诉要兑换的天骄币数量	我给自己〇〇〇〇〇星 老师给我〇〇〇〇〇星	5颗星：优秀，准确、快速、流畅地用数学语言描述要兑换的天骄币。 3–4颗星：达标，能比较准确、比较流畅地用数学语言表述要兑换的天骄币。 1–2颗星：需跟踪指导

续表

文明素养与文明礼仪		举止文明，用语礼貌	我给自己○○○○○星 老师给我○○○○○星	5 颗星：优秀，积极主动，学会倾听，举止文明，礼貌用语 3-4 颗星：达标，言行举止较文明 1-2 颗星：需跟踪指导
语言表达与交流	我在天骄百货店	用中英文表达购买需求	我给自己○○○○○星 老师给我○○○○○星	5 颗星：优秀，表达流畅，清晰，声音洪亮，表现自信 3-4 颗星：达标，表达比较流畅，比较清晰，声音较洪亮，表现较自信 1-2 颗星：需跟踪指导
		用中文准确表达物品数量和价格	我给自己○○○○○星 老师给我○○○○○星	5 颗星：优秀，准确表达物品和数量，声音洪亮，大方自信地表达 3-4 颗星：达标，准确表达物品和数量，表达比较清晰，表现较自信 1-2 颗星：需跟踪指导
数感与数量		能计算百以内（万以内）的加减法，解决简单的购物问题	我给自己○○○○○星 老师给我○○○○○星	5 颗星：优秀，能独立思考，能通过计算工具准确算对应付钱数，找回钱数或剩下钱数，并能支付正确的钱币，解决购物问题。 3-4 颗星：达标，基本算出应付钱数，找回钱数或剩下钱数，并能支付钱币，算错一步扣 1 颗星。 1-2 颗星：需跟踪指导
文明素养与文明礼仪		能够举止文明，礼貌用语	我给自己○○○○○星 老师给我○○○○○星	5 颗星：优秀，积极主动，学会倾听，举止文明，礼貌用语 3-4 颗星：达标，言行举止较文明 1-2 颗星：需跟踪指导
问题解决与创意实践	我在天骄手工坊	能应用点、线、色彩对数字进行装饰、联想	我给自己○○○○○星 老师给我○○○○○星	5 颗星：构图饱满，色彩丰富。能够用一种“变身魔法”（装饰法、拟人法、联想法）为你喜欢的数字变身 3-4 颗星：能任意用一种“变身魔法”为你喜欢的数字变身 1-2 颗星：能画出色彩丰富的数字
科学观察力和实验设计素养		能根据磁铁原理设计磁性书签	我给自己○○○○○星 老师给我○○○○○星	5 颗星：能够利用磁铁设计可以吸附的磁性书签 3-4 颗星：利用到磁铁的特性 1-2 颗星：使用到磁铁
数感与时间观念		运用计算判断时长	我给自己○○○○○星 老师给我○○○○○星	5 颗星：能够在规定时间内完成 3-4 颗星：能根据开始时刻和经过时间计算出结束时刻 1-2 颗星：能够读出时钟
文明素养与文明礼仪		能够举止文明，礼貌用语	我给自己○○○○○星 老师给我○○○○○星	5 颗星：优秀，积极主动，学会倾听，举止文明，用语礼貌 3-4 颗星：达标，言行举止较文明 1-2 颗星：需跟踪指导

续表

<table>
<tr><td>语言表达与交流</td><td rowspan="3">我在摄影工作室</td><td rowspan="2">清楚表达自己想唱的歌曲并演唱能创造性地表达对六年级哥哥姐姐的祝福</td><td rowspan="2">我给自己○○○○○星
老师给我○○○○○星</td><td rowspan="2">5 颗星：优秀，表演自信大方．
3-4 颗星：达标，表演较自信大方。
1-2 颗星：歌曲基本演唱完整。</td></tr>
<tr><td>艺术素养</td></tr>
<tr><td>文明素养与文明礼仪</td><td>能够举止文明，礼貌用语</td><td>我给自己○○○○○星
老师给我○○○○○星</td><td>5 颗星：优秀，积极主动，学会倾听，举止文明，礼貌用语
3-4 颗星：达标，言行举止较文明
1-2 颗星：需跟踪指导</td></tr>
<tr><td colspan="5"></td></tr>
<tr><td>语言表达与交流</td><td rowspan="4">我在天骄快递</td><td>表达需要用的工具和材料</td><td>我给自己○○○○○星
老师给我○○○○○星</td><td>5 颗星：优秀，表达流畅，清晰，声音洪亮，表现自信
3-4 颗星：达标，表达比较流畅，比较清晰，声音较洪亮，表现较自信
1-2 颗星：需跟踪指导</td></tr>
<tr><td>数感与量感</td><td>测量自制手工礼物尺寸并支付快递费</td><td>我给自己○○○○○星
老师给我○○○○○星</td><td>5 颗星：优秀，能独立思考，能准确迅速测量出手工礼物的尺寸，并选择对应的包装材料。并能使用正确的“钱币”支付快递费
3-4 颗星：达标，在测量和支付时，过程不熟练，测错或算错一步扣 1 颗星
1-2 颗星：需跟踪指导</td></tr>
<tr><td>劳动技能与创意实践</td><td>包装创意设计及制作</td><td>我给自己○○○○○星
老师给我○○○○○星</td><td>5 颗星：优秀，包装迅速、整洁，快递单字迹工整，包装设计别致有创意，包装成品精美
3-4 颗星：达标，会包装、填写快递单，包装设计较有创意
1-2 颗星：跟踪指导</td></tr>
<tr><td>文明素养与文明礼仪</td><td>举止文明，礼貌用语，帮助他人，与人合作</td><td>我给自己○○○○○星
老师给我○○○○○星</td><td>5 颗星：优秀，积极主动，会倾听，举止文明，礼貌用语，帮助他人，与人合作
3-4 颗星：达标，言行举止较文明
1-2 颗星：需跟踪指导</td></tr>
</table>

“毕业赠礼 · 文化传承”主题项目式学评活动

——天骄小学（集团）天骄小学 2022–2023 学年度第二学期低年级综合测评总结

一、综合测评活动的概况

2023 年 6 月 19–20 日，天骄小学响应教育部“双减”政策要求，开展了一二年级综合素质测评活动。测评活动基于“评价即学习”理念，以“毕业赠礼·文化传承”为主题，采用项目式学习的方式，聚焦“为即将毕业的哥哥姐姐做一份毕业礼物”这一主题任务，让学生在天骄心愿屋、天骄客服中心、天骄银行、天骄百货店、天骄手工坊、天骄摄影工作室和天骄快递站七大情境中，运用所学的语文、数学、英语、美术、音乐、科学等知识和动手探究能力，解决真实问题。本次测评活动采用学生自评、生生互评、师生共评的方式，围绕语言表达与交流、量感与数感、问题解决与创意实践、文明素养与文明礼仪、劳动技能与艺术素养五个测评维度，在二十四项测评内容中，考察学生在语言表达与交流，英语语言运用能力，运用数学眼光观察世界—量感与数感、美术表现、创意实践、探究实践、感恩教育、文明礼仪、艺术表现和劳动能力等十项核心素养方面的综合表现。本次测评活动主题新颖、环节紧凑，受到了区教科院相关专家、领导的一致好评。

二、综合测评活动的结果及对结果的分析与运用

（一）测评结果分析

本次测评结果分析分为整体分析与维度分析。本次测评围绕五大维度展开，共 24 项测评内容。测评所有项目的总印章数为 115–120 个。根据学生的综合表现，学生评价分为三个等级，分别为优秀，达标需跟踪指导，其中获得 100

个印章以上（包括因特别优秀表现、拾金不昧、善于合作等获得的额外印章）为优秀。获得 49–99 个印章为达标，获得 22–48 个印章为跟踪指导。

1. 整体分析。

通过对同一年级各班获得优秀、达标和需跟踪指导的人数分析，我们发现，一年级整体综合表现较好，学生基本都能完成各项任务，需要跟踪指导的人数很少，对比各班情况，表现特别优秀的班级为 1、3、6、7、8 班，2、4、5 班稍弱，其中 2 班和 4 班有个别学生需要跟踪指导。（见图 1）

图 1　一年级各班综合表现

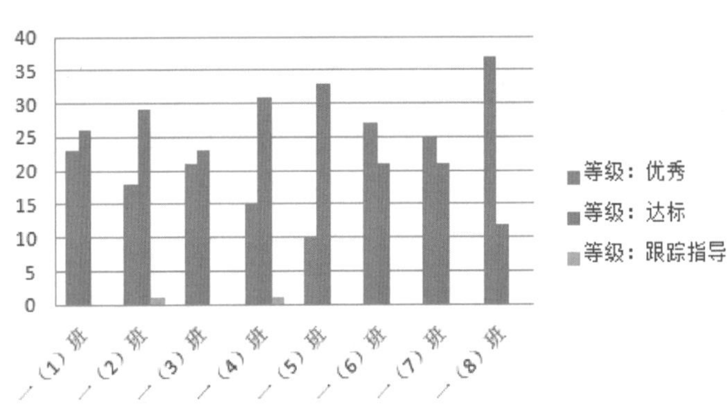

根据图 2 的数据，可以发现，二年级各班整体情况较好，等级优秀的学生很多。个别班级需要跟踪指导少数学生。

图 2　二年级各班综合表现

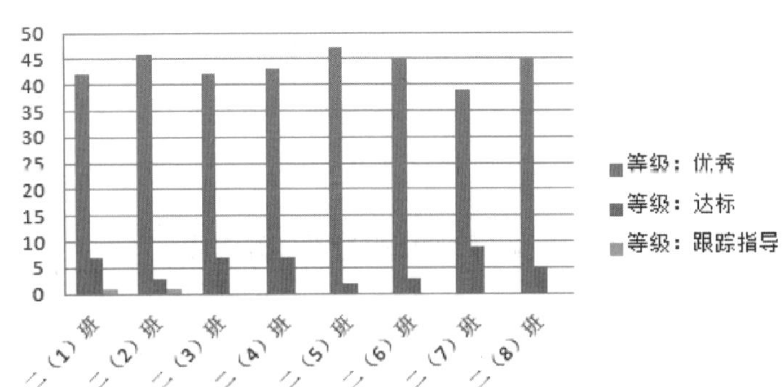

2. 维度分析。

本次一年级有 374 名学生，二年级有 394 名学生参与了测评。我们从语言表达与交流、量感与数感、问题解决与创意实践、文明素养与文明礼仪、劳动技能与艺术素养五方面对参与测评学生在不同维度的表现进行了分析(见图3)。通过分析，一年级学生在数感与量感，劳动技能与艺术。素养方面表现非常优秀，语言表达与交流方面，一年级学生表现较好。需要进一步加强的方面主要是文明礼仪、问题解决、创意实践。这个数据结果与一年级的学情也有关系，本届一年级学生的行为规范和文明礼仪方面相对较弱，这也是我们今后在教育教学中要特别关注的地方。

图3 一年级测评五维度表现

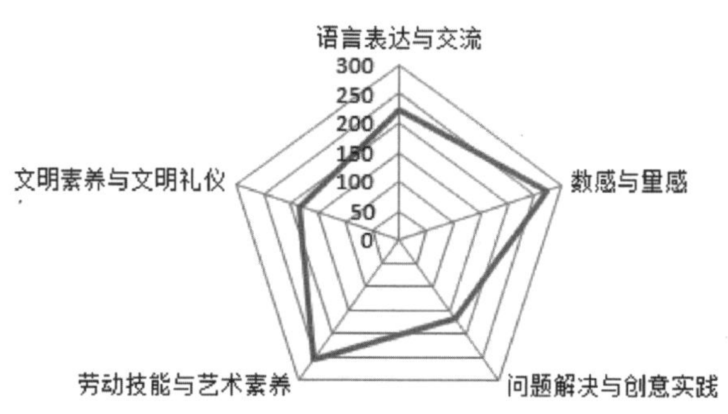

二年级学生五个维度的表现相对均衡，尤其是在劳动技能与艺术素养方面尤为突出（见图4）。音乐和美术一直是我校的优势学科，学生在艺术方面的素养水平较高。二年级学生在语言表达与交流、数感与量感方面也非常突出，但问题解决和创意实践方面相对较弱，还需加强。

图4 二年级测评五维度表现

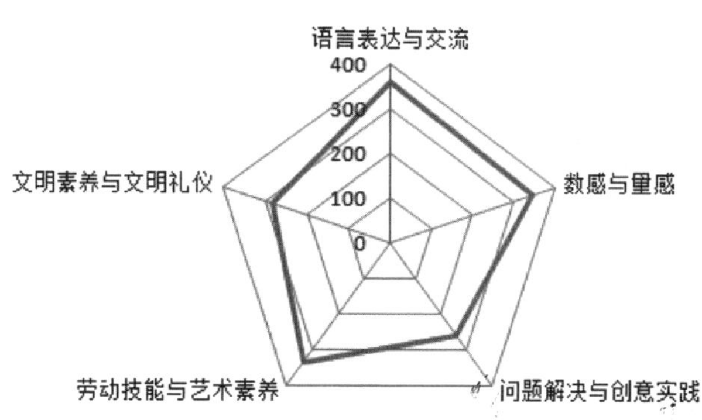

3. 结果运用。

通过对本次测评数据的整体分析与维度分析，我们对一二年级的学生在五维度的综合表现有了大致了解。根据分析结果，一年级学生需加强文明礼仪的学习，教师要在今后的教学中，鼓励学生思考，主动参与问题解决，如科学课加入更多动手实践的内容，培养学生的问题解决与实践能力。此外一年级学生正处于语言发展关键期，因此中英文的语言学习也是重中之重，教师在今后的教学中，要多鼓励学生敢于表达、善于表达、乐于表达。

二年级的学生在文明礼仪方面已经做得很好，在语言表达与交流、数感与量感，劳动技能与艺术素养方面表现尤为突出，但是在今后的课程中，教师需要引导学生主动思考，鼓励学生在真实情境下解决问题，培养学生的问题解决与实践动手能力。

三、综合测评活动的亮点与问题

相比 1.0 版本的游戏大闯关和 2.0 版本的游园打卡，本次测评活动克服以往综合测评中存在的情境任务脱离实际、项目环节缺少关联、评价内容忽视综合表现、评价维度简略粗浅等问题，通过精心的设计与实施，用评价活动诊断和反馈学生的学科知识能力和素质发展水平，激发学生的学习兴趣，让学生在“玩中评”、在“评中学”，全面落实“评价即学习”的理念，促进学生的全面发展，主要亮点如下。

（一）依托真实情境，聚焦综合素养

本次测评活动以项目化学习为理念，逆向设计将测评内容融入天骄心愿屋、天骄客服中心、天骄银行、天骄百货店、天骄手工坊、天骄摄影工作室、天骄快递站等七大真实情境之中。学生在真实情境下完成了：说心愿送祝福、咨询路线、兑换天骄币、购买制作礼物的材料、制作手工作品、表演送祝福、包装礼物并快递等 7 项真实任务。测评教师在学生完成任务的过程中，对学生在五大维度方面的表现进行综合评价，重点反馈了学生在十大核心素养，语言表达与交流、英语语言运用能力、数学眼光观察世界—量感与数感、美术表现、创意实践、探究实践、感恩教育、文明礼仪、艺术表现和劳动能力等方面的综合表现。

（二）多学科融合，展现综合能力

本次测评活动融合了多学科内容。心愿屋的中英文介绍、天骄银行的天骄币兑换、天骄百货店的购买材料与结账、天骄手工坊的书签制作和磁力小制作、天骄快递的礼物包装与投递，以及摄影工作室的乐器表演、演唱、相声、舞蹈、花式跳绳、英文课本剧等测评任务，融合了语文、英语、数学、美术、科学、劳动、音乐、体育学科的内容。同时学生在测评场地的行为举止也纳入测评内容，体现了道德与法制学科的要求。学生在测评过程中，并不是割裂地使用学科知识，而是以问题解决的方式综合运用所学，完成学习任务。

（三）玩中评，评中学

基于“评价即学习”的理念，学生的测评过程也是学习的过程。例如，在学科学习方面，学生通过制作一份礼物，复习了数字与钱币的转换，练习了数字的换算；综合运用了一二年级英语关于 My favorite things、shopping 等话题的知识完成了自我介绍和购物，同时还在语境中学习了新的词汇如 magnet, hairpin、bracelet 等；而且整个过程中，学生从表达送礼物的心愿到完成礼物寄送都需要展示流利的中文表达；音乐体育和美术方面，学生发挥所长，尽情展示自己的特长和兴趣。整个活动紧紧围绕着目标展开，以学生为主题，充分发挥测评的激励功能，促进学生在测评中成长。

（四）评价多元，关注差异

在评价主体方面，本次测评活动采用了学生自评、教师评价和学生评价三种评价方式。测评中主要是学生自评与教师评价。测评后，六年级学生作为评价主体对一二年级的作品进行了评价。在评价内容方面，除了对测评内容的评价，还有对测评过程中的行为举止如拾金不昧、乐于助人、善于合作等文明素养的评价。此外，考虑到学生的个体差异性与发展性，在测评内容上，本次活动提供给学生不同的测评路线。学生可以根据自己的特点选择适合自己的。例如，善于画画的孩子可以选择手工坊的书签制作，善于歌舞或乐器的孩子可以选择摄影工作室，热爱体育的孩子可以选择花样跳绳、健美操等活动。

（五）文化传承，意义深远

本次测评活动的主题是“毕业赠礼・文化传承”。这一主题来源于我校的入队传统。每年入队时，六年级学生会为低年级同学戴上鲜艳的红领巾。那么在六年级学生即将毕业之际，低年级学生可以为他们做什么呢？本次活动既是一次测评，也是一场精神接力与感恩之旅。测评后有寄送和签收礼物环节，六年级学生收到学弟学妹的礼物时，内心充满了感动。在互赠祝福环节，低年级学生收到六年级学生的祝福时，激动不已，在一起围着圈大声朗读哥哥姐姐写给他们的话，然后小心翼翼地把祝福卡贴在自己的评价手册上。孩子们的每一个举动都让我们深深感受到了天骄学子间的爱心传递。

本次测评过程中，我们也发现的一些不足的地方。

1. 入场学生未限流，出现个别测评区拥堵

一年级上午测评时，快递站和手工坊出现学生排队的情况，导致测评时间浪费的情况。因此在二年级测评时，我们调整了学生进场的规则和要求。每班分为两批，一批 24 人。8 人进测评区，8 人在等待区，8 人场外候场。照这样的安排，二年级整场测评基本能有序进行。

2. 手工坊与快递站测评区场地太小。

手工坊和快递站需要学生动手实践，花费时间较长，所以后一批学生完成前面任务后，需要等到上一批学生完成作品才能开始测评。下一次测评手工坊需要安排 24 人同时操作的场地。快递站的包装台需要安排 8 人同时操作的场地。

3. 测评过程中的物品管理需加强。

在本次测评中，我们发现低年级的学生容易掉落钱币、祝福卡或评价手册。在测评过程中，有部分一年级学生因为天骄币没有保管好，导致后面无法支付快递费。因此在下一次的测评中，我们还需要考虑测评学生在过程中的物品管理能力，例如，在客服中心设置失物招领处，增加场地纪律管理员人数，鼓励学生拾金不昧等好行为。而这也恰恰是在现实生活的学生会遇到的一个真实问题。

“小朋友们！还记得哥哥姐姐们为你们戴上红领巾的时刻吗？在你们成为少先队员的这一天，哥哥姐姐们亲手为你们戴上了鲜艳的红领巾，他们用实际行动传递了少先队精神和天骄文化。如今又是一年毕业季，给你们戴红领巾的哥哥姐姐们即将离开母校，踏上新的征程。那么作为学弟学妹的你们，想对他们说什么？为他们做什么呢？你们的一句祝福、一份毕业赠礼都将成为他们在母校的美好回忆。

小朋友们，你们准备好了吗？让我们一起开启本次“毕业赠礼·文化传承”项目学评活动，为哥哥姐姐们制作一份特别的毕业礼物吧！”

1

小朋友们！你想给哥哥姐姐送什么礼物呢？请在下面勾选出你想送的礼物，然后大声地告诉心愿屋的老师们吧！

我想送的礼物是：

- □ 1.纸质(zhì)书签(qiān)
- □ 2.磁(cí)性书签
- □ 3.表演(yǎn)+手工作品（可以组队表演）

小朋友，你还可以选做以下礼物：

- □ 1.DIY发夹或手链（liàn）
- □ 2.艺术手工（折纸、轻粘nián土）
- □ 3.科学手工（磁力小制作）

悄悄告诉你：小朋友，时间允许的话，你可以送多份礼物哟！选择表演的小朋友记得在选做栏选一个要做的手工礼物哟！

我在天骄心愿屋

测评维度	测评内容	星级评价	评价标准
语言表达与交流	用中文介绍自己	我给自己 ○○○○○ 老师给我 ○○○○○	5颗星：优秀，表达流畅、清晰，声音洪亮，表现自信 3-4颗星：达标，表达比较流畅，比较清晰，声音较洪亮，表现较自信 1-2颗星：跟踪指导
	用英文介绍自己	我给自己 ○○○○○ 老师给我 ○○○○○	5颗星：优秀，表达流畅，发音清晰，语音正确，声音洪亮，表现自信 3-4颗星：达标，表达比较流畅，比较清晰，声音较洪亮，表现较自信 1-2颗星：跟踪指导
	给哥哥姐姐们写了一张祝福卡片	我给自己 ○○○○○ 老师给我 ○○○○○	5颗星：优秀，书写工整，书写正确，语意表达清晰。 3-4颗星：达标，书写较工整，书写少许错误，语意表达清楚 1-2颗星：跟踪指导
文明素养与文明礼仪	用中文大声朗读心愿单并说明选择礼物的理由，懂得感恩	我给自己 ○○○○○ 老师给我 ○○○○○	5颗星：优秀，准确大声地朗读心愿单，清晰地表达理由，并能使用文明用语 3-4颗星：达标，较准确地朗读心愿单，较清晰地表达理由 1-2颗星：跟踪指导

自评说明：小朋友，你觉得自己表现如何？请在 ○ 里画相应的星星吧。每个项目最多五颗星哟！

师评说明：测评教师根据学生的表现给予星级评价，在 ○ 处盖上相应数量的印章。

2

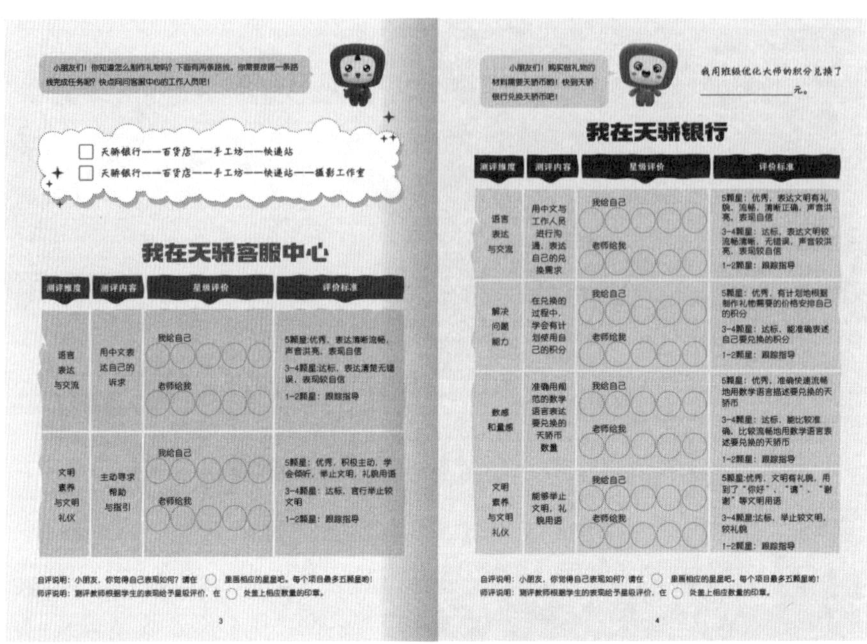

我在天骄客服中心

测评维度	测评内容	星级评价	评价标准
语言表达与交流	用中文表达自己的诉求	我给自己 ○○○○○ 老师给我 ○○○○○	5颗星:优秀，表达清晰流畅，声音洪亮，表现自信 3-4颗星:达标，表达清楚无错误，表现较自信 1-2颗星：跟踪指导
文明素养与文明礼仪	主动寻求帮助与指引	我给自己 ○○○○○ 老师给我 ○○○○○	5颗星：优秀，积极主动，学会倾听，举止文明，礼貌用语 3-4颗星：达标，言行举止较文明 1-2颗星：跟踪指导

自评说明：小朋友，你觉得自己表现如何？请在 ○ 里画相应的星星吧。每个项目最多五颗星哟！
师评说明：测评教师根据学生的表现给予星级评价，在 ○ 处盖上相应数量的印章。

3

我用班级优化大师的积分兑换了________元。

我在天骄银行

测评维度	测评内容	星级评价	评价标准
语言表达与交流	用中文与工作人员进行沟通，表达自己的兑换需求	我给自己 ○○○○○ 老师给我 ○○○○○	5颗星：优秀，表达文明有礼貌，流畅，清晰正确，声音洪亮，表现自信 3-4颗星：达标，表达文明较流畅清晰，无错误，声音较洪亮，表现较自信 1-2颗星：跟踪指导
解决问题能力	在兑换的过程中，学会有计划使用自己的积分	我给自己 ○○○○○ 老师给我 ○○○○○	5颗星：优秀，有计划地根据制作礼物需要的价格安排自己的积分 3-4颗星：达标，能准确表述自己要兑换的积分 1-2颗星：跟踪指导
数感和量感	准确用规范的数学语言表述要兑换的天骄币数量	我给自己 ○○○○○ 老师给我 ○○○○○	5颗星：优秀，准确快速流畅地用数学语言描述要兑换的天骄币 3-4颗星：达标，能比较准确，比较流畅地用数学语言表述要兑换的天骄币 1-2颗星：跟踪指导
文明素养与文明礼仪	能够举止文明，礼貌用语	我给自己 ○○○○○ 老师给我 ○○○○○	5颗星:优秀，文明有礼貌，用到了“你好”、“请”、“谢谢”等文明用语 3-4颗星:达标，举止较文明，较礼貌 1-2颗星：跟踪指导

自评说明：小朋友，你觉得自己表现如何？请在 ○ 里画相应的星星吧。每个项目最多五颗星哟！
师评说明：测评教师根据学生的表现给予星级评价，在 ○ 处盖上相应数量的印章。

4

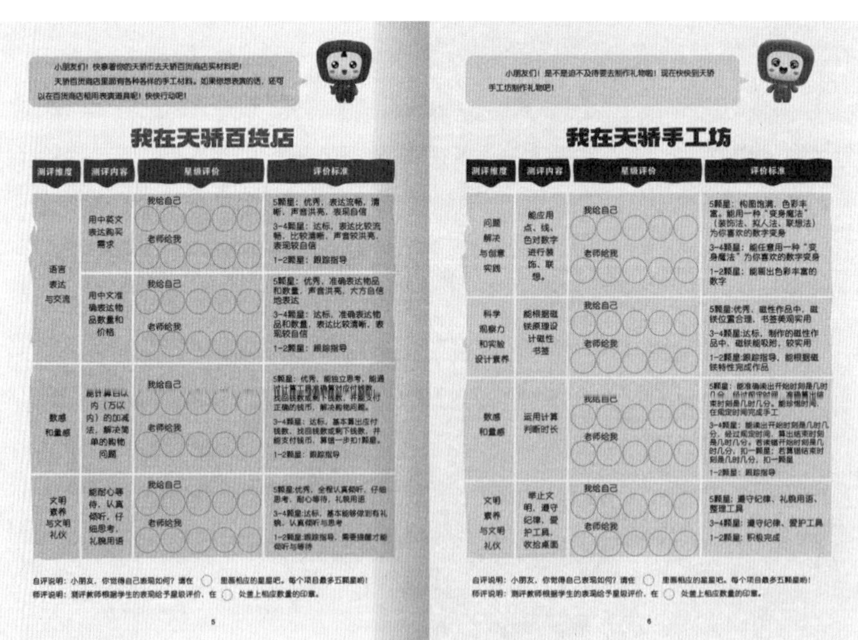

我在天骄百货店

测评维度	测评内容	星级评价	评价标准
语言表达与交流	用中英文表达购买需求	我给自己 ○○○○○ 老师给我 ○○○○○	5颗星：优秀，表达流畅，清晰，声音洪亮，表现自信 3-4颗星：达标，表达比较流畅，比较清晰，声音较洪亮，表现较自信 1-2颗星：跟踪指导
	用中文准确表达物品数量和价格	我给自己 ○○○○○ 老师给我 ○○○○○	5颗星：优秀，准确表达物品和数量，声音洪亮，大方自信地表达 3-4颗星：达标，准确表达物品和数量，表达比较清晰，表现较自信 1-2颗星：跟踪指导
数感和量感	能计算百以内（万以内）的加减法，解决简单的购物问题	我给自己 ○○○○○ 老师给我 ○○○○○	5颗星：优秀，能独立思考，能通[illegible]正确的钱币，解决购物问题。 3-4颗星：达标，基本算出应付钱数，找回钱数或剩下钱数，并能支付钱币，算错一步扣1颗星。 1-2颗星：跟踪指导
文明素养与文明礼仪	能耐心等待，认真倾听，仔细思考，礼貌用语	我给自己 ○○○○○ 老师给我 ○○○○○	5颗星:优秀，全程认真倾听，仔细思考，耐心等待，礼貌用语 3-4颗星:达标，基本能够做到有礼貌，认真倾听与思考 1-2颗星:跟踪指导，需要提醒才能倾听与等待

自评说明：小朋友，你觉得自己表现如何？请在 ○ 里画相应的星星吧。每个项目最多五颗星哟！
师评说明：测评教师根据学生的表现给予星级评价，在 ○ 处盖上相应数量的印章。

5

我在天骄手工坊

测评维度	测评内容	星级评价	评价标准
问题解决与创意实践	能应用点、线、色对数字进行装饰、联想。	我给自己 ○○○○○ 老师给我 ○○○○○	5颗星：构图饱满，色彩丰富。能用一种“变身魔法”（装饰法、拟人法、联想法）为你喜欢的数字变身 3-4颗星：能任意用一种“变身魔法”为你喜欢的数字变身 1-2颗星：能画出色彩丰富的数字
科学观察力和实验设计素养	能根据磁铁原理设计磁性书签	我给自己 ○○○○○ 老师给我 ○○○○○	5颗星:优秀，磁性作品中，磁铁位置合理，书签美观实用 3-4颗星:达标，制作的磁性作品中，磁铁能吸附，较实用 1-2颗星:跟踪指导，能根据磁铁特性完成作品
数感和量感	运用计算判断时长	我给自己 ○○○○○ 老师给我 ○○○○○	5颗星：能准确读出开始时刻是几时几分，经过规定时间，准确算出结束时刻是几时几分。能珍惜时间，在规定时间完成手工 3-4颗星：能读出开始时刻是几时几分，经过规定时间，算出结束时刻是几时几分。若读错开始时刻是几时几分，扣一颗星；若算错结束时刻是几时几分，扣一颗星 1-2颗星：跟踪指导
文明素养与文明礼仪	举止文明，遵守纪律，爱护工具，收拾桌面	我给自己 ○○○○○ 老师给我 ○○○○○	5颗星：遵守纪律、礼貌用语、整理工具 3-4颗星：遵守纪律、爱护工具 1-2颗星：积极完成

自评说明：小朋友，你觉得自己表现如何？请在 ○ 里画相应的星星吧。每个项目最多五颗星哟！
师评说明：测评教师根据学生的表现给予星级评价，在 ○ 处盖上相应数量的印章。

6

小朋友们！你们太棒啦！好想看看你们做的礼物呀！我想哥哥姐姐们也一定很想快点收到你们制作的毕业礼物。天骄快递站可以帮你把礼物快速送达哟！快快到天骄快递站寄礼物吧！

我在天骄快递

测评维度	测评内容	星级评价	评价标准
语言表达与交流	表达需要用的工具和材料	我给自己 ○○○○○ 老师给我 ○○○○○	5颗星：优秀，表达流畅，清晰，声音洪亮，表现自信 3-4颗星：达标，表达比较流畅，比较清晰，声音较洪亮，表现较自信 1-2颗星：跟踪指导
数感和量感	测量自制手工礼物尺寸及支付快递费	我给自己 ○○○○○ 老师给我 ○○○○○	5颗星：优秀，能独立思考，能准确迅速测量出手工礼物的尺寸，并选择对应的包装材料。并能使用正确的"钱币"支付快递费 3-4颗星：达标，在测量和支付时，过程不熟练，测错或算错一步扣1颗星 1-2颗星：跟踪指导
劳动技能与创意实践	包装创意设计及制作	我给自己 ○○○○○ 老师给我 ○○○○○	5颗星：优秀，包装迅速、整洁，快递单字迹工整，包装设计别致有创意，包装成品精美 3-4颗星：达标，会包装、填写快递单，包装设计较有创意 1-2颗星：跟踪指导
文明素养与文明礼仪	举止文明，礼貌用语，帮助他人，与人合作	我给自己 ○○○○○ 老师给我 ○○○○○	5颗星：优秀，积极主动，会倾听，举止文明，礼貌用语，帮助他人，与人合作 3-4颗星：达标，言行举止较文明 1-2颗星：跟踪指导

自评说明：小朋友，你觉得自己表现如何？请在 ○ 里画相应的星星吧。每个项目最多五颗星哟！
师评说明：测评教师根据学生的表现给予星级评价，在 ○ 处盖上相应数量的印章。

7

小朋友们！好想看看你为哥哥姐姐准备的表演呀！天骄摄影工作室可以帮你录像，然后把表演视频发给哥哥姐姐们看的！快快穿上你最喜欢的表演服，选择好道具，到天骄摄影工作室表演吧！

我在摄影工作室

测评维度	测评内容	星级评价	评价标准
语言表达与交流 艺术素养	能清楚表达自己想唱的歌曲，并能创造性的表演对哥哥姐姐的祝福	我给自己 ○○○○○ 老师给我 ○○○○○	5颗星：优秀，表演自信大方有创意 3-4颗星：达标，表演较自信大方 1-2颗星：歌曲基本演唱完整
文明素养与文明礼仪	能遵守纪律，礼貌用语安静文明排队，文明观演	我给自己 ○○○○○ 老师给我 ○○○○○	5颗星：全程能遵守纪律，礼貌用语，安静文明排队，文明观演 3-4颗星:基本能够做到遵守纪律、礼貌用语、文明观演 1-2颗星：需要提醒才能遵守纪律、文明观演

自评说明：小朋友，你觉得自己表现如何？请在 ○ 里画相应的星星吧。每个项目最多五颗星哟！
师评说明：测评教师根据学生的表现给予星级评价，在 ○ 处盖上相应数量的印章。

8

小朋友们！你知道吗？在你给哥哥姐姐制作礼物的时候，如果你的表现特别优秀，比如乐于助人，积极参与小组合作，举止文明，老师会给你额外的印章奖励哟！

我在本次测评表现特别优秀，获得了额外印章

小朋友们！感谢你们给哥哥姐姐们精心制作礼物。你知道吗？他们也会给你们的作品评分哟！看看他们给你多少个星星吧！

六年级哥哥姐姐给我的评价

9

悄悄告诉你：他们还给你们写了祝福寄语哟！快来看看他们写了什么吧！

六年级哥哥姐姐给我的寄语

小朋友们！哥哥姐姐们即将毕业了！你们的祝福会伴随他们进入下一阶段的学习！能够成为校友是缘分，希望你们继续传承天骄学子孜孜不倦的学习精神，让母校变得越来越好！

我和六年级哥哥姐姐的合照

10

测评维度	我获得的印章总数	我的评价等级	评价等级说明
语言表达与交流		□优秀 □达标 □跟踪指导	优秀：33-40星 达标：17-32星 跟踪指导：8-16星
数感与量感		□优秀 □达标 □跟踪指导	优秀：17-20星 达标：9-16星 跟踪指导：4-8星
问题解决与创意实践		□优秀 □达标 □跟踪指导	优秀：13-15星 达标：7-12星 跟踪指导：3-6星
劳动技能与艺术素养		□优秀 □达标 □跟踪指导	优秀：9-10星 达标：5-8星 跟踪指导：2-4星
文明素养与文明礼仪		□优秀 □达标 □跟踪指导	优秀：29-35星 达标：15-28星 跟踪指导：7-14星
我的综合表现		□优秀 □达标 □跟踪指导	优秀：100 星及以上 达标：49-99星 跟踪指导：22-48星

智慧星启航，畅想新校园

——航星学校 2022–2023 学年度第二学期低年级综合测评方案

一、综合测评方案设计的理念与原则

（一）设计理念

在教育部办公厅下发的《关于加强义务教育学校考试管理的通知》明确指出：“小学一二年级，不进行纸笔考试。”我校在“梯航生长，启明自立”的办学理念下，深入推进教学改革，改进评价形式，以游戏式综合测评的方式全面了解学生的学习情况，提高学生综合素养，减轻学生的学习负担。

同时，我校地处航空新城，是2022年9月新开办学校，新校园工程还未竣工，在借址办学的一年来，孩子们通过照片了解到崭新的教学楼正拔地而起，心中都期盼着能够早日去到梦想的新校园。因此，我校结合航星学子对于新学校的美好憧憬，紧扣新课程标准，立足各学科核心素养，设计以挑战“成功搭乘飞往新校园的航班”为主题情境的游戏式测评活动，其中游戏是手段、方法、形式，评价则是目的、目标。以新课程标准与核心素养的综合体现为依据，让孩子们在游戏中完成学业评价，在“边玩边考”中提高孩子学科素养和学习品质，实现减负提质增效。

（二）设计原则

1. 情境性原则。

本次测评基于真实情境，游戏式测评不仅能调动低年级学生学习的积极性，而且能有效开发学生的智力，减轻纸笔考试带来的身心负担。在情境中应用学科知识、技能、方法、观念来解决复杂现实问题的能力，具有很强的实践性，创新知识载体，激发学生学习的兴趣，在“乐”中学、“乐”中评。

2. 针对性原则。

围绕本学期各科教材知识点，有针对性地实施评价，充分将学科知识内容融入各种闯关游戏中。以学生在参与活动中的各种表现特征为依据，评价学生的综合素养。

3. 过程性原则。

本测评关注学生在整个教学活动过程中的所有情况，既关注学生的学习结果，更关注学生在学习过程中的变化与发展，还关注学生起点水平的差异，考虑学生的原有基础，充分调动学生学习的积极性、主动性和创造性。游戏式测评将过程性评价与结果性评价有机结合，客观展示学生的进步与成长，促进学生综合素养发展，让"双减"政策真正落地，同时也让家长能够参与其中，实现家校共育。

4. 综合性原则。

本测评以整个学期所学的内容为评价范围，覆盖面比较广，综合性比较强。一方面，从教材知识点出发，适当增加课外知识的考查，加强课内外沟通，培养学生解决生活实际问题和应对突发状况的能力；另一方面，各学科加强融合，用表演、画和唱的方式，给学生展示自我的舞台，促进学生的全面发展。

二、综合测评的目标设计

本次游戏式综合测评的目标是评价学生的综合素养，包括学生发展核心素养和学科素养。即以培养"全面发展的人"为核心，分为文化基础、自主发展、社会参与三个方面。以挑战"成功搭乘飞往新校园的航班"为主题情境，紧扣新课程标准，立足各学科核心素养，巧妙搭建"发放登机牌、灵巧打包台、安全检查站、静思候机室、智慧登机口、便利摆渡车、快乐飞机仓和幸运传送带"等情境场景，融合了语文、数学、英语、科学、音乐、形体、体育、美术、劳动、道法等九门学科，将真实的生活场景与游戏测评相结合，培养学生在真实情境中的思辨能力、迁移能力、沟通协调能力、问题解决能力以及综合实践能力，通过观察学生表现及任务完成情况对其进行综合评价，确保发挥游戏式测评诊断教学、促进学生发展的基本功能。

道德与法治：培养政治认同、道德修养、法治观念、健全人格、责任意识。

语文：培养文化自信和语言运用、思维能力、审美创造。

数学：培养用数学的眼光观察现实世界；会用数学的思维思考现实世界；

会用数学的语言表达现实世界。

英语：培养语言能力、文化意识、思维品质和学习能力。

科学：培养理解物质与能量、结构与功能、系统与模型、稳定与变化 4 个跨学科概念。

体育：培养运动能力、健康行为和体育品德。

艺术：培养审美感知、艺术表现、创意实践、文化理解。

劳动：培养劳动观念、劳动能力、劳动习惯和品质、劳动精神。

三、综合测评的内容设计

情景主题：挑战成功搭乘飞往新校园的航班。

站点与学科素养：灵巧打包台（劳动、科学、美术、体育）、安全检查站（数学）、静思候机室（语文）、智慧登机口（数学）、便利摆渡车（英语）、快乐飞机仓（语文）和幸运传送带（形体、体育、道法、音乐）。

关卡类别	序号	学科	项目名称	项目规则	评价标准	核心素养	设计意图
灵巧打包台（6）	1	劳动	小小整理师	欢迎各位小乘客，在出发之前请你整理好自己的物品。 请按照盒子上的提示，找出对应物品放入盒中。	全部找出有3颗星 缺3个以内有2颗星 找错或缺少3个以上有1颗星	能依据事物特征，按照一定的标准进行分类；能发现事物的特征并制订分类标准，依据标准对事物分类；能用语言简单描述分类的过程；感知事物的共性和差异，形成初步的数据意识（数据意识）	不仅让学生养成自己的事自己做，也能在实际情境中通过分类培养数据意识，感受分类的重要性。
	2	美术	猜猜我是谁	每个人在道具暗箱中挑选3个形状，描述触觉并感知形状与材料。 凭着记忆把感知的形状画在白板上。画完后老师取出同学挑选的形状对比。	能画出感知到的形状有1颗星星 能描述出触觉感受：1颗星星，能辨别出形状的颜色有1颗星	能从线条、形状、色彩、肌理等方面欣赏评述周边环境中各种自然物与人造物，学会发现感受欣赏其中的美。（审美感知）	让学生在触觉体验中感知形体，通过记忆再将形状画出，增强学生对形、色的感知。
	3	美术	辨影寻踪	在规定时间（如30s内）根据问题把物体的剪影彩色的卡纸找出对应形状的物品。	能根据问题，对应形状颜色有1颗星，找出对应形状的物品有2颗星（完成一项一颗星）	能识别至少5种生活中常见的标识，知道其用途和所传递的信息，并能用自己语言与同学分享交流。（审美感知）	通过剪影，进行造型的感知，寻找对应色彩说出标志内容
	4	科学	谁轻谁重	拿在手里比一比、估一估，哪个物品重，哪个物品轻？	正确回答第1个问题有1颗星，正确回答出全部问题有3颗星。	能估算测量物体的重量。会记录测量数据。	让学生认识到掂量、称量等方法测量物体轻重的准确程度不同。
	5	科学	给动物分类	根据任一动物分类标准，指认动物。	正确回答第1个问题有1颗星，正确回答出全部问题有3颗星	数据意识、分类思维	能通过观察识别不同种类，让学生意识到运用分类的方法可以更好地认识动物。
	6	体育	小小旅行家	5个人一组 在规定时间（如30秒内）全部组员完成5个旅行关卡，有独木桥—跳小河—爬雪山—穿越森林—钻山洞。	30秒内完成5个旅行关有3星，30秒内完成4个旅行关有2星，30秒内完成3个旅行关有1星。	学生通过走、跑、跨、跳、钻、爬等动作进行旅行，动作灵敏，有一定耐力。在旅行活动中，能探索发现旅游线路，有勇敢向前的精神。	1. 尝试进行走、跑、跨、跳、钻、爬等动作进行旅行，动作灵敏，有一定耐力。 2. 在旅行活动中，能探索发现旅游线路，有勇敢向前的精神。

续表

关卡类别	序号	学科	项目名称	项目规则	评价标准	核心素养	设计意图
安全检查站（5）	7	数学	前往安检柜台	欢迎小乘客们到达安全检查站。 旋转转盘获得你的安全柜台号码； 用计数器拨出对应的安全柜台号； 说说柜台号的组成。	能正确拨出数并能清晰说出理由有3星，能正确拨出但说不出理由有2星，不能正确拨出数有1星。	学生经历了从现实世界中抽象出数量和数量关系，逐渐形成直观感悟。	体会数学的乐趣，强化了学生的位值思想，对数的认识更进一步。同时发展了学生的语言表达能力。
	8	数学	解锁行李箱密码	这是你们上了锁的行李箱，请先估计结果，再计算出行李箱上的算式，它们的结果对应着数字密码。	正确算出2道算式打开行李箱有3星，能正确算出1道算式但打不开密码有2星，不能正确计算有1星。	学生在填写百数表的过程中，需要根据百数表的横向和纵向规律进行推理计算。 学生根据百数表从左往右依次加1，从上往下依次加十的规律进行计算，发展学生的运算能力。	通过“眼明手快我会填”的方式，学生根据百数表的规律选择合适的数字对百数表进行完善补充，发展学生的逻辑推理能力和运算能力。
	9	数学	物归原位	小乘客们，商店的置物架倒了，请你根据提示帮忙把东西物归原位。	能准确还原物品位置有3星，错2个位置以内有2星，错2个以上有1星。	培养学生空间观念，在空间想象的基础上，结合动手操作，让学生充分感知自己所处的空间世界，培养空间观念。	小组合作，通过摆一摆，说一说，让学生感知上下左右，培养空间观念。
	10	语文+体育	仙女散花	请你尽可能蹦到最高，将床单中的糖果盒蹦出地面，并任选三个盒，背诵盒上对应序号的课文；最多背诵篇目不超过3篇。	背诵出3篇课文有3星，只背诵出其中两篇课文有2星，背诵出1篇课文有1星。	语文学科重视语言文字的积累，编者在每册教材都安排了除古诗外的必备课文。因此，本项游戏在于考查学生对必备长篇课文的掌握程度。	通过游戏抽查学生对课内必背长文的掌握程度。
	11	语文+美术	童手写童心	观看儿歌《颠倒歌》的视频，现场模仿写一首《颠倒歌》，同时为所写的内容配上一幅画。	想象合理、内容贴切有3星，依据综合表现酌情给星。	仿写是培养和提高写作技巧的重要方法。在低段语文看图写话的学习中，有趣的仿写内容能激发表达的兴趣，《颠倒歌》以颠倒的视角看待世界，违背常识常理的内容给人出乎意料、不可思议之感，学生能兴致盎然地参与到续写中。	此项为跨学科作业，是语文与美术、音乐的结合。此文段文字应注音印刷，方便孩子阅读。颠倒歌和矛盾兽仿写提示应提供一些图片。

续表

关卡类别	序号	学科	项目名称	项目规则	评价标准	核心素养	设计意图
静思候机室（6）	12	语文	美味小吃	候机室机场有免费零食小吃提供，请前往抽取零食小卡片，根据卡片上的关键词口头讲故事。	要素齐全得1星，表达流畅得1星，好词好句得1星	熟练运用阅读和生活中学到的词语。留心周围事物，写自己想说的话，写想象中的事物。培养学生思维的敏捷性、灵活性、独创性，鼓励学生勇于探索创新。	该游戏通过抽取关键词即兴讲故事的方式，主要考察学生能否根据已知内容展开联想，并且能够用两三句话准确、完整地表达出来，综合考察学生的思维能力和语言表达能力。
	13	语文	助人天使	在候机室，有一位陌生老奶奶向你求助，请使用礼貌用语帮助老奶奶完成任务。	运用礼貌用语得1星，解锁邀请函得1星，正确拼读得1星。	学说普通话，逐步养成说普通话的习惯，有表达交流的自信心。能认真听他人讲话，努力了解讲话的主要内容。与他人交谈，态度自然大方，有礼貌。	第一个任务是查找通知的关键信息，将对应的内容拖动到选项中，考查学生对于通知要素的掌握程度以及快速查找信息的能力。 第二个任务是破译邀请函的地址，考察的是学生对于拼音的掌握程度以及口头转述能力。
	14	语文	你画我猜	为了宣传中华优秀传统文化，机场举办了趣味古诗活动，两人一组，一人画，一人猜，猜对后两人一起背诵出来即可通关。	30秒内画出得1星，正确猜出得1星，共同背诵得1星。	诵读古诗，感受语言的优美。背诵优秀诗文50篇。 涵养高雅情趣，培养学生具有初步的感受美、发现美和运用语言文字表现美、创造美的能力。	通过你画我猜的方式，将语文学科和美术学科相融合，培养学生的综合审美创作能力，同时又能够考察学生对一年级所学古诗的理解背诵。

续表

	15	语文	我会找朋友	在候机室，有一位外国朋友拿着拼音词条请求帮助，请你拼出拼音并帮助他找出对应汉字。	90秒内完成得1星，正确拼读得1星，圈对汉字得1星。	思维能力，整理拼音和词语的关系以及字母和音节的关系中表现出来的直觉思维和形象思维；语言运用，在识别词卡的过程中，梳理和整合音节的组成部分，具有正确，规范运用语言文字的意识和能力。	提升学生对于拼音的熟悉度，在玩中感受拼音的拼合，减少学生畏难心理。
	16	语文	我会下词语棋	飞机延误了，机场临时安排娱乐活动：用词语下五子棋。2人为一组，拿出词语卡片大声读出来并下入棋牌中，谁先下成五子棋，谁就获胜。	读对词语卡片得1星，下成五子棋得1星，棋牌上词语卡超过5个得1星。	第一学段核心素养中“语言运用”要求学生在丰富的语言 实践中，通过主动积累、梳理和整合，初步具有良好的语感，具有正确、规范运用语言文字的意识和能力。	引导学生在游戏中发现认字的魅力，激发识字兴趣。
	17	语文	我能上飞机	偏旁宝宝需要找到合适的朋友组成新字，跨过连廊，才能登上飞机。	1分钟内完成得3星，2分钟内完成得2星，2分钟以上完成得1星。	文化自信，参与偏旁和部件重组的活动，感受古人造字时的智慧，感受中华优秀传统文化的博大精深。	通过加一加的方式，掌握汉字的组成，并在五子棋认读词语的过程中观察坐姿，扩大词汇量。
智慧登机口（4）	18	数学	预定中餐	小乘客们，我们的航班时间是中午，现在我们需要预定中餐，待会飞机上可以直接用餐了！ 你有80元，请选择两样食品；计算出工作人员找回多少钱？	说出自己想买的食物和总价，并能计算出找回的钱：3星 说出自己想买的食物和总价，不能计算不出找回的钱：2星能说出自己想买的食物，但不能正确计算：1星。	运算能力，学生在解决实际问题的过程中强化了100以内的加减法算理和算法。 应用意识，学生主动挖掘现实生活中蕴含的数量关系，并解决实际问题。 创新意识，学生可以根据购物情境自由创编题目，发挥学生的想象力和创新意识。	通过自由购物的方式，发展学生的观察能力、思维能力和语言表达能力。
	19	数学	见义勇为	突然有人大喊“有小偷”，现场留下了脚印，请你帮忙找出小偷。 仔细观察脚印，说出形状； 在箱子里摸一摸，找出谁有这个形状的脚印； 出示并说出小偷的名字。	能一次性准确说出脚印名称，并找出对应立体图形得3星。 失误一次后，正确说出脚印名称，找出对应立体图形得2星。 失误多次后正确，或不能正确说出结果得3星。	空间观念，能说出立体图形中某一个面对应的平面图形，形成初步的空间观念。	能辨认长方体、正方体、圆柱、球等立体图形，能直观描述这些立体图形的特征。

续表

	20	数学	希望种子	请你为新校园的弟弟妹妹们带一些种子。①号瓶已经有40颗种子，请你再拿出大约80颗种子放在②号瓶里，并说明理由。	能准确估算出80颗，能清楚说明理由：3星；误差较为明显，能说出理由：2星；误差较大，不能说出理由：1星。	在具体情境中通过抓豆子，初步培养量感和推理能力。	让学生真实感受，通过触觉，视觉相结合，培养量感。
	21	数学	畅想星未来	小乘客们，请发挥你的智慧畅想航星学校未来的样子。（1）你最希望学校里有什么呢？（2）请你用七巧板摆出来。	能用七巧板摆出图案，并边指边说出图案是什么得3星；能说出想摆出的图案，但不能用七巧板摆出来得2星；不能说出想摆出的图案，也不能用七巧板摆出得1星。	空间观念：“有趣的七巧板”是一次实践活动。利用七巧板拼图是我国一种传统的数学游戏，安排这次实践活动，可以使学生在有趣的活动中感悟平面图形的特点，培养学习兴趣，发展学生的空间观念，培养学生的动手操作能力和创造。	会用简单的图形拼图，能在组合图形中说出各组成部分图形的名称。
便利摆渡车(4)	22	英语	四季号摆渡车	套圈选人物录音，听录音画四季要素。	画出3个元素得3星，画出2个元素得2星，画出1个及以下元素得1星。	第一学段核心素养中“语言能力”要求学生能够在参与语言活动时表现出的语言理解能力和表达能力；“文化意识”要求学生在情境中了解国内外不同文化，增强家国情怀，提高国际意识；“思维品质”要求学生在主题活动中，学会推断和创造；“学习能力”要求学生能够通过动手操作的方式，加深对英语内容学习的理解与掌握。	通过制作节日贺卡的方式，学生在操作和说明的过程中，语言能力、文化意识、思维品质和学习能力得到了培养和发展，考察了学生结合图片信息理解中外节日的能力，以及对于卡片制作流程的英语表达知识。
	23	英语	小记者摆渡车	5人一组，自行讨论角色分配（调查员1名，被访者4名），调查者到评委处领问卷进行采访，采访结束小组按照问卷内容和句型汇报所需采购的食品和数量。	准确汇报4–5项内容得3星，准确汇报2–3项内容得2星，准确汇报1项及以下内容得1星。	语言能力 文化意识，了解个人喜好不同，学会尊重他人的选择，提升文明素养。 思维品质，学会分析、比较和归纳问卷信息，解决实际生活问题。	通过角色扮演的方式，学生在围绕“喜欢的食品”的问卷调查中，语言能力、文化意识和思维品质得到了培养和发展，考察了学生对于食品相关的词汇的掌握和表达简单情感的能力。

续表

	24	英语	端午号摆渡车	学生两人1组，在评委处领取A5彩色硬卡纸，合作完成端午贺卡（可1人绘画，1人写贺词）。	合作意识强，英语交流比例80%及以上，贺词格式准确续表3星；有一定的合作，英语交流比例达50%及以上，贺词格式比较准确得2星；合作有限或无合作，英语交流比例50%以下，贺词格式混乱得1星。	语言能力；文化意识，在庆祝节日情境下以“表达祝福”为主题，了解国内外不同的节日，增强家国情怀，提高国际意识；思维品质，理解完成人物的步骤，推断节日相关的要素进行卡片绘画，创造出传递节日祝福的精美贺卡；学习能力，通过动手操作的方式，加深对英语内容学习的理解与掌握。	通过制作节日贺卡的方式，学生在操作和说明的过程中，语言能力、文化意识、思维品质和学习能力得到了培养和发展，考察了学生结合图片信息理解中外节日的能力，以及对于卡片制作流程的英语表达知识。
快乐飞机仓(4)	25	语文	我是大富翁	飞行过程中，每人有5次机会投骰子决定休息的地方，根据骰子算式结果回答对应问题。	算式全对得1星，答对5题得2星，答对1–4题得1星。	语言运用，大富翁游戏的问答活动时表现出的语言理解能力和表达能力；思维品质，临场回答问题中使用理解、分析、比较的思维方式过关。	通过骰子的计算和问题回答，短时间内了解学生的综合素养，并限定时间，提升主动识字写字的主动性。
	26	语文	古诗数独	请你将方块盒子上的汉字拼成一首古诗。	拼出正确的诗句得3星；拼对了但速度过慢得2星；只拼出了其中个别诗句得1星。	《义务教育语文课程标准（2022年版）》中对第一学段阅读与鉴赏的要求有这样的表述：背诵优秀诗文50篇（段）。在一年级的语文学习中，教材安排了14首诗歌要求背诵，故设计此项背诵闯关游戏。	考查学生对课内诗句的熟悉程度。
	27	语文	绘声绘色读课文	5人为一小组，4人带上头套分别扮演小熊、小猪、小狗、山羊医生，尝试根据加粗字和标点符号，配上表情和动作，朗读对应角色的句子，一人朗读旁白。	读得流利有感情得3星；读得流利但感情不够贴切得2星；读得磕磕巴巴或者有其他问题得1星。	《义务教育语文课程标准（2022年版）》对第一学段阅读与鉴赏版块的要求包括：（1）喜欢阅读，感受阅读的乐趣，学习用普通话正确、流利、有感情地朗读课文。（2）在阅读中体会句号、问号、感叹所表达的不同语气。（3）借助图片阅读。采用角色扮演既可以激发孩子的表现欲，也可以直观反映孩子对以上所提到的三大目标的掌握水平。	考查学生朗读课文的能力与水平，在朗读流利的基础上，尝试读出合适的语气。

续表

幸运传送带(5)	28	音乐	乐动小达人	1. 以 5–15 个人为一小组，派一位同学站在指定的位置抽签。 2. 学生根据抽中的音乐旋律，在演唱的同时，进行自主创编舞蹈律动。	能够自信的演唱和律动得 3 星，能够为流利的演唱完整得 2 星，演唱困难，发音不准得 1 星。	聚焦艺术学科核心素养，在低年段唱游＋音乐学段目标中要求，学生能够积极参与演唱、演奏、律动等艺术活动，积累实践经验，从而享受艺术表现的乐趣。	丰富有趣的唱游活动可以培养学生的节奏感、韵律感和初步的艺术表现能力，考察学生能用正确的姿势、自然的声音、有感情的演唱，并在演唱过程中能够加入适当的动作进行表演。
	29	形体	千姿百态	以 5–10 个人为一小组，派一位同学站在指定的位置扔骰子。根据骰子上的动物图片，创编出 1 个相应的动物造型。	能够通过不同方位做出独特的造型，肢体优美得 3 星；做出相应的造型，肢体协调得2星；造型感较弱，肢体协调性较弱得 1 星。	艺术学科核心素养中，音乐包含情境表演的学习任务，表示低年段的学生情境表演应该运用角色扮演、形象塑造、生活场景再现等综合手段体现生活化和趣味性。让学生情景表演和游戏活动中更好的感受、体验艺术形象。	学生通过游戏的形式不仅能发展学生动作模仿能力，还能发展学生肢体协调能力以及表现能力。
	30	思政	我爱少先队	敬队礼：以 5–8 人一组，做出标准的队礼并说出队礼含义。	能够自信大方做出标准的队礼，并准确无误说出队礼含义得 3 星；能够完成标准队礼，流利说出队礼含义得 2 星；完成队礼，说出队礼含义得 1 星。	少先队活动课程指导纲要指出：要教育引导少年儿童从小学习立志，树立少年儿童的政治启蒙。要培养学生追求真理、报效祖国的志向。时刻把祖国和人民放在心中，努力做祖国和人民需要的好孩子。	进一步规范少先队员的礼仪，使队员们学会正确敬礼，引导队员争做新时代好少年。
	31	道法	我爱我家	学生说出爸爸、妈妈和自己的优点，再想一想有什么相同之处。	能说出爸爸、妈妈、我 3 个及以上优点，并能发现 1 个共同之处的得 3 星；能说出爸爸、妈妈、我 2 个优点得 2 星；能说出爸爸、妈妈、我 1 个优点得 1 星。	第一学段核心素养中“政治认同”要求学生对家庭有深厚情感，“道德修养”要求学生孝敬父母，“健全人格”要求学生能够换位思考，学会处理家庭关系。	引导学生在细节中发现家人的爱，感受家庭的温暖。

续表

	32	体育+数学	快乐投递员	（1）3人一组，每人回答一道口算。 （2）按照自己回答的口算结果完成跳绳次数。 （3）投进3个沙包。	45秒内完成通关得3星，1分钟内完成通关得2星，1分30秒内完成通关得1星。	发展投掷的能力、跳跃的能力及数学口算能力。	（1）发展学生投掷的能力（准确度）、跳跃的能力。 （2）培养学生坚强勇敢、遵守纪律的意志品质。 （3）提升口算能力。

四、综合测评的过程设计

（一）活动主题

智慧星启航，畅想新校园

（二）测评时间

2023年6月21日

（三）测评地点

负一楼体育馆

（四）组织架构

组长：林文坚

副组长：郑育文

组员：张志健、金平昕、崔锐瑶、张红兵、林晓思、叶美芳

（五）测评流程

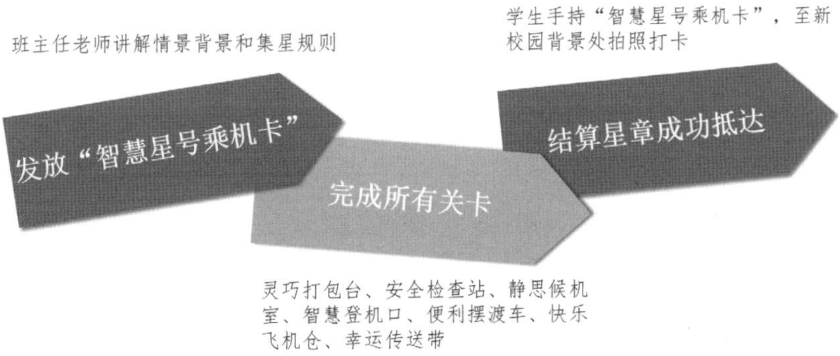

班主任老师讲解情景背景和集星规则

发放“智慧星号乘机卡”

完成所有关卡

灵巧打包台、安全检查站、静思候机室、智慧登机口、便利摆渡车、快乐飞机仓、幸运传送带

结算星章成功抵达

学生手持“智慧星号乘机卡”，至新校园背景处拍照打卡

1.每位学生领取“智慧星号乘机卡”，班主任老师讲解情景背景和集星规则，

由家长义工分小队带往综合评价场地。

2. 学生根据乘坐飞机的顺序分别在“发放登机牌”“灵巧打包台”“安全检查站”“静思候机室”“智慧登机口”“便利摆渡车”“快乐飞机仓”“幸运传送带”关卡中完成测试，每一站点由负责的老师和家长评委给出相应的测试评价（星星印章）。

3. 学生在站点内可根据自己的喜好选择测试项目，直至所有关卡都参加完毕后才算完成。

4. 活动结束后，学生手持“智慧星号乘机卡”，至新校园背景处拍照打卡（成功抵达）。

5. 活动结束后，教师回收“智慧星号乘机卡”记录集星数，并将乘机卡放置在学生“成长记录册”中，新学期开学后，学生带着“智慧星号乘机卡”到新校园报到。

（六）具体分工

1. 教育发展中心：负责本次活动的策划。制定活动方案，全面关注活动过程，做好活动总结；协调航瑞中学篮球场；负责测试题的设计与具体实施；活动的宣传报道。（负责人：崔锐瑶及全体科任老师）

2. 学生发展中心：负责各场景的布置；协调家长义工和家长评委；家长进出校园的安全管理以及突发事故安全预案。（负责人：金平昕、林晓思、叶美芳）

3. 综合拓展部：准备饮用水；场景区域桌子的摆放及活动后收取；联系航瑞中学物业做好活动期间校门口交通管理。（负责人：张志健、张红兵）

4. 拍照及宣传：黄海童、祝伟唯。

智慧星启航，畅想新校园

——航星学校 2022–2023 学年度第二学期低年级综合测评总结

一、综合测评活动的概况

为深入贯彻落实国家“双减”政策的要求，强化综合评价，突出素质导向，促进学生健康全面发展，2023 年 6 月 21 日上午，航星学校举行了 2022–2023 学年第二学期期末游戏式评价活动。

游戏式评价活动是我校深入推进教育教学改革、改进教学评价形式的创新活动。这其中，游戏是手段、是方法、是形式，评价则是目的、是目标。用游戏的形式考核学生学科基础知识与技能，以及运用学科知识、技能、方法、观念来解决复杂现实问题的能力，也是教师反思和改进教学的有力手段，为教师后续的教学提供教学诊断。通过丰富的游戏形式和多元的评价方法全面了解学生的学习概况，提高学生综合素养，减轻学生的学习负担。

针对一年级学生身心发展特点和认知规律，融合了语文、数学、英语、科学、音乐、形体、体育、美术、劳动、道法等 10 门学科，共设置 32 个闯关项目，题目设置以新课程标准与核心素养的综合体现为依据，将学科知识考察融入相应的真实情景中，结合现代化信息技术，打通学生的视觉、听觉、触觉等多重感官，充分调动学生的参与积极性。培养学生在真实情境中的思辨、迁移、沟通协调、问题解决以及综合实践能力，在“边玩边考”中提高孩子学科素养和学习品质，实现减负提质增效。

二、综合测评活动的结果及结果的分析与运用

我校的游戏式评价活动并不是传统游园活动，游戏式评价是替代传统纸笔测试的学生学业水平综合评价，是用游戏的形式考查学生学科基础知识与技能，以及运用学科知识、技能、方法、观念来解决复杂现实问题的能力，也是教师反思和改进教学的有力手段，为教师后续的教学提供教学诊断。测评活动结束后，共收回 196 份学生测评反馈记录表，在 32 个项目中最受学生喜爱的测评项目为：幸运大转盘、密码箱和小小旅行家。与此同时，老师们通过关注学生的测评过程，在学生的反馈和评价中梳理了今后教学的优化路径，使游戏式测评能够更好地指导教师的教和学生的学，真正促进“教—学—评”一体化。

（一）语文学科反馈

在“美味小吃”“助人天使”和“你画我猜”3 个游戏式评价项目中，学生基本上能够自选词语连成句子进行口语表达并能运用 1–2 个好词好句；绝大部分同学在“助人天使”交流的过程中能够使用礼貌用语，但是在破译通知信息一题中个别同学对通知要素的掌握还不够充分；最受欢迎的是小组合作游戏“你画我猜”，该游戏融合了美术学科，经过设计改良后难度系数适中，趣味性强，容易满足学生的参与感。在今后的语文课堂教学活动中，教师应结合课本知识创设真实情境，把知识拉近学生，让教育接通生活，使学生能够运用所学知识解决生活中的难题，同时加强学科之间的融合渗透，逐步探索跨学科、多元化的分层教学模式。

在“我会找朋友”“我会下词语”“我能上飞机”和“我是大富翁”4 项游戏项目中，学生对于拼读拼音和词语认读的掌握情况整体较好，但是面对偏旁组字等需要举一反三的题目则比较吃力。在“我会找朋友”“我会下词语”两个游戏中，通过计时和竞赛的方式激发学生的胜负欲，考察学生的识字量，激发了学生主动识字和写字的愿望；“我能上飞机”游戏则是通过偏旁部首组成新字才能进阶，而展示的字中包含会写字和会认字，学生对会认字的识别率更高，会写字则需要一点时间才能组成。“我是大富翁”则是包含了拼音、汉字结构、查字典、吟诵等多元素于一体的游戏，但是部分学生对于查字典掌握还不够。因此，这 4 项游戏式测评为今后的教学提供了一些方向和思路：首先是在课堂中也应多运用多种方式让学生识记会认字；其次需注重汉字结构的分

解，注重举一反三，增加积累。并统筹设计用有趣的方式让学生巩固基础知识，才能提升孩子的综合素养。

在“天女散花”“古诗数独”两项游戏中主要考查学生对一年级课内必背内容的掌握情况。同学们对一年级下册的课文内容较熟悉，而对上册的长篇课文无法流利背诵。在“绘声绘色读课文”游戏中，可看出当前同学们对一篇新的课文，整体上能读得流畅，但对情感的把握还不够。“童手写童心”是一个综合考查学生的语文、音乐、美术学科素养的游戏，一部分同学展现出较强的想象力，对“颠倒世界”的情况能说、会写、会画。绝大部分同学还是需要提醒，才能说出一两句。因此，这4项游戏式测评为今后的教学提供了一些方向和思路:（1）应多引导孩子及时巩固复习课内必背内容；（2）日常的朗读教学在正音、流畅的基础上，可逐步加强有情感朗读的教学，可从语气、语调、重音、表情等方面入手；（3）多利用优质语料，培养孩子的想象力。

（二）数学学科反馈

“前往安检台”的“幸运转盘”形式深受同学们的喜爱，“解锁行李箱”“预定中餐”和“畅想星未来”的形式让同学们有十足的体验感，鼓励学生在动手操作、思考表达中发展数学思维。其中“前往安检台”考查的是学生对数的组成的理解，“解锁行李箱”考查学生先估后算的运算能力，“预定中餐”预设了学生在实际生活中遇到的购物场景，“畅想星未来”与新校建设相关，激发学生对新校园生活的期待和热爱。学生整体完成度高，特别喜欢“前往安检台”和“畅想星未来”，不仅形式好玩，而且操作有趣，答案多样，可以发挥自己的想象力。这也提醒教师在今后游戏设计会更加注重题目的开放性，发展学生的发散性思维。

“物归原位”“见义勇为”以及“幸运种子”让孩子们将课本的知识进行实际操作，游戏形式深受学生喜爱。“物归原位”为双人合作游戏，学生根据兴趣选择摆或者说，同时调动听觉与视觉，充分发展空间想象力，在头脑中形成表象，进而让空间观念根植于头脑之中。“幸运种子”契合新课标中提出的“量感”，量感强调感性经验，感性经验正是在操作活动的过程中累计形成的，让学生看40估80，进而形成量感。学生们整体完成情况良好，比较喜欢“幸运种子”和“小小整理师”。在实施过程中也发现了一些不足，例如现场声音比较嘈杂，在“物归原位”游戏时，负责摆的学生听不清评委老师的指引；“幸运种子”游戏中装种子的玻璃瓶口太小，不方便装取。这也提醒教师以后在设计游戏时应当充分关注现实情况，考虑实用性和操作性。

（三）英语学科反馈

英语共设计了“四季号摆渡车”“小记者摆渡车”“端午号摆渡车”3个游戏，综合考察了学生听说读写方面的核心素养。“四季号摆渡车”通过“英语听力+美术绘画”结合的方式，学生们带着耳机，将听到的季节、色彩、自然景物（花、草、鸟、树等）用彩笔画出来，大部分同学都可以掌握单词和对应的事物，发挥自己的想象力将四季景物画出来，但同时也发现他们对两句话以上的英语句子理解不够，需要听两遍以上才能找出全部对应的事物；“小记者摆渡车”通过角色扮演的方式，让学生分别扮演小记者和受访者，考察了学生对于食品相关的词汇掌握和表达，学生们在完成的时候有些生硬，没有真正把自己带到采访的情境中，完成得迅速简单；“端午号摆渡车”通过“英语沟通+劳动”结合的方式，是最受欢迎的英语考题。学生发挥自己的创造力在卡纸上创作英语端午节贺卡，两人一组的方式发挥了他们团队合作的意识，少部分同学能够用英语交流，但大部分学生只是说一些端午节相关的英语单词。综上，这三项游戏式测评为今后的教学提供了以下方向和思路：（1）有趣性，低年龄学生的动手能力很强，手脑并用，多发动他们天然的想象力和创作力；（2）融合性，加强单词在简单句子和情境中的应用，把相关英语词汇联想在一起教学，在生动的故事或生活场景中增强简单句子的听说练习；（3）情境化，在教学中通过道具带入情境，如小记者可以准备一个话筒，增强学习中互动感和参与性。

（四）道法与思政学科反馈

道德与法治学科设置了“我爱我家”项目，其目的是了解孩子与家庭成员的关系，学会介绍自己的家庭成员并说出家人的优点，增强家庭角色意识，感受家庭成员之间的关心爱护，体验家庭的温暖。90%的孩子能够自信流利地介绍自己的家人和家人的优点。其中，表达能力较强的孩子能够主动说出向父母学习。在“我爱少先队”项目中，大部分预备队员都能做出标准队礼，并在老师的提示下说出队礼的含义，为下学期的争章入队做好铺垫。在今后的道德与法治教学中，教师需创设轻松愉快的教学环境，通过游戏、合作等多种形式激发学生的学习激情，启发学习兴趣，做好学生的政治思想启蒙。

（五）劳动学科反馈

“小小整理师”在劳动中融合了数学分类思维，不仅让学生养成自己的事自己做的劳动观念，也能在实际情境中通过分类培养数据意识、爱干净讲卫生的劳动意识，学生在整理的过程中动手动脑，巩固会分类、会整理的劳动技能，体会生活智慧。在今后的教学中，教师应该更多加强学生动手操作的设计，替代传统课堂中的教师讲多练少的情况。

（六）科学学科反馈

“谁轻谁重”让学生认识到掂量、称量等方法测量物体轻重的准确程度不同，学生通过天平称重后还是能体会到掂量的方法仍然是依靠人的感觉，当物体的轻重差不多时，会出现不同的判断结果，从而认识到科学测量的重要性。在“给动物分类”项目中让学生意识到运用分类的方法可以更好地认识动物。两个项目都培养了学生的科学观念、科学思维、探究实践的能力，总体完成度较好，但今后教学中趣味性方面还可以再加强些。

（七）音乐与形体学科反馈

一年级的孩子活泼好动善于表现，在“乐动达人”项目中，大部分孩子们对歌曲、节奏、音高的掌握较好，通过小组合作对歌曲进行创编和律动，孩子们也都乐意积极参与。在“千姿百态”项目中，大部分孩子都乐于模仿，敢于表现。80% 的孩子能够观察动物特点，舒展肢体，造型独特，充分表现孩子的天真无邪。20% 的孩子造型较单一，肢体协调性还需要提升。在今后教学中，教师还需及时给予学生鼓励，让他们对艺术表演充满自信。同时，多给学生展示的空间，让学生将自己所学的歌曲、舞蹈展示出来，既激发孩子们的学习热情，又提高了他们的艺术表现力。

（八）美术学科反馈

美术学科共设计了“猜猜我是谁”“辩影寻踪”两个游戏项目，综合考察了学生的审美感知，艺术表现等核心素养。一年级学生们通过触摸暗箱的物体形状，通过触觉感知物体的“形”，再通过画笔画在白板上。过程中，学生脑海中的形状从“无”到“有”的过程。在“辩影寻踪”的活动中，学生对于色彩，形体的识别与表达可以通过语言的描述来达到识别目的，也融合了对于一年级学生的美术语言表达能力的锻炼。在过程中可以看出，学生对于有低中难度的形体描绘与感知力较强，可以看出部分学生对于形的感受比较细致，表达更加充分。少部分学生对于简单的形体会有概念化的“形”的认知。这些部分也是未来教学中教师需要着重避免和引导的，同时，应加强创设生活真实情境，让孩子们感知和体验，发现形体、感知形体，充分的自由表达与创造。

（九）体育学科反馈

“小小旅行家”和“神投手”项目根据新课标中“健康第一”的指导思想，激发学生运动兴趣，培养学生终身体育的意识。游戏内容主要以跑、跳、投等基础性素质内容为设计主要元素，通过情景设计、学科融合设计的形式来创设体育游戏式测评项目。 通过体育游戏式项目测评，反馈出 80% 的孩子能够快速完成和掌握基础性的体育与健康知识和运动技能。20% 的孩子能顺利完成测试内容，但运动能力和协调性还有待提升。在今后教学中，教师还需注重情境设置引导学生发扬体育精神，并形成积极进取、乐观开朗的生活态度。

三、综合测评活动的亮点与问题

（一）情境主题，贴近生活

新课标以具有情境性的核心素养为纲，强调要立足于学生的所思所想，创设贴近学生学习、生活实际的真实任务情境，以具体鲜活的生活场景为载体来呈现学科问题，使学生能够灵活地迁移和应用。

我校基于新课标的核心理念，创新性地采用情境化的角度来设计游戏式测评活动，将学科知识融入相应的真实情景之中（见图 3），创设了“成功搭乘飞往新校园的航班”的游戏式测评主题情境，“搭建灵巧打包台”（劳动、科学、美术）、“安全检查站”（数学）、“静思候机室”（语文）、“智慧登机口”（数学）、“便利摆渡车”（英语）、“快乐飞机仓”（语文）和“幸运传送带”（形体、体育、道法、音乐）等情境式关卡场景。

一方面，我校地处航空新城，是 2022 年 9 月新开办的学校，新校园工程还未竣工，在借址办学的一年来，孩子们通过照片了解到崭新的教学楼拔地而起，心中期盼着能够早日去到梦想中的新校园。另一方面，我校大部分家长都从事与航空相关的工作，家长们自发地组织孩子们参观机场，还开展了“航空知识进校园”PVC课程，孩子们对航空知识都有一定的了解。因此，孩子们在这样既“实”且“活”的航空登机任务情境下，运用学科知识、技能、方法、观念来解决复杂现实问题，不仅能调动低年级学生学习的积极性，而且能有效开发学生的智力，让学生在“乐”中学、“乐”中评。

为了能够营造真实的情境氛围，在“美味小吃”这一关卡中，家长义工们化身机场早餐店的服务员，小朋友们从众多“美食”中挑选出代表时间、地点、人物和事件的短语，并连成一句话，既能考察学生的语言组织、运用、表达能力，又能考察学生的反应力和逻辑思维能力。

紧接着，同学们在候机室里遇到了“陌生老奶奶”的求助，为了能够尽快帮助老奶奶解锁同学聚会的邀请函，小朋友们个个屏气凝神、专心致志，将脑海里所学“通知”方面的知识充分运用到实践中。真实的任务场景不仅全面考察了学生的礼貌用语、倾听交流能力和关键信息查找能力，而且将拼音、通知的要素等考点贯穿其中，使孩子能够真正学以致用。

图3 情景主题场景

在前往安检柜台的途中，同学们又遇到了难题——行李箱被锁上了密码，要计算出行李箱上的算式才能解开密码锁。同学们冷静思考、沉着应对，根据百数表的规律选择合适的数字对百数表进行完善补充，轻松地将数学难题迎刃而解。

（二）学科融合，五育并举

学生核心素养的培育离不开跨学科知识与思维的融合互通，在本次测评活动中，融合了语文、数学、英语、科学、音乐、形体、体育、美术、劳动、道法等10门学科，共设置了32个闯关项目，将跨学科知识与游戏测评相结合，培养学生在真实情境中的思辨能力、迁移能力、沟通协调能力、问题解决能力以及综合实践能力，促进五育并举。

图1 “小小整理师”游戏

登机前首先要进行物品整理，“小小整理师”们认真思考，仔细辨别，有条不紊地将杂乱的物品进行分类整理（见图1）。该游戏将劳动教育蕴藏在数学的分类目标中，实现数学和劳动“双赢”，培养了学生数据意识和动手能力。

图2 “你画我猜”游戏

在等候登机的过程中，同学们玩起了“你画我猜”的游戏（见图2），该测评活动要求一人在30秒内迅速画出古诗相关意象，另一人猜出古诗诗题，巧妙地将美术学科与语文学科相融合，促进了学生语文综合素养与美术审美创作能力的提升。瞧，一年级的小朋友们不仅画得惟妙惟肖、生动传神，而且还能异口同声地将古诗背诵出来，引得在场的家长评委们连连称赞。

恰逢端午佳节，在“端午号摆渡车上”，同学们两人一组，一人负责写英文祝福语，一人负责配画，共同合作绘制精美的端午贺卡。该测评活动实现了英语和综合实践课程的跨学科融合，同学们全程用英语沟通、交流、合作，综合考察了他们的英语口语表达能力、团队协作能力以及综合实践能力。

除了跨学科融合项目以外，还有科学、音乐、美术、形体、劳动、思政和道法等学科游戏式项目考察，全方位展现孩子们德、智、体、美、劳的能力和素养。

（三）手段丰富，形式多元

在游戏化测评手段方面，我校不局限于传统的游戏测评形式，在无纸化的基础上创造性地设计“词语五子棋”“听音画四季”“小小旅行家”等综合性测评方式，并结合了现代化信息技术，打通学生的视觉、听觉、触觉等多重感官，充分调动了学生的参与积极性。

图 4 “听音画四季”游戏

图 5 “词语五子棋”游戏

在“词语五子棋”（见图 5）的游戏测评中，孩子们平时学习积累的词语统统变成了手中的“棋子”，该游戏将语文学科知识与五子棋游戏进行了深度结合，孩子们有的棋逢对手，不分伯仲；有的信心十足，胜券在握；还有的意犹未尽，直呼：“再来一局！”

在英语“听音画四季”游戏（见图 4）测评中，同学们戴上耳机听英文对话，根据听到的句子画图，推测画中存在的事物及颜色，创造某一季节的美术作品。该游戏综合考察了学生对于英语季节、色彩和景物相关的词汇的掌握以及听音辨识能力、创作能力。

下了飞机后，同学们坐上了“摆渡车”，学生通过扮演外国小记者的方式，围绕“喜欢的食品”进行小组合作问卷调查，考察了学生对于英语食品相关词汇的掌握以及小组合作与表达交流能力。

体育测评项目“小小旅行家”(见图6)通过走、跑、跨、跳、钻、爬等一连串动作考察学生的耐力、肢体协调度与灵敏度，培养学生的运动能力、健康行为和勇于冒险的体育精神。

图6 “小小旅行家”游戏

（四）反馈总结，以评促教

期末游戏式测评的目的不在于游戏形式，而在于通过游戏的形式全面考察学生对所学知识的掌握程度以及在此过程中所形成的必备品格和关键能力。在本次活动中，孩子们手上通往新校园的“梦想飞机票”背面即是游戏式综合测评记录反馈表，考官们按照项目考核标准，结合学生的综合表现情况进行星级评定。

活动前，老师们结合新课标理念设计游戏、动手制作道具，在反复测试修改中打磨出最科学、合理、可行性高的趣味游戏（见图7）；活动中，老师们默默观察学生的测评情况，一一记录孩子们的表现和遇到的困难；活动后，老师们将资料进行归纳整理，并向学生征集我最喜爱的游戏，在学生的反馈和评价中反思日常教学的优化路径，使游戏式测评能够更好地指导教师的教和学生的学，真正促进“教—学—评”一体化。

图7 学生与“梦想飞机票‘

（五）组织有序，家校共育

我校领导高度重视本次游戏式测评活动，为了能使活动高效、有序地进行，学校教育发展中心在筹备阶段召开了数次筹备会议，统筹活动设计、人员、物资安排，将每个项目的细节落到实处。

家长义工们不仅参与了活动前期的物资筹备，本次活动的考官全部都是来自各班的家长义工，每一位家长都耐心地给孩子们讲解题目，纵使汗水打湿了衣裳，他们也毫无怨言，默默地支持学校的工作。

家长们都很认可这样既充满趣味又科学全面的游戏式评价方式，一（2）班的一位家长说：“这个创意太棒啦！小朋友们都很开心，就像做游戏一样把知识都检验了一遍，让童年的学习充满了挑战与乐趣。”

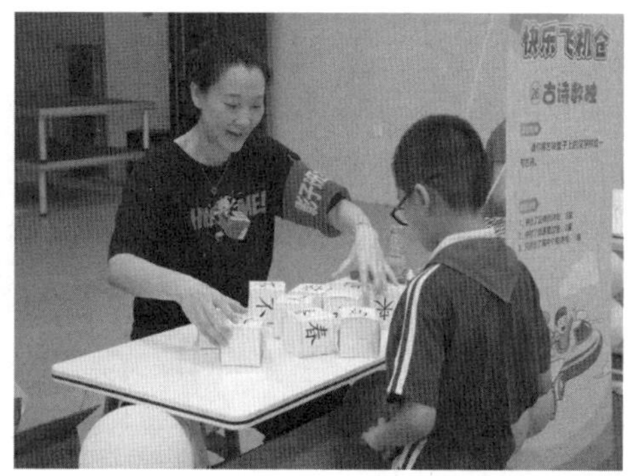

游戏是儿童最好的学习方式之一。在本次游戏式测评活动中，我校兼顾内容与形式，在丰富活动内容的同时，注重测试内容的创新性、科学性、专业性，以评价为目标，抓住学科特点进行跨学科融合，促进学生核心素养的发展。在未来的教育教学活动中，我校将继续秉承“梯航生长，启明自立”的办学理念，以评促教，以评促学，奠定孩子长远发展的基石，让每个孩子都能成为最闪亮而独特的星星。

四色创融　做出彩径贝少年

——海韵学校（集团）径贝小学 2022-2023 学年第二学期
低年级综合素养测评方案

一、指导思想

基于新课程标准的育人目标和基本理念，探索“双减”背景下学校教育教学的新样态，聚焦核心素养和关键能力，围绕任务驱动的真实情境，跨学科协作融合评价多维度推动，展现多元评价、尊重个体差异的新风貌，促进教学全面落实课程目标、课程内容和学业质量标准，现结合学校实际，特制定径贝小学一二年级期末综合素养测评方案。

二、领导小组

组　长：赖香恒

副组长：欧小英、曾绍钦

组　员：黄朝晖、赖以新、邱青云、陈丽红、张勇、罗瑜、郑康容、翟妮娅、邝小梦、苑丽、徐安琪、钟璐娇、程佳瑜

三、设计理念

根据径贝小学校徽四色理念（见图 1），进行主题情景创设，四个颜色代表四个关卡，重在巩固学生学科素养能力，促进思维发展，激发创新意识。

图 1　径贝小学校徽四色理念

本次活动面向一二年级全体学生，以一系列具有情境化、主题化、实践化和个性化的学科融合活动，注重考核学生基础知识的掌握和基本技能的达成情况，培养学生的学习兴趣、探究精神，帮助学生形成扎实的学科知识、严谨的学科思维。

跨学科融合的评价项目设计，以团队合作、学科整合、任务群组的新型评价方式，设计体现思维过程、促进思维发展、拓延思维深度的评价项目，评价项目分为针对性、分层性、个性化的独立完成题目和可选择性、开放性团队合作性的项目式题目，保证学生的全员参与度及个性体验，促进学生的素养形成。

四、测评主题

四色创融，做出彩径贝少年

五、测评对象

一、二年级全体学生

六、测评时间

第 19 周周三（6 月 14 日）下午 2:30 开始

七、测评涵盖学科

以学科融合形式，评价内容涵盖语文、数学、英语、科学、音乐、美术、劳动、体育 8 门学科。

八、测评地点

一楼电教室（一年级）、科学楼架空层（二年级）

九、测评方式

1. 基于学科年段核心素养，以学科融合方式开展测评。学生每完成一个颜色站点，则可以得到一条校徽色。四个关卡都完成后，可以完整拼出一个彩色校徽。

2. 根据低年级孩子的身心特点，室内、室外结合，采用游戏化、活动化的方式，搭建知识和活动、游戏的桥梁，设置“学科融合知识，汇聚径贝四色，做出彩径贝少年”的趣味情境，赢取“寻根红贝”“守礼蓝贝”“活力黄贝”“环保绿贝”印章（见图 3），为学习增添成长能量！

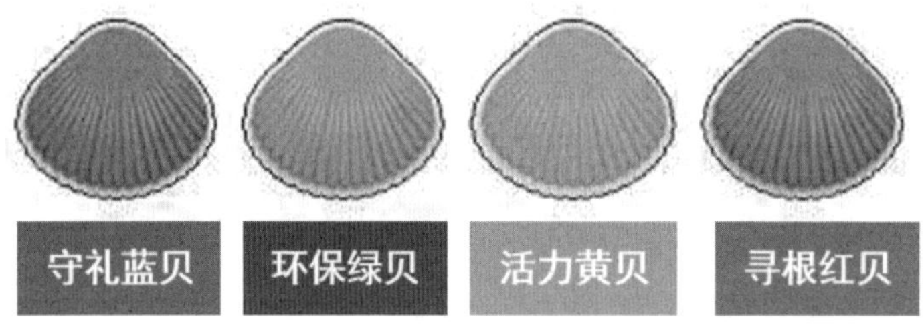

图 3 “四色径贝”

3. 完成每个站点任务的同学，会获得老师奖励的贝壳印章，粘贴在自己的“色彩收集站”卡纸上。最终收集到最多贝壳印章的同学被评选为“径贝出彩少年”（见图 4）。

图 4 “径贝出彩少年”评选过程

十、测评内容

测评项目包括四个颜色主题版块：寻根红彩—守礼蓝彩—活力黄彩—环保绿彩。

1. 寻根红彩

语言表达（语文 + 美术）：重点考查学生的中文语言表达能力和文学、艺术素养。（2 个语文专项 +1 个学科整合项目）

2. 守礼蓝彩

国际素养（英语 + 音乐）：重点考查学生的英语口语表达能力国际素养和音乐鉴赏能力。（2 个英语专项 +1 个学科整合项目）

3. 活力黄彩

逻辑思维（数学 + 体育）：重点考查学生的数学逻辑思维能力和体育技能。（2 个数学专项 +1 个学科整合项目）

4. 环保绿彩

科技创新（科学）与劳动实践：重点考查学生的科技创新能力。（2 个科学专项 +1 个学科整合项目）

十一、测评过程设计

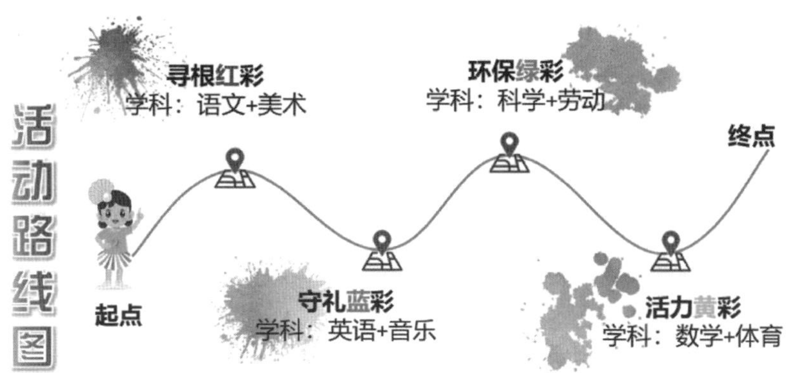

十二、具体工作要求

（一）前期准备

1. 落实新课程标准下学科素养要求，商定学科具体测评项目以及学科整合测评项目，定好测评内容和操作方式。（负责人：科组长、备课组长、科任老师）

2. 科组、备课组根据测评项目及学科特点，研究、拟定好测评具体题目，每个项目要求准备好 1 套测试材料，同时制定测试题目评价标准（采取“四色贝壳 3 级星”评价，根据学生实际表现按 1 颗贝壳印章、2 颗贝壳印章、3 颗贝壳印章三个等级评定；最终获得最多贝壳印章数量的同学，当选年级“径贝出彩少年”。（负责人：备课组长、科任老师）

3. 统一打印测评材料，组织做好测评培训。（负责人：教学处、科组长、备课组长）

4. 教师在测试前要对学生讲清楚各项目测评内容和测评方式，正式测试时除特殊情况不再另外解释。（负责人：科任教师）

5. 宣传海报、测评主题 PT 板、学生测评“径贝出彩少年”卡片、大比拼海报、奖状、奖品等。（负责人：教学处）

（二）现场测评安排

1. 测评点：每年级分别设立 24 个测评点（寻根红彩站点 6 个、活力黄彩站点 6 个、环保绿彩站点 6 个、守礼蓝彩站点 6 个）。学生持“贝贝能量收集卡”，自行选择到相应测试项目。班主任应告知学生学科测评顺序不限定，但每位同学均需完成“收集站”里所有的“贝壳印章存入项目”即测试项目。（负责人：班主任、测评员）

2. 测评结束后，班主任计算本班各学生“贝贝能量收集卡”上的贝壳获得总数，将总数额上报教学处。教学处根据各班级上报“贝壳能量总数”进行评比。奖励年级总额前三名为“径贝荣耀班级”（集体奖）、班级金币总额前五名同学为“径贝出彩少年”（个人奖），由学校颁发相应奖品和奖状。

3. 统筹协助：年级长统筹测评当天具体事宜；科组长巡视测评现场情况；护导员加强现场纪律管理。

（三）其他工作

1. 桌椅布置。（物业方广负责）

2. 拍照。（李强强、张懿莹）

3. 测试前到文印室统一领取测评员卡牌、印章、黑色水笔，测试后清点完毕进行回收。

4. 活动报道。（年级长徐安琪、钟璐娇 ）

附件 1：一年级综合素养测评题目模板

寻根红彩（一年级语文+美术）

诵读广播站——国学背诵我能行

选择其中一段背诵： 背诵“人之初......名俱扬”

背诵“养不教......不知义”

背诵“为人子......宜先知”。

2

交际会客厅——我是交际小能手

我会打电话（两幅图选一幅）：

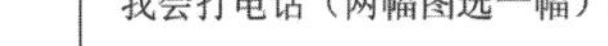

（1）图上的人想要干什么？请用完整的一句话说清楚。

（2）如果你是图中的人物，你会怎么说？

3

多彩美工部——走进想象的世界

奇异的“海怪”（美术课提前画好）

传说大海的深处生活着大“海怪”，请综合各种生物的特点，发挥你的想象力，画一只大“海怪”，并用几句话介绍一下（2 分钟内）

活力黄彩（数学+体育）

一年级

1 能说会道：用 2、5、8 三张卡片中的两张组成两位数，最大的数是多少？最小的数是多少？

2 火眼金睛：你能根据数线图，说出算式吗？

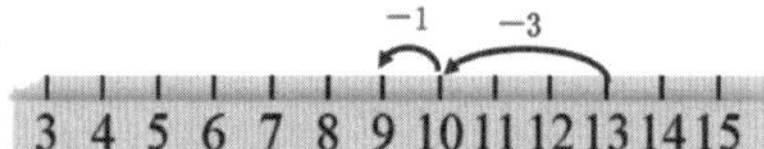

3 金鸡独立：

①	14-8=	43+9 =	92-47=
②	17-9=	28+34=	100-26=

动作要求：任选一组计算，单脚站立，根据结果弯腰伸手触摸相应数字的水瓶。

守礼蓝彩（英语+音乐）

一年级

Round 1:Let's say

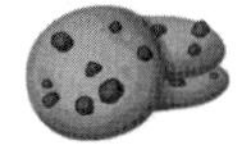

1.What do you hear?　2. Do you like biscuits?　3. A gift for you.

What colour is spring?
Green, green,
Spring is green.

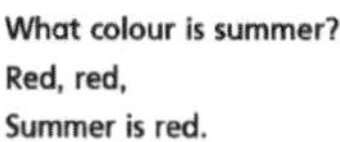

What colour is autumn?
Yellow, yellow,
Autumn is yellow.

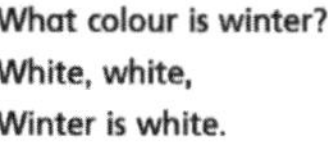

守礼蓝彩（英语+音乐）

一年级

Round 3:Let's talk

Let's sing 用自然好听的声音为 **Eddie** 唱生日歌《**Happy birthday to you**》

环保绿彩（一年级科学+劳动）

1 我给他们分分类

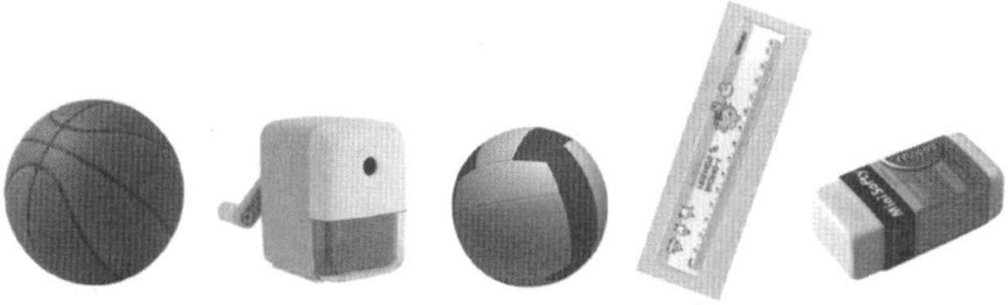

1　2　3　4　5

2 猜猜我是谁

双手提不起，
有刀劈不开。
煮饭和洗衣，
都要请它来。

这就是我们生活中都离不开的________

3 谁装得多？

绿豆　橡皮擦　珠子

用杯子装________装得最多？

附件 2：一年级测评规则及评价标准

测评版块	测评项目名称及星级评定规则 科组长、备课组长界定“三颗印章、两颗印章、一颗印章”相应的评定标准
寻根红彩	**一、诵读广播站——经典背诵我能行** 第一题：一颗星：在老师的提醒下，完整地背出一句； 二颗星：比较准确地背出完整的一句； 三颗星：字音准确、流利地背出完整的一句； 第二题：一颗星：在老师的提示下，完整地背出答案； 二颗星：比较准确地背出答案； 三颗星：字音准确、流利地背出答案（黄河奔，长江涌，长城长，珠峰耸）。 **二、交际会客厅——我是交际小能手** 一颗星：在老师提醒下介绍要推荐的动画片（包括动画片的名字、喜欢的人物及其原因）； 二颗星：能自己用两三句话介绍要推荐的动画片（包括动画片的名字、喜欢的人物及其原因）； 三颗星：能口齿流利地用几句话介绍要推荐的动画片（包括动画片的名字、喜欢的人物及其原因）。 **三、多彩美工部——我会观察我会说** 一颗星：简单两三句话说出图中的内容； 二颗星：能用写话的方式描述图中的内容； 三颗星：能用写话方式具体地描述图中的内容，注意使用语言、动作等描写方法。
活力黄彩	**一、能说会道** 三颗星：独立完成，正确组成最大、最小数。 两颗星：在教师的提示下回答正确。 一颗星：在教师的提示下部分回答正确。 **二、** 三颗星：独立完成，正确说出减法算式。 两颗星：在教师的提示下回答正确。 一颗星：在教师的提示下部分回答正确。 **三、高抬贵手** 三颗星：正确计算一组算式且脚没有落地。 两颗星：正确计算一组算式但脚落地，或者脚没有落地但部分正确计算。 一颗星：部分计算正确且脚落地。

续表

守礼蓝彩	第 1 项：Let’s say 三颗星：能流利并正确地回答 3 个问题，语音语调正确； 二颗星：能正确回答 2 个问题，语音语调正确； 一颗星：回答出现 2 句或以上错误。 第 2 项：Let’s chant 三颗星：能够边拍手边唱读歌谣，语音语调正确，表达流利； 二颗星：能较流利念出歌谣，语音语调正确，强弱规律基本正确； 一颗星：念歌谣出现 3 句或以上错误，包括节奏和发音错误。 第 3 项：Let’s talk，Let’s sing 三颗星：在语境中，4 人流利地完成两个话论交流，语音语调标准，表达正确，富有表现力；在演唱中，音准、节奏准确，吐字清晰，有较强音乐表现力。 二颗星：在语境中，4 人能够比较流利地完成两个话论交流，语音语调基本清晰准确，表达基本准确；在演唱中，音准、节奏基本准确，歌曲完整演唱。 一颗星：需要老师的提醒下，在语境中，4 人能够完成两个话论交流，存在发音或表达的错误；在演唱中，没有音调，不能完整演唱。
环保绿彩	一、我给他们分分类 一颗星：能说出图片上物体的名称，但不会分类； 两颗星：能讲题目中的物体分类，但不能说出分类标准或表达不明确； 三颗星：能按照“物体大小”、“轻重”、“颜色”、“材料”等不同的依据分类。 二、猜猜我是谁 一颗星：不能猜出谜语； 两颗星：能猜出谜语，但不能说出保护措施； 三颗星：能准确猜出谜语，并说出保护措施。 三、谁的东西多 一颗星：能用不同形状的物体把盒子填满； 两颗星：能用物体把盒子填满并比较出哪个填的多； 三颗星：可以直接说出哪种形状的物体在盒子里放的最多。

附件 3：二年级综合素养测评题目模板

寻根红彩（二年级语文+美术）

诵读广播站——我爱我的祖国（选择一题完成）

（1）我国有许多流传至今的传统美德著作，《弟子规》就是其中一本，请背出你所积累的其中一句。

（2）本学期我们学习了一首短小却内涵丰富的歌谣——《神州谣》，请背出具体描绘神州大地之美的句子。

交际会客厅——我会观察我会说

请选择下面一幅图，用几句话描述图中的内容。

3

多彩美工部——畅想欲言

你一定看过许多有趣的动画片，请你画下一个喜欢的动画形象，给大家推荐一下这部动画片，说说你喜欢这部动画片的理由。

活力黄彩（数学+体育）

1 能说会道：比较长江、黄河的长度大小，并说一说你是怎样比较大小的。

长江：约 6300 千米　　　黄河：约 5464 千米

2 高抬贵手：① 20÷4=　　9×6 =　　350+560=

② 56÷8=　　7×8=　　370+170=

动作要求：任选一组计算，学生一边高抬腿，一边口算说出答案。

3 火眼金睛：图中有哪些学过的图形，并说一说正方形、长方形有什么特点？

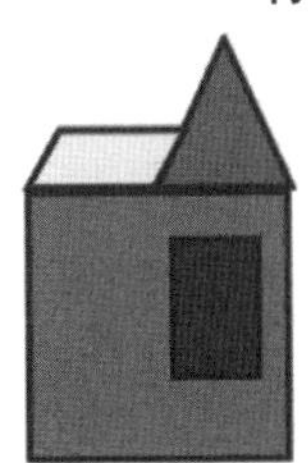

守礼蓝彩（二年级英语+音乐）

Round 1:Let's say

1.Do you like it? 2.Can you hear a ship? 3. Would you like some fish?

2

Round 2:Let's chant

（请用 2 拍子的强弱规律边拍边唱）

I like chicken.
I like rice.
I like eating
Chicken and rice.

I like noodles.
I like fish.
I like eating
Noodles and fish.

Round 3 Let's sing.（请根据力度记号提示，有感情地演唱歌曲）

环保绿彩（科学+劳动）

二年级

我的反应快

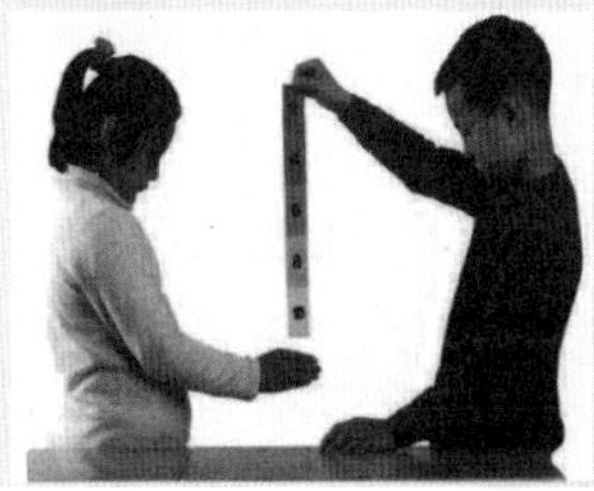

2. 得高分的方法：
注意力集中；手、眼协调；勤加练习

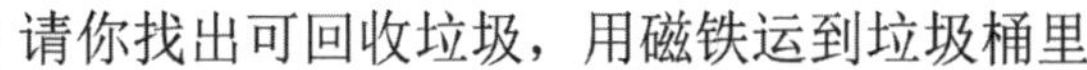

环保绿彩（二年级科学+劳动）

3

猜猜我是谁 （2 人一组）

呈现的物体中有白醋、木块、敲击后发出声音的音叉。

一位同学 A 戴上眼罩，另一位同学呈现一个物体，用语言引导 A 猜出是什么。（要用到感官描述哦）

附件4：

二年级测评规则及评价标准

测评版块	测评项目名称及星级评定规则 科组长、备课组长界定“三颗星、两颗星、一颗星”相应的评定标准
寻根红彩	**一、诵读广播站——我爱我的祖国** 一颗星：在老师的提醒下，完整地背出一句； 二颗星：比较准确地背出完整的一句； 三颗星：字音准确、流利地背出完整的一句。 **二、交际会客厅——畅想欲言** 一颗星：在老师提醒下介绍要推荐的动画片（包括动画片的名字、喜欢的人物及其原因）； 二颗星：能自己用两三句话介绍要推荐的动画片（包括动画片的名字、喜欢的人物及其原因）； 三颗星：能口齿流利地用几句话介绍要推荐的动画片（包括动画片的名字、喜欢的人物及其原因）。 **三、多才美工部——我会观察我会说** 一颗星：简单两三句话说出图中的内容； 二颗星：能用写话的方式描述图中的内容； 三颗星：能用写话方式具体地描述图中的内容，注意使用语言、动作等描写方法。
活力黄彩	**一、能说会道：根据题目要求，回答问题。** 三颗星：独立完成，全部正确； 两颗星：在教师的提示下回答正确； 一颗星：部分回答正确。 **二、高抬贵手** 1. 任选一组计算，学生一边高抬腿，一边口算，运动停止后说出答案。 三颗星：计算正确且答案正确； 两颗星：计算错一题或高抬腿提前放下； 一颗星：计算错两题或高抬腿提前放下。 2. 任选一组计算，学生颠球15秒，颠球停止后进行口算。 计算正确且颠球10个以上，三颗星； 计算错一题或颠球5—10个，两颗星； 计算错两题或颠球5个以下，一颗星。 **三、火眼金睛** 右图中有（　）个长方形，有（　）个正方形，有（　）个平行四边形。 三颗星：全部正确； 两颗星：错一个； 一颗星：错两个及以上。

续表

守礼蓝彩	**第 1 项：Let’s say** 三颗星：能流利并正确地回答 3 个问题，语音语调正确； 二颗星：能正确回答 2 个问题，语音语调正确； 一颗星：回答出现 2 句或以上错误。 **第 2 项：Let’s chant** 三颗星：能够边拍手边唱读歌谣，语音语调正确，表达流利；节拍稳定，有强弱规律； 二颗星：能较流利念出歌谣，语音语调正确，节拍，强弱规律基本正确； 一颗星：念歌谣出现 3 句或以上错误，包括节拍和发音错误。 **第 3 项：Let’s sing** 三颗星：能根据力度记号演唱歌曲，f 是强（大声唱），P 是弱（轻声唱），学生演唱时能区分强和弱； 二颗星：能较流利念出歌谣，语音语调正确，只能用一种力度来演唱； 一颗星：念歌谣出现 3 句或以上错误，包括强弱和发音错误，不能理解强和弱。
环保绿彩	**一、我的反应快** 一颗星：同组同学配合不好或反应较慢，抓不住尺子； 两颗星：一组同学能配合抓住尺子； 三颗星：配合默契，能在放尺子的瞬间抓住尺子。 **二、有用垃圾要回收** 一颗星：能用磁铁吸引铁制品，但小组合作无法丢到垃圾桶里； 两颗星：能一起合作将回形针和铁钉丢到（可回收）垃圾桶里但用时较长； 三颗星：能用最快速度准确的将铁钉和回形针运到可回收垃圾桶里。 **三、猜猜我是谁** 三颗星：沟通默契，回答正确；引导语言准确，引导感官运用得当； 两颗星：回答正确，引导语言准确，但未涉及到恰当的感官引导； 一颗星：回答错误，语言不准确或不清晰，未提到一些科学概念或沟通不流畅。

附件 5：“四色创融，做出彩径贝少年”色彩收集站卡片设计

四色创融，做出彩径贝少年

贝贝色彩收集站

我总共收集到了(　)个贝壳。

站点	贝壳粘贴片		
	第一题	第二题	第三题
寻根红彩 学科：语文+美术			
守礼蓝彩 学科：英语+音乐			
环保绿彩 学科：科学+劳动			
活力黄彩 学科：数学+体育			

附件 6：教师具体工作安排

一年级组						
测评点	1	2	3	4	5	6
寻根红彩	郭伟凤	林杰民	邝小梦	白瑜	杨彩凤	叶楚欣
	义工 1	义工 2	义工 3	义工 4	义工 5	义工 6
活力黄彩	彭凌燕	黄鹤强	邱青云	陈小花	康红秀	樊雪宁
	义工 7	义工 8	义工 9	义工 10	义工 11	义工 12
守礼蓝彩	徐安琪	郑赞梅	程佳瑜	谌子纯	周维伟	施文君
	义工 13	义工 14	义工 15	义工 16	义工 17	义工 18
环保绿彩	邱焕娅	祝李怡	陈璟琛	凤羽	张睿	赖灵朗
	义工 19	义工 20	义工 21	义工 22	义工 23	义工 24
班级	**带班教师**					
一（1）班	叶天德					
一（2）班	郑昶昊					
一（3）班	赵芳琪					
一（4）班	刘玮娓					
一（5）班	陈珏					
一（6）班	廖振江					
二年级组						
测评点	1	2	3	4	5	6
寻根红彩	钟伟萍	黄壬旺	余文意	李淑清	李明华	陈月娇
	义工 1	义工 2	义工 3	义工 4	义工 5	义工 6
活力黄彩	蔡其富	翟妮娅	赖以新	彭雪云	姚枬敏	李思节
	义工 7	义工 8	义工 9	义工 10	义工 11	义工 12
守礼蓝彩	尹鼐鸿	钟璐矫	叶惠青	邹燕	刘庄宜	范凌霞
	义工 13	义工 14	义工 15	义工 16	义工 17	义工 18

续表

环保绿彩	黄朝晖	刘思莹	尹青	李墁	陈一斐	李敏
	义工 19	义工 20	义工 21	义工 22	义工 23	义工 24
班级	**带班教师**					
二（1）班	周君					
二（2）班	谭静					
二（3）班	吉致铮					
二（4）班	肖瑞琴					
二（5）班	吴岱					
二（6）班	钟嘉城					

附件：宣传资料

主宣传板：

学生拍照处：

各站点测试内容海报：

各站点课桌前指示：

四色创融 做出彩径贝少年
一年级
寻根红彩
(语文+美术)
四色创融 做出彩径贝少年
一年级
守礼蓝彩
(英语+音乐)

四色创融 做出彩径贝少年
二年级
寻根红彩
(语文+美术)
四色创融 做出彩径贝少年
二年级
守礼蓝彩
(英语+音乐)

四色创融 做出彩径贝少年
一年级
环保绿彩
(科学+劳动)
四色创融 做出彩径贝少年
一年级
活力黄彩
(数学+体育)

四色创融 做出彩径贝少年
二年级
环保绿彩
(科学+劳动)
四色创融 做出彩径贝少年
二年级
活力黄彩
(数学+体育)

四色融创　做出彩径贝少年

——海韵学校（集团）径贝小学 2022—2023 学年第二学期低年级综合素养测评总结

为进一步推进教育质量综合评价改革，完善义务教育评价体系，贯彻好《教育部关于推进中小学教育质量综合评价改革的意见》和《义务教育评价指南》，径贝小学以新课程标准为依据，以立德树人为根本目的，结合各学科特点，改进评价方式，强调过程性评价，突出对学科素养的评价，充分发挥评价的激励与发展功能。基于新课程标准的育人目标和基本理念，探索“双减”背景下学校教育教学的新样态，聚焦核心素养和关键能力，围绕任务驱动的真实情境，跨学科协作融合，评价多维度推动，展现多元评价、尊重个体差异的新风貌，促进教学全面落实课程目标、课程内容和学业质量标准，结合学情，我校以促进学生“个性阳光，全面发展”为出发点，6 月 14 日下午，开展以“四色创融，做出彩径贝少年”为主题的一二年级综合素养测评活动，总结如下。

一、前期策划

本次活动学校领导高度重视，教学处围绕主题积极探索认真组织，多次开会研究统筹工作布置，学校教师人人参与，深受孩子们欢迎，得到了广大家长一致称赞。

在科组长带领下，科组各成员仔细研读相关政策文件，结合区教育局及学校的具体要求，研讨本校低年级综合素质评价的实施方案。总体方案确定后由一二年级备课组根据不同学情进行调整。教学处明确任务，提出要求，带动所有学科教师，本次评价基于导向性原则、操作性原则、公平性原则与发展性原则，进行试题制订和试行，多次反复研磨题目，制订评价标准，最终研定出适合孩子现场测试完成的试题。

二、活动开展

本次活动根据径贝小学校徽四色设计理念，进行主题情景创设，4个颜色代表四个关卡，测评项目包括4个主题版块：寻根红彩、活力黄彩、守礼蓝彩、环保绿彩。

以一系列具有情境化、主题化、实践化和个性化的学科融合活动，注重考核学生基础知识的掌握和基本技能的达成情况，培养学生的学习兴趣、探究精神，帮助学生形成扎实的学科知识、严谨的学科思维，重在巩固学生学科素养能力，促进思维发展，激发创新意识。具体4个站点开展情况如下。

1. 寻根红彩（语文＋美术）

这一板块中，一、二年级组的语文老师根据学生年龄特点，结合年段的知识点，巧妙设计了“诵读广播站”“交际会客厅”“多彩美工部”3个具有趣味性和挑战性的通关项目，对学生的中国传统文化、口语交际、口语表达进行了全面考察。精心设计的游戏、趣味横生的闯关，不仅考查了学生在语文、美术学科所掌握的知识与技能，更有效激发了学生对语文与美术学习的热情与兴趣，有趣又新颖！语文学科的老师们从背诵能力、朗读能力、表演能力和语言表达能力四方面入手，将语文知识与生活实际相联系，与美术学科作品相联系，结合《山海经》“妖怪”形象，进行活动测评，让孩子们真正把语文“学活了”，展现自己的自信和风采。

2. 活力黄彩（数学＋体育）

这一版块重点考查学生的数学逻辑思维能力和体育技能，一年级设置了“能说会道”“火眼金睛”“金鸡独立”3个项目，二年级设置了“能说会道”“高抬贵手”“火眼金睛”3个项目，每个项目都是根据教材重难点精心设计，简单有效地考核了孩子的计算能力、空间想象、数学思维、数学表达能力。孩子们在饶有趣味又充满挑战性的游戏中，克服心理压力，先思考后表达，在新奇的游戏关卡中玩转了数学思维。数学科学的老师从逻辑思维入手，用数学的方式表白数学，让学生爱上数学。思维导图、口算竞赛、动手实践，结合体育蹦跳，每一个有趣的项目都让学生感受到学习的成就感，享受到学习成长的乐趣。

3. 守礼蓝彩（英语＋音乐）

英语学科以口语表达为锚点，辐射低年级英语单元知识点，以有礼貌打招呼、说英文单词、唱英语歌谣的形式，兼顾趣味性和挑战性，让学生在说说唱唱中感受英语韵律之美。这一版块重点考查学生的英语口语表达能力和音乐鉴赏能力，包括 2 个英语专项和 1 个学科整合项目。一年级设置了“Let's say”“Let's read”“Let's sing”3 个板块，二年级设置了“Let’s say”“Let's chant”“Let’s sing”3 个板块，通过游戏活动从旋律和节奏两方面感受英语和音乐的共通性。在快乐的英语素养展示活动中，孩子们真正地在玩英语、演英语、用英语，把所要掌握的英语学科知识和学科素养展现得淋漓尽致。学生成为学习真正的小主人，激发学习的潜力，在学习中感受英语的魅力，激发学习英语的兴趣。

4. 环保绿彩（科学 + 劳动）：

科学以垃圾分类为切入点，联合生活实际劳动过程，让学生对垃圾进行分类，这一版块重点考查学生的科技创新和劳动能力。一年级设置了“我给他们分分类”“猜猜我是谁”板块，二年级设置了“我的反应快”“找出可回收垃圾”“猜猜我是谁”等板块，孩子们动脑思考、动手操作，在科学小实验中感受物质世界的奇妙，脸上洋溢着自信，眼中满是对科学和劳动的喜爱。

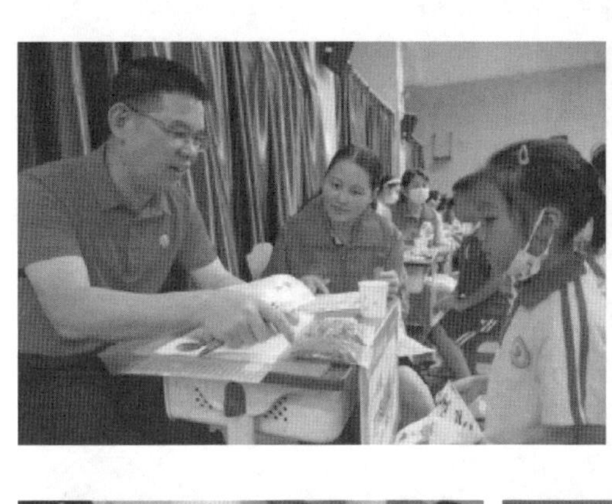

三、学生活动剪影

四、活动反思

1. 优点：在试题的设置方面，我校积极落实五育并举，结合学生具体情况，积极调整评价方式，各科目采用丰富多彩的跨学科实践活动来对学生进行全方位的综合素养评价。本次评价选用了更加科学、更加适合当前形式的评价方式和方法，凸显了综合素质评价的适切性、科学性和综合性，老师们不断创新、勇于探索、精心设计，学生们喜闻乐见、跃跃欲试、各展才能。

2. 不足之处：本次活动的试题设计仍不够完善。

第一，事前准备仍不够充分。有些需要学生提前准备的素材，因为美术教师请假问题，个别学生完成的质量欠佳。

第二，家长参与度有待加强。测评时，虽然安排了家长义工现场协助和观摩，但是未能设计亲子共同完成的项目，下学期题目设置上，可以考虑亲子共同完成的合作项目。

第三，试题设计上，未体现项目式性质的题型。学生答题都是独立完成的，未设计合作团队项目式性质的题型。下学期可以以小组为单位，设计团队合作性质的题型。

本次综评工作在学生的积极参与中圆满完成。学生在动画创造设计中所展现来创造力与表现力令人惊叹，在答题中展现的讲述能力令人印象深刻。这些都启示着我们给学生创造展现的舞台是十分重要的。借助这一次的综合测评，让他们把学到的知识运用到现实生活中，从而提升对各个学科的兴趣，深入理解知识。在下一学期的综评工作中，我们将进一步丰富学生设计与答题的内容形式，让学生能充分地锻炼自己的创作与表现能力，培育学科的核心素养。

造境·对话·联动·生长

——任务驱动视域下低年级综合测评西湾小学（集团）海城小学2022-2023学年度第二学期低年级综合测评方案

要深化教育体制改革，扭转不科学的教育评价导向，从根本上解决教育评价指挥棒问题。因此，为深入贯彻中共中央关于教育评价改革和“双减”工作部署要求，遵循教育规律，深化教学评改革，坚持“五育”并举，落实立德树人根本任务，从根本上解决教育评价指挥棒问题，再结合学校“人人精彩生长”的办学理念，通过情境引动、对话带入、学科联动，让学生在合作、分享、探究中，得到全面发展，智慧生长。

一、设计理念：情境引动，任务驱动，智慧生长

（一）造境：立足学生，激发学习与参与的内驱力

造境，简言之，就是创设情境。海城小学课程体系要体现“生长”理念的要素，即儿童化、生活化、连续性、进阶式。而实施非纸笔测评，是尊重儿童特点的一种学业评价的方式，旨在关注一些难以在纸笔测试中反映的能力和素养。因此，通过创设儿童喜闻乐见的情境，在情境中产生驱动式任务，学生全身心参与到测评活动中，让智慧由内到外精彩生长。

依托生活，给情境搭建横向坐标。生活是儿童生长的土壤，“教育即生活”，学校教育要与儿童生活密切联系。生活是生长、生命的场域。例如，本学期的情境设计，顺应一二年级学生的生活，以科技与环保为主题情景，以学生喜欢的动画片“超级飞侠”与“海底小纵队”为故事情境，产生驱动性任务，驱动学生挑战的内驱力，让学习与生长真正发生。

立足学生，给情境搭建纵向坐标。生长是自然的过程，要尊重儿童发展阶段和规律，提供适时、恰当的学习任务，因此，语文融合道法＋英语学科，创设品行生长情境；数学＋科学，创设思维生长情境；体育＋综合实践，创设体魄生长情境；音乐＋美术，创设诗意生长情境；通过体验式测评，让学生在浸

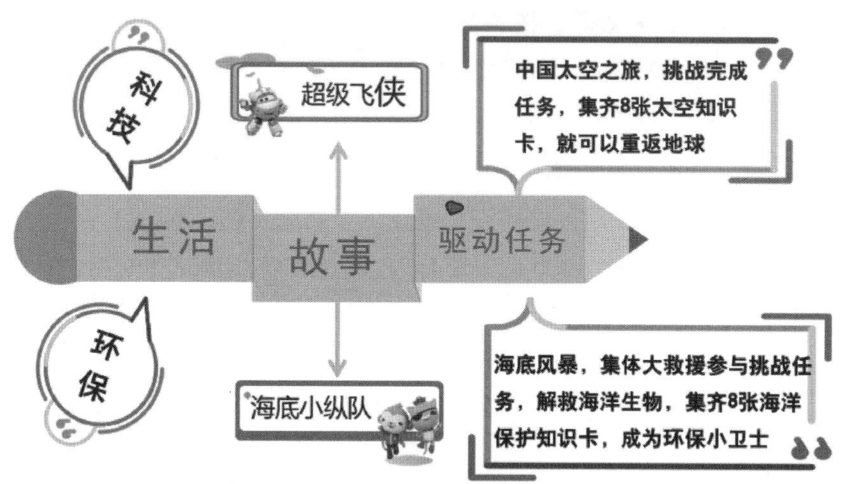

图 1　海城小学低年级“智慧生长”测评体系图

润评价中，综合全面展示自己，让德智体美劳多维度发展，真正让核心素养落地生长。

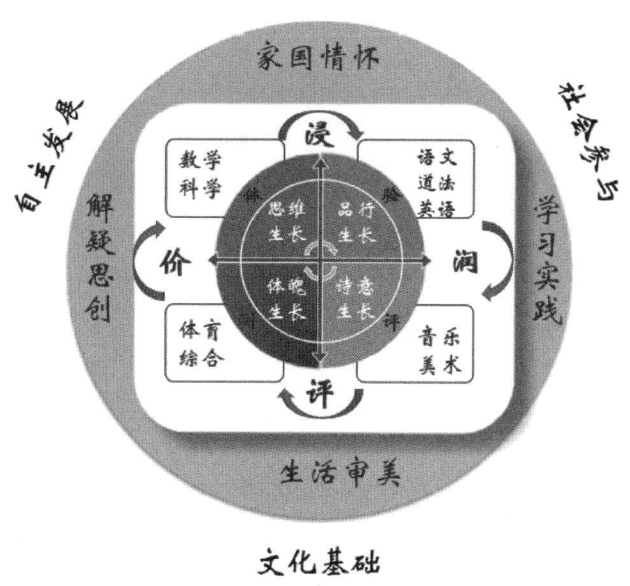

图 2　海城小学低年级“智慧生长”测评体系图

（二）对话：凸显素养，搭建合作与分享的体验

学校双“S”生长课程，2 个不断向上延伸的“S”，象征着儿童在课程学习中不断向上生长。学生在学习实践、生活审美、解疑思创家国情怀四大素养支柱的基础上，实现五大生因子——生长德、生长学、生长体、生长能、生长情的落地。因此，测评的设计，通过小组合作，共同去挑战体验与收获，给予生生互动、师生互动、家校联动的一个开放式的合作与分享的大平台，让测评呈现对话式的互动。

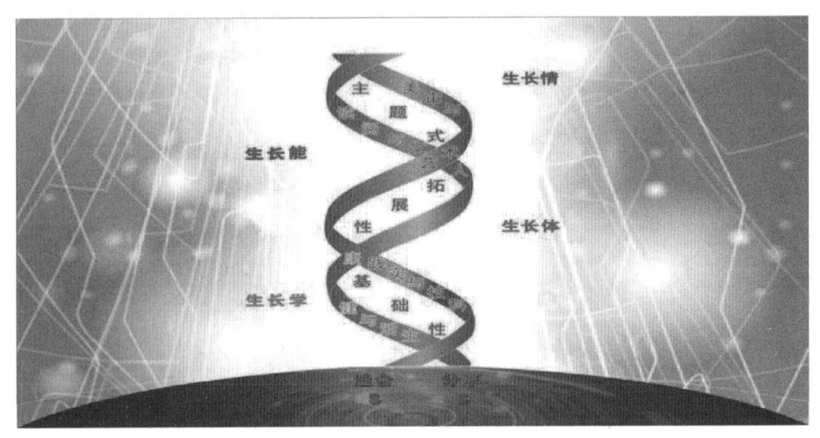

图 3　海城小学“双 S”生长课程模型

（三）联动：家校联动合力，学科联动融合

学校课程建设致力打造学生乐学空间和探究空间，家校联动提升教师专业发展和课程开发能力。通过家长参与，各学科教师依据学科，设计任务驱动式的挑战。学科之间互相融合，呈现任务驱动视域下的测评氛围。

（四）生长：教育可见，精彩生长

依据学校的教育理念——教育可见，精彩生长，让教学可见、评价可见，儿童的生长可见。一是让教师看得见学生的学，成为教育教学中的学习者；二是让学生看见教师的教，逐渐成为自己的教师。

二、设计原则：适合与尊重儿童，多元与融合评价

（一）适合与分享

设计要遵循适合与分享（双 S）的信条。即任务在遵循儿童发展规律的基

础上，去挖掘并发挥其综合的、个性的特长，尽可能给孩子分享与选择的机会，弥补他的不足之处。

（二）技术与工具

综合测评的设计要借助技术、工具、测评等调动学生运用多感官参与挑战，激发学生思维深度的延伸，同时要关注学生的输出，即表达与分享。

（三）多元与融合

综合测评提倡评价主体多元、学科多元与融合。学科高度统整，才能满足当前教育发展和学生生长的需求。

（四）品格与素养

评价中要创设育人的情境，让孩子的品德教育得以实践，修炼品德，提升素养。

三、目标设计：培养智慧生长的人

（一）总体目标

综合测评的设计要打造学生乐学空间和探究环境，促进学生的综合素养得以发展与落地，培养具有智慧生长的现代公民。

（二）学科素养目标

学科性发展目标是评价学生学业水平的主要依据。依据海城四大素养支柱：学习实践、生活审美、解疑思创、家国情怀，让学生在阅读、思维、艺术、劳动、体魄、行为、情感全方面得到展示与评价。

四、内容设计：凸显综合进阶

（一）故事与学科结合

故事：海城小学低年级综合测评顺应学生身心发展规律，切合学生的实际学情，设计了两大故事情境主题。学科：评价内容涵盖了各个学科，既有独立彰显学科特点的项目内容，又有互相融合联动的综合项目内容，体现跨学科的整合。

两个故事情境主题分别是：

第一学期：我是科技小达人；

第二学期：我是环保小卫士；

“我是科技小达人”以学生喜欢的动画片“超级飞侠”中的为角色扮演，创设解决问题情境，如：中国太空之旅，乐迪为同学们送来了一套宇航服，给到学生情境后，学生自己提前设计好宇航服相关的服饰与头饰；参加太空挑战任务，每过一关，学生就会收获一张卡片，（卡片的一面是超级飞侠中的人物，另外一面是有关太空与科技的小知识），完成8项任务，闯关成功，返回地球。

“我是环保小卫士”以学生喜欢的动画片“海底小纵队”为角色扮演，创设解决问题情境，如：海底风暴，集体大救援，学生提前制作海底小纵队的角色头饰，参与挑战任务，解救海洋生物，每闯一关，就收获一张卡片，卡片正面是海洋生物图片，背面是海洋生物的简介，完成8项任务，解救8只海洋生物。

（二）全面与个性结合

既关注全学科的内容设计，又关注学生个性发展的成果展示，实现全面与个性相结合，体现评价的整体性。个性特长类评价如“书法作品”“诗书画作品”“绘画手工”“数学小报”“科学探究记录单”“劳动手工作品”为主要内容，集中在校园内展示，邀请学生、教师、家长开展鉴赏评价，多维度展示学生成长足迹，再结合动态评价以“故事情境下的任务式”综合测评。

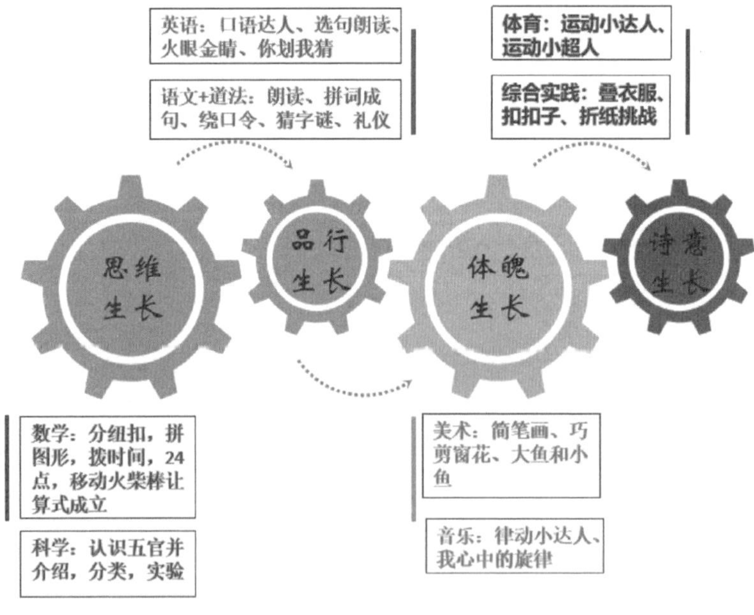

图4 为综合测评活动实施技术路线

五、过程设计：角色植入，浸润式体验

海城小学从低年级学生的认知特点出发，结合学校生长课程，创设有趣的生活情境，让学生通过制作故事任务中的头饰与服装等，体会故事角色的情感，充分调动学生参与的主动性和积极性，让其体验、感悟和成长。

（一）多元评价维度，学评联动

学评联动，指在学习过程中，评价学生的学习效能，实现以评促学。本校依据课程标准，建立了符合低年级学生身心发展的综合素养评价指标体系。（见表 1）

表 1　海城小学低年级学生综合素养评价指标体系

一级指标	二级指标	实际表现与评价
学习实践	计算习惯的熟练度、计算方法的准确度、计算结果的正确性	
	记忆与表达所学知识的熟练度	
	运用所学知识到新情境的灵活度	
	主动发表自己的意见或自信说出不同观点	
	交流回合的数量，交流态度的大方得体	
	语言表达自然、流利程度、交际策略的使用	
解疑思创	多元策略解决问题	
	辨别不同角度观察到的图形的准确性	
	内化所学知识，解决实际问题的灵活性、创新性	
	根据表象形成多种想象的合理性	
	想象的内容和结果独特而有创意	
	提供具有创新意义的新思想、新形象	

续表

生活审美	对自然、艺术、科学中的美的感受力	
	对健体的审美情趣的欣赏度	
	通过作品展现艺术审美能力	
	身体移动的快速度	
	活动过程中，改变身体移动方向的速度和准确度	
	运动时身体的稳定性	
	视觉、听觉、平衡与动作技能相结合	
	动手整理、折纸等综合实践任务，提升实践应用能力	
	生活劳动的场景体验，提升劳动技能	
家国情怀	乐于助人的积极性	
	同伴互助的交往能力	
	热爱生活，热爱学习，热爱科学	
	爱祖国、爱学校，关爱与尊重身边的伙伴	

（二）操作性强的推进任务

将故事情境任务化为实体场景，营造良好的氛围。然后依据评价指标体系，设置符合学生年龄特点的任务和具体评价方法，让参与其中的老师和学生都能“按图索骥”。

时间	主题	故事情境	场景图	道具准备
第一学期（第20周）	我是科技小达人	同学们，“超级飞侠”团队，开启太空之旅，在这个过程中，每挑战完成一项任务，就会获取一张太空知识卡，集齐8张卡，就能顺利返回地球，开启你的太空挑战之旅吧！	 	学生准备：超级飞侠动画片中的角色头饰。 场地道具：太空主题的各种气球，挑战任务海报、太空知识卡片410张。
第二学期（第20周）	我是环保小卫士	同学们，“海底小纵队”遇到海底风暴，他们靠机智顺利走出风暴了吗？我们一起去助力她们，走出风暴，挑战成功，成为海洋环保小卫士吧！	 	学生准备：“海底小纵队”角色头饰。 场地道具：海洋主题气球、挑战人物海报、海洋鱼类以及环保知识卡片410张。

评价维度	学科	年级	挑战主题	规则说明	图示备注
思维生长	数学	一	分类	请你帮忙把这些图形归类摆好，并说说你是怎么分类的。	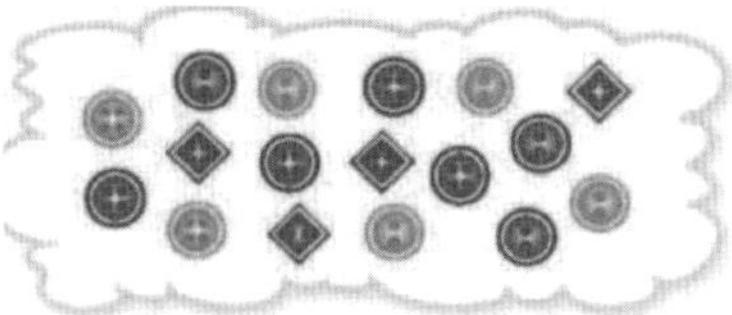
			画图	在点子图上用学过的图形设计一个图案，说一说用到了哪些图形。	

续表

	科学	二	拨一拨	请你根据给出的时间，在钟面上出拨一拨，并算出经过多长时间。	
			拼一拼	请根据提示语，把图片拼完整：鱼塘在操场的北面；养鸡场在操场的南面；操场在山岗的西面；诊所在操场的西面。	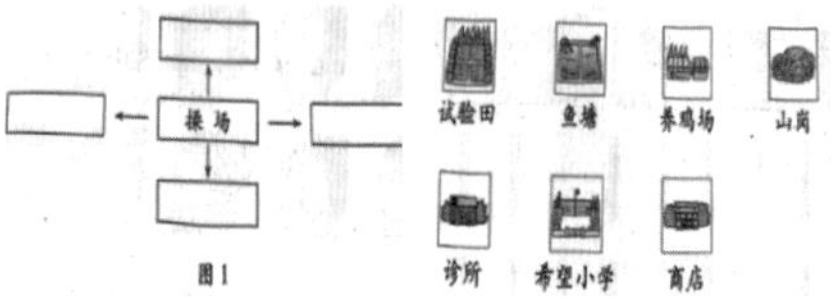
		一	我会认	读一读这些词语，然后将词语跟小朋友的眼睛、耳朵、鼻子、口、手、脚用线连起来。	
			我会说	用“我用（眼睛／耳朵／鼻子／口）（看东西／闻气味／吃东西／说话／听声音……）”的句式说出眼睛、耳朵、鼻子和口的用处。	
		二	分类高手	连线：辨别物品是否含有磁铁，并做连线。	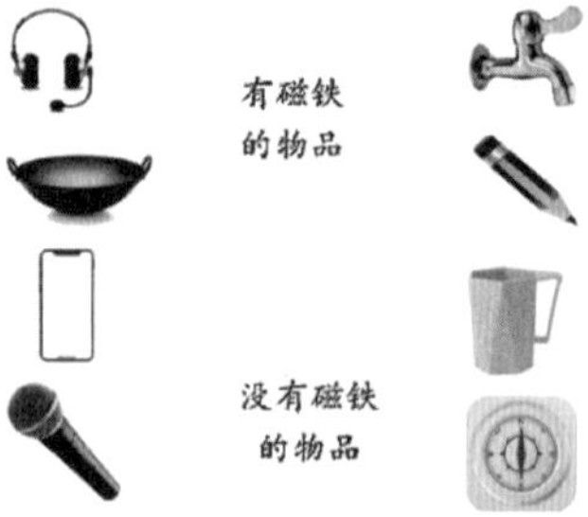

续表

<table>
<tr><td></td><td></td><td></td><td>观察能手</td><td>把感觉器官与对应的成语用线连起来</td><td>探囊取物　万紫千红　五味俱全　锣鼓喧天　金桂飘香 </td></tr>
<tr><td rowspan="4">品行生长</td><td rowspan="4">语文+道法</td><td rowspan="2">一</td><td>腹有诗书
妙手连句</td><td>从磁卡图中选择字词连成一句话。</td><td>贪吃蛇
请小朋友按照古诗的顺序画出贪吃蛇吧
松 春 遵 眠 晓 觉 象 处
踏 下 歌 高 庭 闻 家 寻
言 乘 问 将 兴 处 鸟 隐
师 近 行 童 重 知 岸 者
采 赠 多 远 子 不 运 不
药 落 谭 岛 贾 深 风 遇
去 尺 及 跳 体 云 雨 身
少 只 在 此 山 中 声 跑</td></tr>
<tr><td>声声入耳
口齿伶俐</td><td>从6篇课文中抽出1篇朗读。</td><td>从六篇课文中抽出一篇朗读
1.《吃水不忘挖井人》
2.《荷叶圆圆》
3.《四个太阳》
4.《小公鸡和小鸭子》
5.《小猴子下山》
6.《小壁虎借尾巴》</td></tr>
<tr><td rowspan="2">二</td><td>浮想联翩</td><td>选择一个自己喜欢的卡片主题，根据卡片主题说出符合要求的词语，至少3个（3个以上得5颗星；1–2个得3颗星）。</td><td>1. 形容难过
2. 数字成语
3. 形容颜色
4. 含有反义词的成语
5. 形容开心
6. 形容春天</td></tr>
<tr><td>记忆犹新</td><td>从6篇课文中抽出1篇背诵（背诵流利得5颗星；提醒下，能完整背出得3颗星）。</td><td>1.《咏柳》
2.《悯农其一》
3.《村居》
4.《晓出净慈寺送林子方》
5.《二十四节气歌》
6.《舟夜书所见》</td></tr>
<tr><td></td><td></td><td></td><td>出口成章</td><td>能够根据题目要求，运用口头语言将图片中的信息表达完整（图片内容完整，语句通顺得5颗星；图片基本完整，敢于表达得3颗星）。</td><td>仔细观察图片，想一想发生了怎样的故事，
先想一想再说一说。（二选一）
（图一）
（图二）</td></tr>
</table>

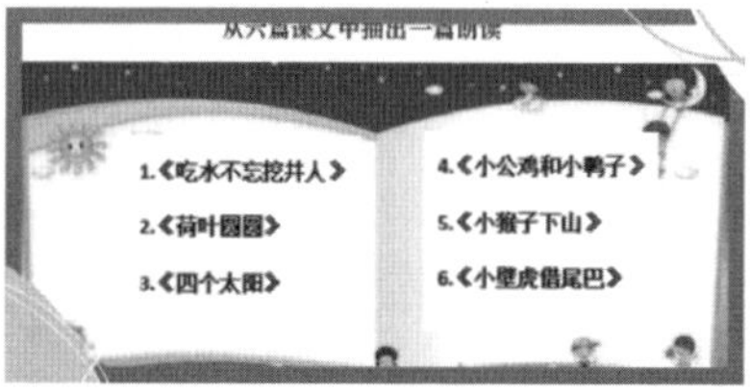

续表

	英语	一	读声朗朗	抽取一张句子卡片，正确流利他朗读句子。	 我会读 Smell the noodles, please. Yummy! Do you like juice? Yes, I like juice. Spring is green.I see grass. What can you do? I can skip rope. Happy Birthday to you! Thank you!
	英语	一	口语达人	看图片，老师提问，学生回答问题或做出相应的动作。 Q：What can you see？ What colour is it？ What is she/he doing？ …	
	英语	二	火眼金睛	在规定时间内，从众多单词中找出至少6个“健康食物”类的单词。	 火眼金睛（Sharp eyes） 请同学们从以下单词表中，找出6个“健康食物”类的单词。 black light white fish biscuit candy egg dance pear shirt jelly porridge water meat carrot ship zebra salad skate cake soft car ice cream noodles fruit toy pizza soup sweater cola coat orange hamburger fly train dance chicken sing hard yummy peach snake rice brown sweet apple milk tomato
	英语	二	你划我猜	老师展示与运动类或兴趣类相关的动作词汇卡片，两人一组，在规定时间内，一人做动作另一人猜，并用句型 I like... 正确说出该动作，猜出3个即可过关。	你划我猜（You do I guess） 老师展示与运动类或兴趣类相关的动作词汇卡片，两人一组，规定时间内，一人做动作，令一人猜，并用句型 I like...正确说出该动作。猜出3个即过关。 run sing skate dance hop fly swim skip write draw play football ride a bike fly a kite
诗意生长	美术	一	大鱼和小鱼	运用近大远小的绘画手法；加入背景元素；海底世界；鱼缸；天空等。	备注：构图饱满
诗意生长	美术	二	巧剪窗花	尝试用折剪技巧剪出各种图案的窗花；感受剪纸艺术的美，体验剪窗花的乐趣。	Love Diary I love you

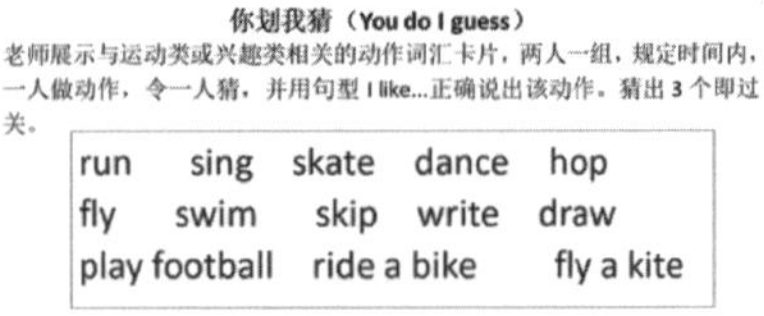

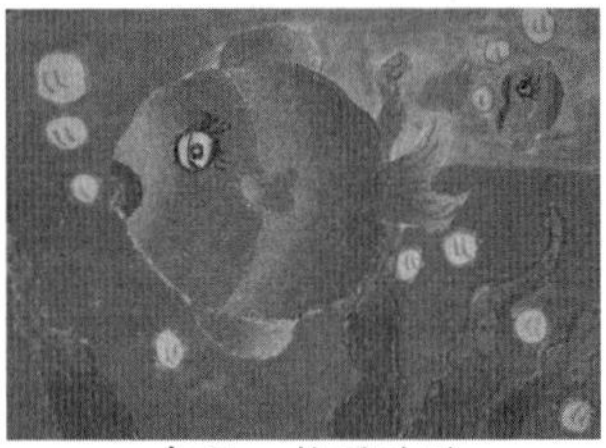

续表

	音乐	一	律动小达人	选择一首歌曲自己创编律动动作来进行表演展示。通过亲自参与舞蹈动作创编的过程，体验音乐的乐趣。	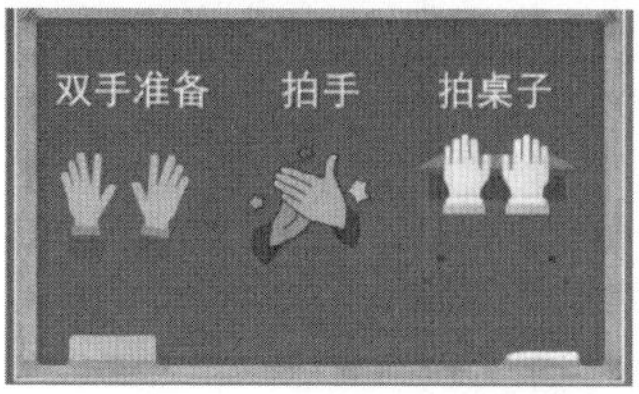
	音乐	二	我心中的旋律	选出最能表达你此刻心情的歌曲用演唱、画画、写作等方式将歌曲与你心中的情感一同展现出来。	  
体魄生长	体育	一	运动小达人	跑绕过 3 个雪糕筒，在呼啦圈里拍球5次，跑过绳梯，跳绳 5 次，折返跑回。	
体魄生长	体育	二	运动小超人	单脚跳过 3 个雪糕筒，在呼啦圈里拍球 10 次，跑过绳梯，跳绳10次，折返跑回。	

续表

	综合实践	一	整理高手	会系扣子。	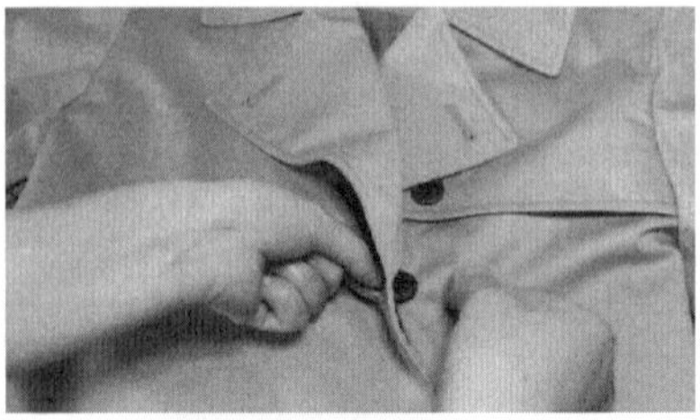
			生活能手	会叠衣服。	
		二	生活能手	对叠衣服。	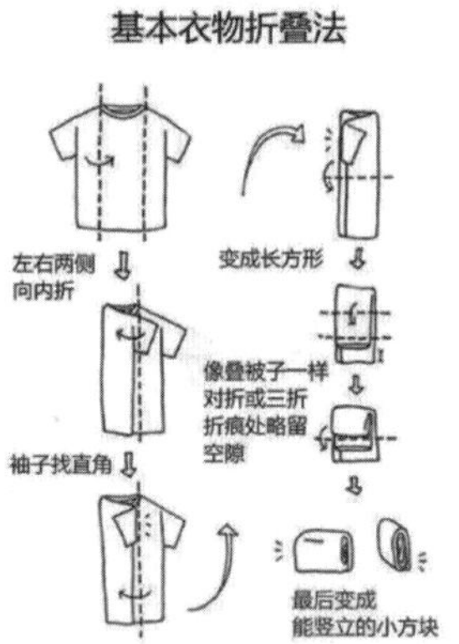
			动手达人	会折皮卡丘。	

造境·对话·联动·生长

——任务驱动视域下低年级综合测评西湾小学（集团）海城小学2022-2023学年度第二学期低年级综合测评总结

习近平总书记指出："要深化教育体制改革，扭转不科学的教育评价导向，从根本上解决教育评价指挥棒问题"。因此，为深入贯彻中共中央关于教育评价改革和"双减"工作部署要求，遵循教育规律，深化教学评改革，坚持"五育"并举，落实立德树人根本任务，从根本上解决教育评价指挥棒问题，再结合学校"人人精彩生长"的办学理念，通过情境引动、对话带入、学科联动，让学生在合作、分享、探究中，得到全面发展、智慧生长。

一、综合测评活动概况

（一）造境：立足儿童，激发其学习与参与的内驱力

造境，简言之，就是创设情境。海城小学课程体系要体现"生长"理念的要素，即儿童化、生活化、连续性、进阶式。而实施非纸笔测评，是尊重儿童特点的一种学业评价的方式，旨在关注一些难以在纸笔测试中反映的能力和素养。因此，通过创设儿童喜闻乐见的情境，在情境中产生驱动式任务，可以让儿童全身心参与到测评活动中。

依托生活，给情境搭建横向坐标。生活是儿童生长的土壤，"教育即生活"，学校教育要与儿童生活密切联系。生活是生长、生命的场域。例如，本学期的情境设计，顺应一二年级学生的生活，创设以科技与环保为主题情景，通过学生喜欢的动画片"超级飞侠"与"海底小纵队"为故事情境，产生驱动性任务，驱动学生挑战的内驱力，让学习与生长真正发生。（见图1）

立足学生，给情境搭建纵向坐标。生长是自然的过程，要尊重儿童发展阶段和规律，提供适时、恰当的学习任务，因此，语文融合道法与英语学科，创设品行生长情境；数学+科学，创设思维生长情境；体育+综合实践，创设体魄生长情境；音乐+美术，创设诗意生长情境。通过体验式测评，学生可以综

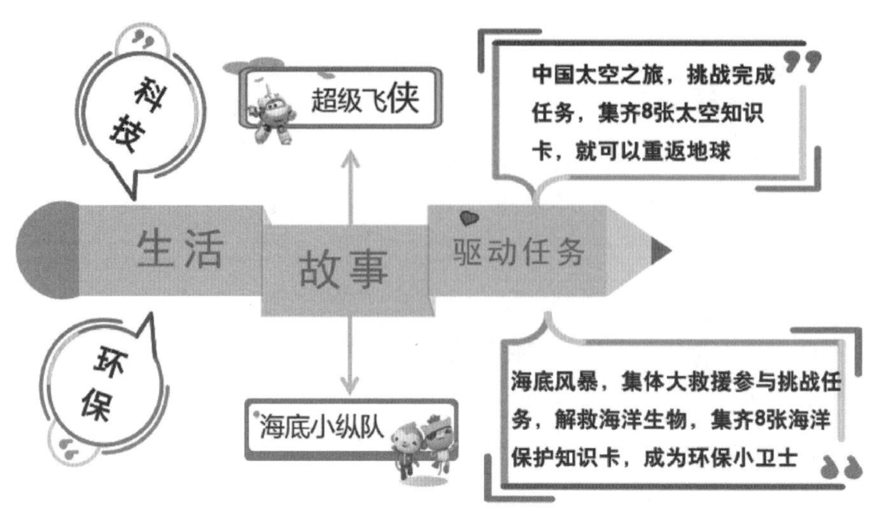

图 1　2022–2023 学年第二学期海城小学低年级测评“情景搭建横向坐标”

合全面展示自己，让德智体美劳多维度发展，真正让核心素养落地生长。（见图 2）

图 2　海城小学低年级“智慧生长”测评体系图和活动现场照片

（二）对话：凸显素养，搭建合作与分享的体验

学校双“S”生长课程，2 个不断向上延伸的“S”，象征着儿童在课程学习中不断向上生长，即学生在学习实践、生活审美、解疑思创、家国情怀四大素养支柱的基础上，实现五大生因子（生长德、生长学、生长体、生长能、生长情）的落地。因此，测评的设计，通过小组合作，搭建一个生生互动、师生互动、家校联动的开放式的合作与分享的大平台，让测评呈现对话式的互动。（见

图 3）

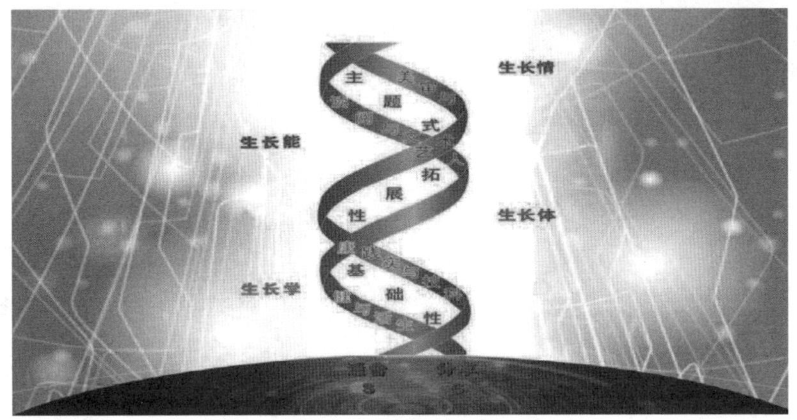

图 3　海城小学“双 S”生长课程模型

（三）联动：家校合力，学科融合

学校课程建设致力打造学生乐学空间和探究空间，家校联动提升教师专业发展和课程开发能力。各学科教师依据学科，设计任务驱动式的挑战；学科之间互相融合，呈现任务驱动视域下的测评氛围。

（四）生长：教育可见，精彩生长

依据学校的教育理念：教育可见，精彩生长。让教学可见，评价可见，儿童的生长可见。一是让教师看得见学生的学，成为教育教学中的学习者；二是让学生看见教师的教，逐渐成为自己的教师。

二、综合测评活动的结果及对结果的分析与运用

（一）总体目标与达成效果

综合测评的设计要打造学生乐学空间和探究环境，促进学生的综合素养得以发展与落地，培养具有智慧生长的现代公民。

本次活动从低年级学生的认知特点出发，结合学校生长课程，以学生喜欢的动画片“海底小纵队”为角色扮演，创设问题情境，让学生身临其境，激发情感共鸣，充分调动学生参与的主动性和积极性，让学生在趣味测评活动中，感受学习的快乐，体验思维生长、品行生长、诗意生长、体魄生长；收获的幸福。（见图4）

图4 学生测评过程

（二）学科素养目标与达成效果

学科性发展目标是评价学生学业水平的主要依据。依据海城四大素养支柱（学习实践、生活审美、解疑思创、家国情怀），让学生在阅读、思维、艺术、劳动、体魄、行为、情感等方面得到展示与评价。

三、综合测评活动的亮点与问题

（一）故事与学科结合

故事：海城小学低年级综合测评顺应学生身心发展规律，契合学生的实际学情，设计了两大故事情境主题。评价内容涵盖了各个学科，既有独立彰显学科特点的项目内容，又有互相融合联动的综合项目内容，体现跨学科的整合。

两个故事情境主题分别是：

第一学期：我是科技小达人；

第二学期：我是环保小卫士。

“我是科技小达人”以学生喜欢的动画片“超级飞侠”分角色扮演，创设解决问题情境，如中国太空之旅，乐迪为同学们送来了一套宇航服，给到学生情境后，学生需提前设计好宇航服相关的服饰与头饰；参加太空挑战任务，每过一关，学生就会收获一张卡片（卡片的一面是超级飞侠中的人物，另外一面是有关太空与科技的小知识），完成 8 项任务，闯关成功，返回地球。

“我是环保小卫士”以学生喜欢的动画片“海底小纵队”为角色扮演，创设解决问题情境，如：海底风暴，集体大救援，学生提前制作海底小纵队的角色头饰，参与挑战任务，解救海洋生物，每闯一关，就收获一张卡片，卡片正面是海洋生物图片，背面是海洋生物的简介，完成 8 项任务，解救 8 只海洋生物。

（二）全面与个性结合

既关注全学科的内容设计，又关注学生个性发展的成果展示，实现全面与个性相结合，体现评价的整体性。个性特长类评价如“书法作品”“诗书画作品”“绘画手工”“数学小报”“科学探究记录单”“劳动手工作品”为主要内容，集中在校园内展示，邀请学生、教师、家长开展鉴赏评价，多维度展示学生成长足迹。再结合动态评价以“故事情境下的任务式”综合测评。

（三）角色植入，浸润式体验

海城小学从低年级学生的认知特点出发，结合学校生长课程，创设有趣的生活情境，让学生通过制作故事中任务的头饰与服装等，在故事情境中体会故事角色的情感，以故事情境激发的挑战任务与问题为驱动。让学生身临其境，激发情感共鸣，充分调动学生参与的主动性和积极性，让其体验、感悟和成长。

腾跃龙吟，趣游乐学

——龙腾小学 2022-2023 学年度第二学期低年级综合测评方案

一、综合测评方案设计的理念与原则

为探索“双减”政策下的评价新样态，切实减轻学生的学业负担，有效检测“教”与“学”的双向效果，促进学校五育并举，五育融合落地生根，多元评估我校一二年级学生学习成果，发挥评价导向功能，探寻适切的教育教学方式，促进学生全面健康成长，我们将通过无纸化考核，举行集知识性、趣味性、思维性为一体的一二年级“腾跃龙吟、趣游乐学”游园闯关活动。

二、综合测评的目标设计

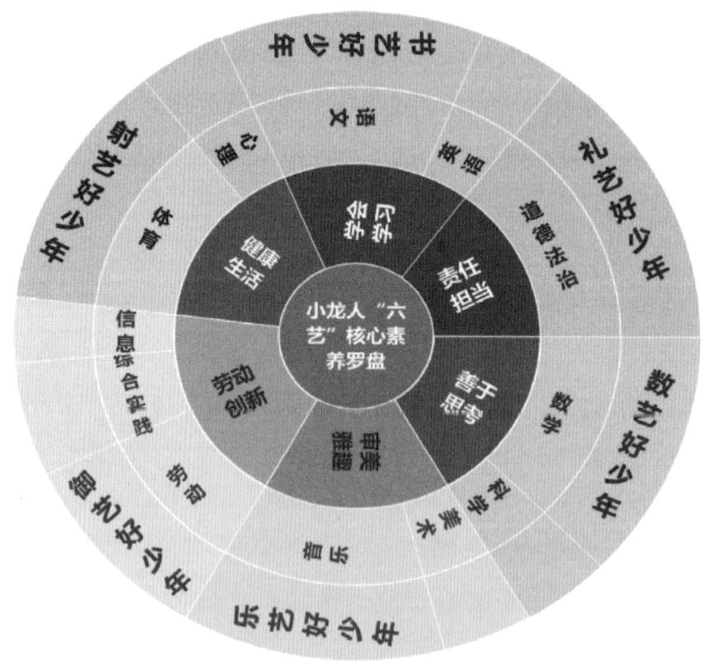

图 1 小龙人”六艺”核心素养罗盘目标体系

本次测评以“小龙人六艺”核心素养目标为指向，受古代孔子“六艺”育人体系启发，并结合中国学生六大“核心素养”为指导，凝练切合龙腾学子学习实际的“小龙人核心素养罗盘”（见图1）。分别为：①射（健康生活）、②书（学会学习）、③数（善于思考）、④御（劳动创新）、⑤礼（责任担当）、⑥乐（审美雅趣）。测评的内容依托国家课程校本化实施来落实，通过罗列可视化的评价内容，为教师和学生的适“教”切“学”明确方向。

三、综合测评的内容设计

本次游园闯关活动共设立【龙腾虎跃】体育场，【龙章秀骨】语英岛，【生龙活虎】数科园，【龙吟凤哕】美音吧，【虎踞龙盘】劳动台，【望子成龙】暖亲苑六个游园关卡，每通过一个关卡获得相应龙章奖励（见表1）。

表1：综合素养测评内容

关卡	场域	项目	评价
第一关	【龙章秀骨】语英岛	“龙音虎啸”（美文诵读）； “卧虎藏龙”（玩转字词）； “游云惊龙”（书法展示）； “画龙点睛”（遣词造句）； “鱼跃龙门”（单词认读）； “雕龙画凤”（自我介绍）	书艺好少年
第二关	【生龙活虎】数科园	“鱼跃成龙”（加与减）； “与龙同形”（有趣的图形）； “雷腾云奔”（口算）； “飞时腾踏”（认识时分秒）； “龙说会辨”（找树叶的不同）； “快乐飞龙”（恐龙战队大比拼）； “龙龙相吸”（磁铁吸一吸）； “龙说会辨”（观察与比较）	数艺好少年
第三关	【龙吟凤哕】美音吧	“龙腾虎跃”（形状开花）； “卧虎藏龙”（创意小超人）； “活龙活现”（色彩翻翻卡）； 唱一唱（“音阶”好朋友）； 认一认（“节奏”好朋友）； 奏一奏（“乐器”好朋友）	乐艺好少年
第四关	【虎踞龙盘】劳动台	“马足龙沙”（整理着装）； “生龙活虎”（收拾书包）	御艺好少年
第五关	【龙腾虎跃】体育场	转圈圈； 抛圈圈； 小兔种蘑菇；	射艺好少年
第六关	【望子成龙】暖亲苑	时光穿梭机； 小鬼当家；	礼艺好少年

四、综合测评的过程设计

（一）实施程序

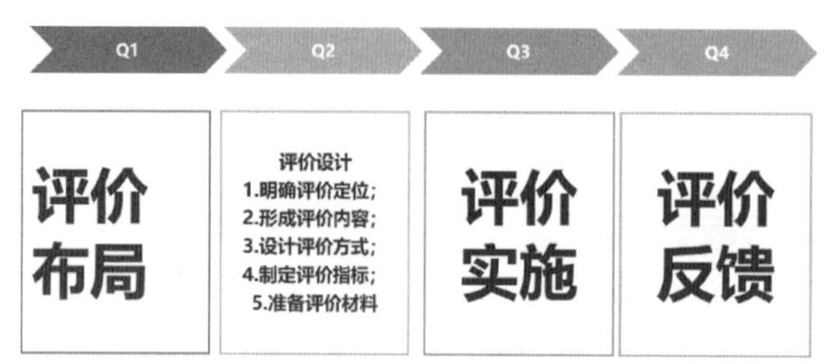

图 2　综合素养测评实施程序

（二）评价布局

1. 分散设计

教研组长带领本学科教师，整体布局一二年级整个学期的素养测评，形成评价菜单。包括：每场评价的内容范围、场域、教师、实施时间、班级顺序，确保时间分配合理、学科覆盖、场地均衡、人员到位。

2. 学科融合

结合学校办学理念及“六艺”核心素养罗盘，将语文与英语、数学与科学、音乐与美术、体育与心理、劳动与信息、道法与综合等进行学科融合，形成小龙人“六艺好少年”评价体系。

（三）评价设计

根据各六大主题的整体布局，由 2–4 名教师合作负责每一主题活动的评价设计，形成实施方案，嵌入年级素养评价菜单，供负责实施的教师使用。在设计过程中做到三个注意。

1. 明确评价定位

明确评价指标指向的是哪一门学科或哪几门学科的哪些具体内容，决定项目的数量。

2. 形成评价内容

结合评价布局中的范围，明确所选范围中对应的知识、技能、素养，形成评价内容。

3. **选择评价方式**

基于学校的现有场馆和学生的实际学情，立足适切方式，灵活采用闯关游戏、动手操作、语言表达、展示汇报等方式，创设以“龙腾”文化为核心的评价主题，策划评价活动（见表2）。

表2 评价方式示例

评价主题	【龙章秀骨】语英岛	【生龙活虎】数科园
评价定位	一个项目模块（涉及语文、英语）	一个项目模块（涉及数学、科学）
评价内容	口语表达、图像识读、书法展示	空间观念、运算能力、合作能力
评价方式	在6个信封中抽取1个，根据题目提供的情景进行口语交际，要求围绕主题、语句通顺、表达清晰；学生抽取1张书法纸，摹写名句。	说出方向板的3个物体在什么位置即可通关；转转盘，转到正方体、长方体、球、圆柱这4个几何体之一，然后开始带着眼罩摸出转到的几何体进行辨认。

4. **制定评价指标**

根据活动的方式和评价内容，制定评价指标。如【龙吟凤哕】美音吧，活动评价涉及音乐和美术学科，指向以美育人、以美化人、以美润心、以美培元的育人宗旨，重视审美感知、艺术表现、创意实践、文化理解等（见表3）。

表3 评价指标示例

【龙吟凤哕】美音吧				
评价定位	年级：一二年级；关联学科：音乐美术；项目数：1个；地点：音乐室			
评价内容	审美感知能力；艺术表现力；动手实践力；文化理解力；			
评价方式	说出抽中的图案上有哪些形状；在提供的鱼鳞亮片上画出点、线、面，并贴在龙身上；在绘画模板上画出翻翻卡上的内容；		跟钢琴演唱音阶“1 2 3 4 5 6 7 1(高音)；将节奏“X –”、“X”、“X X”进行拍读；演奏打击乐器如三角铁、双响筒、铃鼓、沙锤等小乐器；	
评价指标	审美感知	艺术表现	创意实践	文化理解
	全对：★★★ 对4–5个：★★ 对3个及以下：★ 全错：无星	优秀：★★★ 良好：★★ 一般：★ 完全不会读：无星	点、线、面丰富：★ 点、线、面不够丰富：★★ 只会部分内容：★	优秀：★★★ 良好：★★ 一般：★ 完全不会读：无星

5. **准备活动材料**。

包括邀请卡、活动道具、任务单、评价表等。

（四）评价实施

根据评价方案中的六大模块，安排 2–6 名教师负责一场活动评价的实施，具体的流程如下。

1. 布置评价的场地；
2. 组织学生进退场；
3. 根据活动设计对班级和学生进行分组；
4. 创设问题情境和挑战闯关任务；
5. 由各班班主任发放邀请卡、讲解活动方式及任务要求；
6. 安排值日教师协同引导学生或学生小组参与活动，并在活动中给予支持；
7. 在每一场活动评价重新分组，分专人负责，每个班级错峰实施。

（五）评价反馈

坚持结果性评价与过程性评价相结合的原则，教师在活动中适时对学生进行鼓励和表扬，学生每完成一个活动，即可获得相应的加星奖励，每完成一个主题的挑战任务，即可获得一枚小龙章，活动结束后，根据积星的数量和小龙章的数量等综合表现进行奖励，集齐 30 颗星即可成为“腾跃闪亮星”，集齐 50 颗星即可成为“腾跃耀眼星”，集齐 6 枚龙章，即可荣获“龙腾之星”奖励，学校将通过奖状、成果展示等方式进行表彰。

（六）四维保障

1. 时间保障

将各学科统整为六大模块展开，节省了时间，提高了效率。

2. 人力保障

每个项目都设置领导小组、和设计组、实施组、反馈宣传组，由一二年级教师为全员、全过程保障。

领导组	组长：彭杰 组员：高春艳 朱婷 汪振兴
设计组	李美霞、吴淑媚、岳靓、陈琳、魏惠玲、张双英、张柳、叶超
实施组	汪振兴、李美霞、吴淑媚、韩梦钰、曾巧燕、谢宝婷、黄宝花、杨梦涵、胡丹、徐佳玲、易亚红、黄红苑、张佳妮、杨瑜芬、谢晓丹、陈思言、石佳、黎小青、罗婉仪 、颜冬雪
宣传组	朱婷、汪振兴、李美霞、杨懿蓉、张正如、李佳璇

3. 教研保障

一二年级教师合作教研，把握评价与教学的一致性以及评价要素的内部协调性，协同参与评价设计、评价筹备、评价组织、评价反馈等环节。

4. 制度保障

制定《龙腾小学低段素养测评实施制度》，并将学生的龙腾之星和争龙章相结合，作为重要参考纳入学生期末综合素养评价，确保活动过程性评价与结果性评价有机融合于教育教学的全过程。

附：学生综合素养测评记录反馈表

小龙人“六艺”素养测评记录反馈表

班级：　　　　姓名：　　　　日期：

项目	六艺目标	评价内容	评价指标	等级
【龙章秀骨】语英岛	书（学会学习）	重点考查学生的口头表达能力、规范书写、认读辨析能力;	A+：优秀 A：良好 B：合格 C：不合格	
【生龙活虎】数科园	数（善于思考）	重点考查学生的观察能力、运算能力、空间想象能力和合作能力。	A+：优秀 A：良好 B：合格 C：不合格	
【望子成龙】暖亲苑	礼（责任担当）	重点考察学生能否尊敬师长，礼貌待人，自立自律。	A+：优秀 A：良好 B：合格 C：不合格	
【虎踞龙盘】劳动台	御（劳动创新）	对劳动有正确的态度，能运用所学的知识和技能解决生活中存在的问题，劳动技能强，效率高。	A+：优秀 A：良好 B：合格 C：不合格	
【龙腾虎跃】体育场	射（健康生活）	考查学生的运动能力、健康行为及体育品德。	A+：优秀 A：良好 B：合格 C：不合格	
【龙吟凤哕】美音吧	乐（审美雅趣）	对艺术有浓厚的兴趣、能学会正确地体验美、感受美、鉴赏美、评价美和创造美。	A+：优秀 A：良好 B：合格 C：不合格	

双减落地有声，"六艺"乐趣无穷

——龙腾小学 2022-2023 学年度第二学期低年级综合测评总结

一、综合测评活动的概况

1. 活动主题：《腾跃龙吟，趣游乐学》

2. 活动时间：2023 年 6 月 21 日下午

3. 活动地点：龙腾小学六艺竞技场（一年级）、龙腾小学"深圳文化街"（二年级）

4. 活动概况：

六月，阳光明媚，草木葱茏，万物生长。校园里，快乐与智慧齐飞；闯关中，慧学与乐玩同行。为全面落实"双减"政策，切实减轻学生的学业负担，促进学生全面发展。使学生快乐学习、幸福成长，6 月 21 日，龙腾小学一、二年级举行了集知识性、趣味性、思维性为一体的素养测评活动。龙腾小学各学科教师多次交流研讨设计了"腾跃龙吟　趣游乐学"六艺闯关活动。

二、活动过程

1. 一年级：小龙人玩转新"六艺"

礼、乐、射、御、书、数，六项"新传统艺能"大比拼在龙腾小学"六艺"竞技场精彩开场（见表 1）。

（1）语英岛　书艺好少年。

语文和英语测评结合孩子们的认知特点，围绕"识""背""读""说"四个核心词展开，设置了"美文诵读""遣词造句""单词拼读""小小规划师"四项活动，考察学生的识字能力、朗读能力和口头表达能力。

（2）数科园　数艺好少年

数学和科学测评结合了孩子们本学期所学的内容，将需要掌握的基础知识和关键能力贯穿其中。活动内容源于生活、回归生活，既充满挑战又饱含童趣，实现了“测”出能力、“验”出素养。

（3）美音吧　乐艺好少年。

执笔绘童年，想象越天际。美术学科测评中，孩子们的作品内容新颖、创意无限、富有童趣。表演歌曲时，孩子们是舞台上闪闪发光的小歌手；演奏乐器时，孩子们是充满律动感的节奏大师。

（4）劳动台　御艺好少年。

小小的书包，大大的学问，孩子们身体力行，在动手实践中培养自理能力，体验劳动和成功带来的快乐。

（5）体育场　射艺好少年。

蹦蹦跳跳跨端午，孩子们活力四射玩了“我学袋鼠跳一跳”游戏。

表1　一年级综合素养测评内容

关卡	场域	项目	负责人
第一关	【书艺好少年】 语英岛	“龙音虎啸”（美文诵读）； “画龙点睛”（遣词造句）	语文：黄宝花
		“鱼跃龙门”（单词自然拼读） “元龙豪气”（小小规划师）	英语：文景灏
第二关	【数艺好少年】 数科园	“鱼跃成龙”（加与减） “与龙同形”（有趣的图形）	数学：杨梦涵
		“龙说会辨”（动物大分类） “快乐实践”（摆盘大比拼）	科学：魏惠玲
第三关	【乐艺好少年】 美音吧	“龙腾虎跃”（形状开花） “卧虎藏龙”（创意小超人）	美术：张正如
		“音阶好朋友” “K歌大比拼”	音乐：陈思言
第四关	【御艺好少年】 劳动台	“生龙活虎”（收拾书包）	劳动：颜冬雪
第五关	【射艺好少年】 体育场	“飞时腾踏”（我学袋鼠跳一跳）	体育：:黎小青
第六关	【礼艺好少年】 知礼阁	展示课堂礼仪	礼仪：潘志豪

2. 二年级：小龙人“open shop”

测评活动聚焦一个主题性任务“open shop”，学生综合运用语文、数学、英语、科学、音乐、体育、美术等学科知识，设计商铺名称、招牌，布置商铺，确定商品类型和价格，现场售卖自己的商品等，吸引顾客（测评教师和其他同学）

光顾自己的小店。

素养测评开始后，五年级学生测评团队（12 名）光顾每一家小店，为进行问答式测评，并确定等级。根据等级评定每个班一二三等奖各 2 个小组。

表 2 素养测评问题清单

科目	问题	等级
音乐	设计一个招揽顾客的舞蹈或小歌曲。在顾客到来时，进行表演。	
语文 美术	1. 为什么起这个名字？这个商店的招牌设计创意不错，介绍一下？ 2. 请给我介绍任一种商品。	
英语	4.Hello! 预设：Can I help you? 5.How much is it? 预设：It is ...yuan.	
数学	6. 我想买 2 种商品，但我只有 19 元钱，你建议我买哪两件。	
科学	7. 请向我介绍一下这件商品（指南针）的用途，并教教我怎么用。	
投票	8. 投票数量	
总评	小店的总体评价，包括店铺外观、布置、商品广告、接待友好度等	

1. 学生分组开店

每班开设 6 个店铺，学生自由组队，自主分工。

店铺布置要具有鲜明特色，商品丰富，吸引顾客光临。

每个小店可以在醒目的地方陈列售卖广告，并组织动态广告（在商店门口进行表演），吸引更多的顾客光临。

这个环节主要考察学生的合作能力、文字运用能力、数学运算能力、广告设计能力、人际交往能力、艺术素养等。

2. 设置启动资金

每位学生设置 10 元“小龙币”作为启动资金，可以用于在其他店铺购物消费。每位学生设置一个“评价小龙卡”，只能投给除自己店铺之外的一家店铺。店铺获得的小龙卡数量将作为评价的重要指标。这个环节主要考察学生的合作能力和财商素养，属于生生互评。2 点 30 分，小龙人购物节在龙腾小学“深圳文化街”开幕，二年级的孩子们在 24 个深圳著名文化景区开起了自己的小店，一起去看看吧。

3. 分组开店

每班学生自由组队、自主分工，综合运用各学科知识，自主设计商铺名称和招牌，布置商铺，确定商品类型和价格，现场售卖自己的商品。每家店铺都各具特色，有的小店在醒目的地方陈列售卖广告，有的小店表演起了“动态广告”。该环节主要考察学生的合作能力、文字运用能力、数学运算能力、广告设计能力、人际交往能力、艺术素养等。

4. 素养测评

素养测评开始后，五年级学生测评团队光顾每一家小店，根据“素养测评问题清单”进行问答式测评。每位学生有 10 元“小龙币”作为启动资金，可以在其他店铺购物消费。每位学生都拥有一张“小龙卡”，可以投给其他喜欢的店铺 。

这一场寓学于乐、学思并行的活动，以孩子们喜闻乐见的游戏和深圳文化街为载体，融合所学知识，紧扣学科素养，是龙腾小学全体老师在“减负提效”之路上孜孜不倦的探索。祝愿孩子们乐学善思、快乐成长。

三、综合测评活动的结果及对结果的分析与运用

（一）测评结果

1.“龙·实践”打造校园微课程

龙腾小学将中华优秀传统文化“六艺”和“龙文化”微课程融入立德树人、课程系统、学校管理、教师队伍建设，五育并举，多元评估我校一年级学生学习成果，发挥评价导向功能，探寻适切的教育教学方式，促进学生全面健康成长，“腾跃龙吟 趣游乐学”基本实现了中华优秀传统文化进校园的落地。鼓励龙腾学子诵经典、兴礼乐、习六艺、传家风、研学游、过节庆、讲故事，做有君子之风和腾跃龙吟的龙腾少年。

2.“龙·评价”体验“做中学”

儿童喜爱游戏，全身心投入游戏的儿童“最”易释放自己的潜能。我们的低年级无纸化测评以游戏为主要考查形式，富有创意的游戏设计能够让学生愉快地投入考查过程。

这次无纸化测评项目围绕“龙文化”同时与传统文化“六艺”相结合，将

学科知识与闯关游戏巧妙融合，设计了让孩子们活动在动口、动脑、动手实践中实现评价的增值，实现幸福的增值。龙腾学子们在美音吧上解密“音阶好朋友”，体验语文世界里的吟咏朗诵、生字闯关；去“飞时腾踏”唱唱跳跳，去“数科园“摆盘大比拼，进行数科脑风暴……这次学业水平评价包括语、数、英等七大学科12个项目，让学生在玩中测试，在测试中玩，真正做到“做中学”。

3.“龙·测评”提升教研能力

本次的“腾跃龙吟　趣游乐学”六艺闯关活动无纸化测评从方案研制到组织实施，再到评定结果的应用，都凝聚了学科教学和教研组团队的集体智慧。新颖的形式、有趣的过程，能让参加测评的学生有强烈的好奇心和新鲜感。看似风平浪静的背后，其实隐藏着巨大的挑战，教师根据立德树人教育理念，不断地调整自己的教学方式和评价方式，时刻把学生的发展作为教学的首要任务，把学习的过程转变成对意义创造过程的探险。通过对学习内容的加工与改造，选择更加优化的教学方法，以帮助学生学得轻松、学得高效。

乐考活动，乐在其中。本次“腾跃龙吟　趣游乐学”六艺闯关无纸笔测试活动既检测了龙腾学子知识掌握情况，又让其在过程中享受了头脑风暴，实现了人人参与、个个获奖的评价目的。一年级的孩子们在轻松愉快的多样评价中，感受学习的快乐，体验成功的喜悦。今后，学校将继续落实“双减”政策，让孩子们在思考实践、谦虚超越的收获中自信前行。

（二）综合测评教师访谈

龙腾小学英语教师黄红苑说：“今天的活动非常成功，从纸质测评到素养测评，围绕核心素养，发展学生的合作能力、运算能力及交往能力，全面推进国家‘双减’政策落地，为学生综合素养发展赋能。”

（三）综合测评家长访谈

二4班家长卿小梅说：“今天做为家长义工，参加学校2022—2023年度的素养测评，我感到非常荣幸，感受到了孩子们的热情和礼貌，能够学以致用，把每个学科的素养都展示出来了，每个商铺的宣传报手抄报都非常精美、创意，每个商铺的物品也都摆放得很整齐，每个组的小朋友注重分工合作，齐心协力来完成测评，他们很享受整个活动过程，这种评价方式更科学，更能激发孩子的热情。”

（四）综合测评结果分析与运用

本次综合素养测评创设的“小龙人六艺竞技场”和“深圳文化街”涵盖了评价标准、评价内容、评价方式和评价工具的测评场域，以“六艺”为核心，设计小龙卡晋升、龙币积分、面试、游戏闯关、店铺装饰、店员招募等情景模拟，对学生知识掌握、学习态度及学习素养进行全面测评，集知识性、趣味性、综合性为一体，在测评中全面将综合性评价、过程性评价以及诊断性评价相融合，真正提升学生核心素养的发展。

三、综合测评活动的亮点与问题

在“双减”政策背景下，为探寻适切的教育教学方式，本校尝试突破唯分数、唯学习的评价模式，改之以“五育并举”的理念作为评价依据，将学生的综合素养和学科核心素养落到实处（见图 1）。

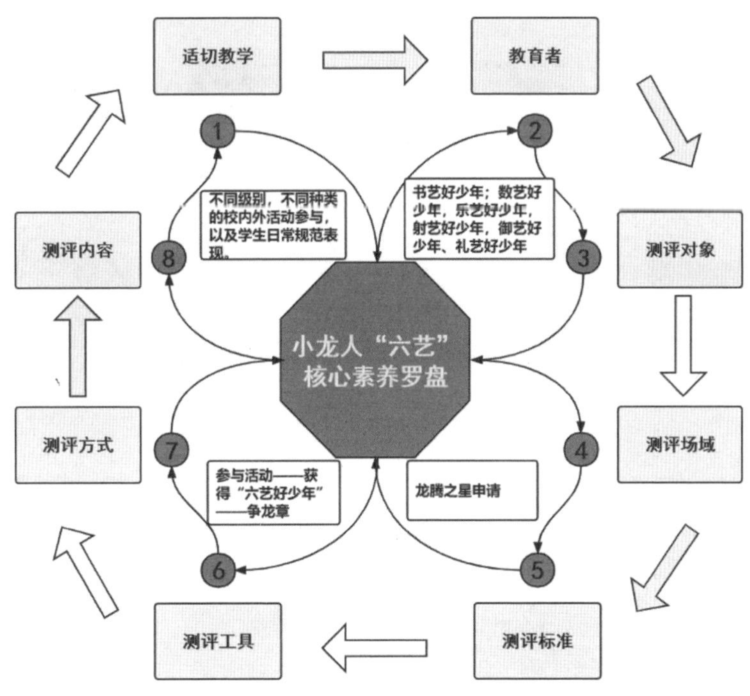

图 1 小龙人“六艺”核心素音罗盘

1. 设计综合测评场域，实行“小龙卡”晋级制

本校的综合性评价以“小龙人六艺”评价制度为核心，测评学生的语言表达、生活常识，美术创意、思维想象、文体才艺等综合素养。

2. 采用多元评价标准，实现“全员”参与

为了避免只有优等生参与活动的局面，学校将“龙腾之星”分为了六大类，专门奖励给有突出特长的学生，让不同的学生都能发现自己的闪光点，培养学生的自信心。

3. 助力教师专业成长

通过评价研究，教师在实践中摸索出一条以评价为核心的提升路径，基于困惑进行主题教研，评教同行，不断实践总结，进而创新评价的实施路径。

本次综合素养测评，是“双减”中的龙腾教育行动，更是“龙腾文化”与“传统六艺”的有机融合（见图 2），每一位龙腾教师将坚守初心，为学生做好教育服务，不断改进，让家长安心，促进小龙人专心、开心成长，暖心陪伴！

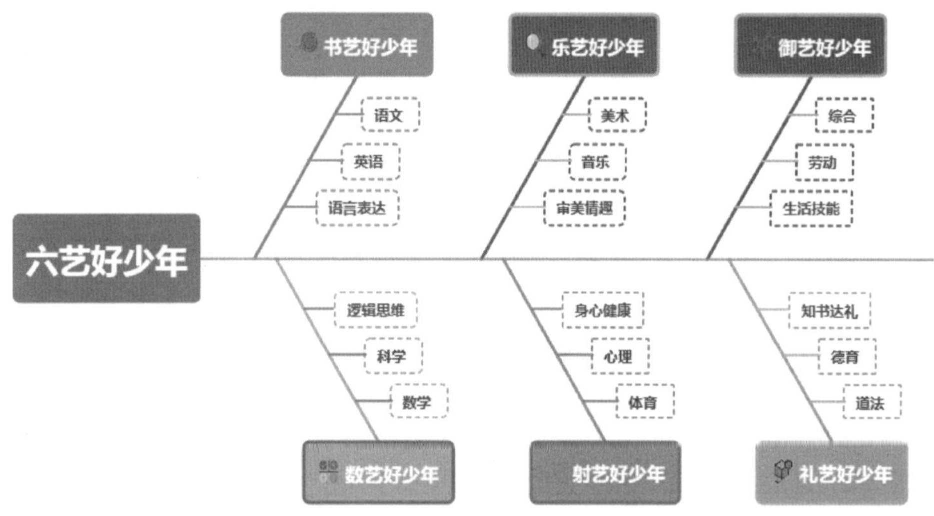

图 2 “六艺好少年”标准

体教融合，定向寻宝，乐学趣评

——海裕小学 2022–2023 学年度第二学期低年段综合测评方案

为进一步落实国家“双减”政策，秉承“全面育人提素养 综合评价促成长”的理念，基于学生终身发展和全面发展的成长需求，秉承尚善教育理念，海裕小学着力构建绿色、优质、均衡评价，以体育“定向越野”项目为基础，深度融合语文、数学、英语、音乐、美术等学科，落实学科的核心素养，坚持五育融合，以寻宝打卡的形式，对学生进行多维度的素养评价。

一、综合测评方案设计的理念与原则

（一）综合测评方案设计的理念

1. 儿童友好，游戏激趣

我校为深圳市儿童友好型试点学校，此评价方案以儿童友好为理念。此次评价遵循低年级儿童的认知规律，设计适合低年级儿童学习特点的定向寻宝游戏，评价有多元丰富性、情趣相融性、持续发展性的特点，指向学科核心素养的培养，培养学生创新精神。

2. 五育融合，提升素养

基于新课标的学业质量描述，各寻宝打卡点内容深度融合语文、数学、英语、音乐、美术等学科，落实学科的核心素养，做到五育融合。

3. 突教融合，增强挑战

作为一项体育运动，定向运动于 19 世纪末的欧洲北部。运动员借助一个指北针和一张详细精确的定向运动地图，按顺序到访地图标示路线中的各个检查点，选择自己认为的最佳路线直到终点，用时最短者为胜。

此次评价在学校星海操场开展，结合有趣的、简化的定向运动，激发儿童的身体（体育）潜能，发展儿童解决问题的能力，在奔跑中享受乐趣、增强体质、学会合作、锤炼意志。

（二）活动原则

1. 导向性原则

2. 发展性原则

3. 多样性原则

4. 可行性原则

二、综合测评的目标

（一）依据《义务教育质量评价指南》，关注学生的品德发展、学业发展、身心发展、审美素养、劳动与社会实践等五方面，促进学生德智体美劳全面发展。

（二）以趣味性游园式的综合测评活动，让学生以更加积极的状态参与测评活动，获得更加真实积极的测评成果。

（三）在测评活动中，融合语文、数学、英语、体育、美育(音乐及美术)等多科目内容，综合检验提升学生素质。

（四）探索我国义务教育阶段的新测评形式，逐步形成具有海裕小学特色的低年段综合测评体系。

三、综合测评的内容

内容以"定向+测评"要求，定向需要学生看懂十个项目的先后顺序并根据地图找到测评点，学生通过测评要求方可打卡。所有项目由相关备课组长准备，再交至现场负责人进行测评。

（一）寻宝的项目内容（十大测评内容）

1. 看图说话我最牛（语文+德育）【现场负责人：曾颖铃】

结合德育类话题，学生任选一副画，按照一定的顺序将图画的内容说出来。学生能说一句完整的话即可。

2. 诗情画意（语文+美术）【现场负责人：杨一】

学生能够根据图片上的内容正确背诵或者默写相对应的古诗。一年级：背诵古诗；二年级：默写古诗。学生背诵或者默写正确即可。

3. 美食推荐（语文+综合）【现场负责人：黄慧怡】

能够说出美食的名称、制作材料、烹饪方式（句式：我给大家推荐……这道菜需要用到的材料有……，它的烹饪方式是……，学生能说出菜名、材料和烹饪方式即可。

4. 数字飞球（数学 + 体育）【现场负责人：肖诗婷】

墙上九宫格标着 1–9 九个数字，学生轮流投粘球 2 次，将投中数相加（乘），计算正确即过关。一年级测 10 以内数加法；二年级测表内乘法口诀。学生计算正确即合格。

5. 跳跳格子（数学 + 体育）【现场负责人：陈榕】

地上铺图案纸，学生双腿夹球，要求一年级学生边跳同类图案，要求二年级学生边跳轴对称图形，顺利到达终点即过关。只要学生球不落地且顺利到达终点即合格。

6. 英劳飞扬（英语 + 劳动）【现场负责人：朱梓嘉】

学生能准确流利地、大胆自信地说出关于衣服的单词，并选择其中一件衣服进行折叠，方可打卡。考察学生动手能力。

7. 我会认读（英语）【现场负责人：谢荟茹】

一年级能认读单词卡。二年级能认读字母组合。

8. 广播操（体育 + 音乐）【现场负责人：蔡杰】

学生两人为一组，老师播放广播操音乐，学生根据音乐做出相应的广播操动作。学生们需要做到精神抖擞、着装整齐、动作有力。一二年级学生应基本掌握七彩阳光广播操。老师根据学生动作、精神面貌评定。

9. 班班有弦声（音乐）【现场负责人：音乐科组】

学生以班级为单位，共同完成一首演唱作品，要用到尤克里里伴奏，可融入其他小乐器、舞蹈、朗诵等，一年级选择 1 级难度的歌曲，二年级选择 2 级难度的歌曲。老师以同学们演唱弹奏的音准、精神面貌、表演状态评定过关。

10. 缤纷美术（美术 + 科学）【现场负责人：缪媛媛】

学生利用美术课或课余时间完成测评作品，周二带到相应的展区展示。要求一年级学生画一个星球并剪下来，形状流畅，涂色规范整洁。要求二年级学生剪纸大花瓶，左右对称，纹样丰富。

（二）定向测评路线

表1 定向测评路线

序号	路线1	路线2	路线3
1	缤纷美术	缤纷美术	缤纷美术
2	班班有弦声	班班有弦声	班班有弦声
3	英劳飞扬	诗情画意	我会做操
4	我会认读	我会认读	美食推荐
5	数字飞球	数字飞球	跳跳格子
6	看图说话我最牛	看图说话我最牛	英劳飞扬
7	诗情画意	英劳飞扬	看图说话我最牛
8	跳跳格子	跳跳格子	数字飞球
9	美食推荐	美食推荐	我会认读
10	我会做操	我会做操	诗情画意

参与定向寻宝的同学以班级为单位进行活动，各班级将设定三条不同的定向路线，学生以两人为一组参加，要求正确按照地图上指示的顺序进行测评、打卡。

（三）活动评价

1. 个人评价

按顺序完成九—十项者评定为：挑战最佳；

按顺序完成七—八项者评定为：挑战优秀；

按顺序完成五—六项者评定为：挑战良好；

按顺序完成四项（含）以下者评定为：挑战合格。

2. 同伴评价

“协作好少年”60张（每班5名），活动后由班级同学评选。

四、综合测评的实施过程

（一）活动对象

海裕小学一二年级（共12个班），活动人员需身体健康，患有心脏病等不适合剧烈运动者禁止参与。

（二）活动时间和班级安排

6 月 20 上午，每两节课 3 个班级同时参与定向寻宝活动。

表 2　测评时间及班级安排

	时间	班级
第一批	早读	二（1）、二（2）、二（3）班学习规则 + 参加美育项目
	第一节课	二（1）、二（2）、二（3）星海操场挑战 + 成绩录入、兑换徽章
第二批	第一节课	二（4）、二（5）、二（6）班学习规则 + 参加美育项目
	第二节课	二（4）、二（5）、二（6）星海操场挑战 + 成绩录入、兑换徽章
第三批	第二节课	一（1）、一（2）、一（3）班学习规则 + 参加美育项目
	第三节课	一（1）、一（2）、一（3）星海操场挑战 + 成绩录入、兑换徽章
第四批	第三节课	一（4）、一（5）、一（6）班学习规则 + 参加美育项目
	第四节课	一（4）、一（5）、一（6）星海操场挑战 + 成绩录入、兑换徽章

（三）活动地点

星海操场。

（四）活动形式

以班级为单位，两人一组协作参加。

（五）活动准备

1. 发展中心与合作公司沟通合作问题

表 3　项目名称及准备

序号	项目名称	准备内容
1	活动背景板搭建及运输	活动主题背景板
2	刀旗、四峰天幕	3.5 米刀旗，在操场中间布置氛围
3	活动帐篷及运输	各项目点布置 2 顶帐篷，主会场布置 5 顶帐篷
4	活动总控	总负责人
5	测评项目点布置	各项目测评点依据需求布置介绍板、任务道具等
6	游园路线及地图设计	符合活动需求的地图及路线设计
7	地图打印	A5 激光彩印地图，一人一份

续表

8	活动工作人员	2 名定向专业教练员
9	活动主题徽章	活动评价、活动纪念品
10	所有项目 kt 板	活动宣传内容收集和整理

2. 体育组全员参与和学习

表 4 体育组教师分工

内容	人数	教师姓名	备注
体育项目（我会做操）	1 名	蔡杰	万熠川老师说明操作方法
培训学生规则、强调寻宝规则与安全	3 名	万熠川、魏创全、谭婉琳	每次 3 个班级同时讲，分四批，每次大概 20 分钟。视频由罗礼红负责联系
现场秩序	3 名	康洁、周智丹、石强	
视频拍摄	1 名	刘瑞雪	拍摄、制作视频

3. 年级长安排家长义工

由年级长组织家长报名义工参与活动，每班 3 名，当天上午 8:00 到达学校。

家长义工培训内容：介绍活动的意义、分摊位和工作；

义工 1: 手持打卡器，给通过的学生刷卡，指引其到下一个测评点位；

义工 2、义工 3: 根据测评物料以及要求，让学生进行测评，提醒学生排好队伍。

4. 其他人员分工

表 5 落实本项目现场的组织

工作内容	负责人
各班带队老师	一、二年级班主任
家长义工报名	缪媛媛、柯媛
现场纪律维持、排队提醒	6 名家长义工
控场	三位教辅
家长义工培训（内容由发展中心提前准备）	周丽妮
宣传推文组合、撰写	曾颍铃统筹，各现场负责人提供

续表

电子屏、电子横幅	梁海斌
拍照	王诗涵、周丽妮
视频拍摄、制作	刘瑞雪
学生文明礼仪及态度教育	班主任
课桌椅摆放（每个摊位 4 套）	江茂英
现场布置检查	缪媛媛
所有项目 kt 板、主背景	罗礼红
活动结束后收桌椅、校园清洁	江茂英
收集“协作好少年”名单并颁奖	唐嘉怡
当天上午代课安排、活动签到表、整理一二年级名单	周丽妮（6.19 前）
准备装尤克里里的几个大筐	陈丽娟
尤克里里的回收	李队长

（六）其他事项

（1）校门口文字：体教融合，定向寻宝，乐学趣评——海裕小学低年段综合测评。Lcd：欢迎词：热烈欢迎教科院领导到校指导（综合测评总背景图）。

（2）活动过程：若遇突发雷雨天气，改为负一楼篮球场和乒乓球场进行

（3）环保倡议：我们只留下欢声笑语、留下脚步，不留下垃圾。

附件 1：宣传展板

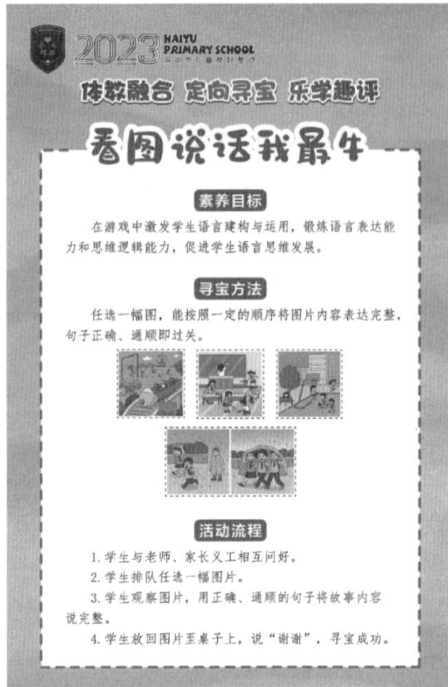
2023
HAIYU
PRIMARY SCHOOL
体教融合 定向寻宝 乐学趣评
看图说话我最牛
素养目标
在游戏中激发学生语言建构与运用，锻炼语言表达能力和思维逻辑能力，促进学生语言思维发展。
寻宝方法
任选一幅图，能按照一定的顺序将图片内容表达完整，句子正确、通顺即过关。
活动流程
1. 学生与老师、家长义工相互问好。
2. 学生排队任选一幅图片。
3. 学生观察图片，用正确、通顺的句子将故事内容说完整。
4. 学生放回图片至桌子上，说“谢谢”，寻宝成功。

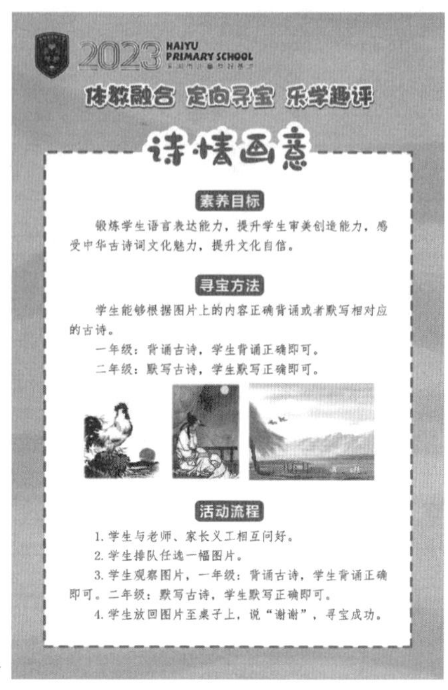
2023
HAIYU
PRIMARY SCHOOL
体教融合 定向寻宝 乐学趣评
诗情画意
素养目标
锻炼学生语言表达能力，提升学生审美创造能力，感受中华古诗词文化魅力，提升文化自信。
寻宝方法
学生能够根据图片上的内容正确背诵或者默写相对应的古诗。
一年级：背诵古诗，学生背诵正确即可。
二年级：默写古诗，学生默写正确即可。
活动流程
1. 学生与老师、家长义工相互问好。
2. 学生排队任选一幅图片。
3. 学生观察图片，一年级：背诵古诗，学生背诵正确即可。二年级：默写古诗，学生默写正确即可。
4. 学生放回图片至桌子上，说“谢谢”，寻宝成功。

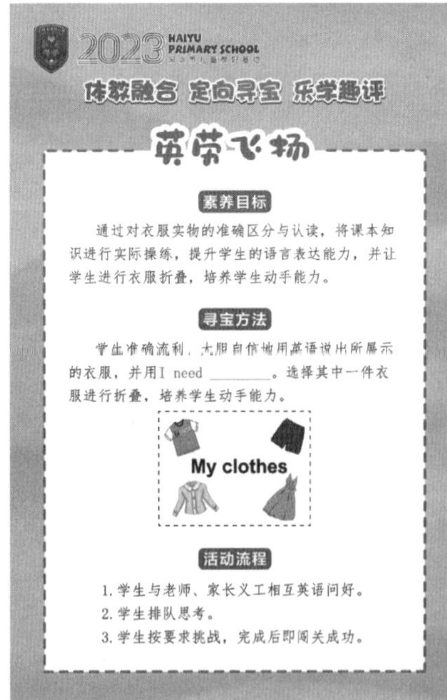
2023
HAIYU
PRIMARY SCHOOL
体教融合 定向寻宝 乐学趣评
英劳飞扬
素养目标
通过对衣服实物的准确区分与认读，将课本知识进行实际操练，提升学生的语言表达能力，并让学生进行衣服折叠，培养学生动手能力。
寻宝方法
学生准确流利、大胆自信地用英语说出所展示的衣服，并用I need ________。选择其中一件衣服进行折叠，培养学生动手能力。
My clothes
活动流程
1. 学生与老师、家长义工相互英语问好。
2. 学生排队思考。
3. 学生按要求挑战，完成后即闯关成功。

2023
HAIYU
PRIMARY SCHOOL
体教融合 定向寻宝 乐学趣评
Yummy Food
素养目标
通过对话的形式，咨询学生所喜爱的食物，将课本知识进行实际操练，提升学生的语用能力和表达能力。
寻宝方法
学生能准确流利、大胆自信地用英语说出食物单词，并能用I like...It's...表达自己喜爱的食物，即可通关。
noodles
rice
soup
egg
pizza
cake
hamburger
pie
pear
apple
orange
peach
活动流程
1. 学生与老师、家长义工相互英语问好。
2. 学生排队思考。
3. 学生说出食物单词，并用英语表达自己所喜爱的食物，即完成挑战。

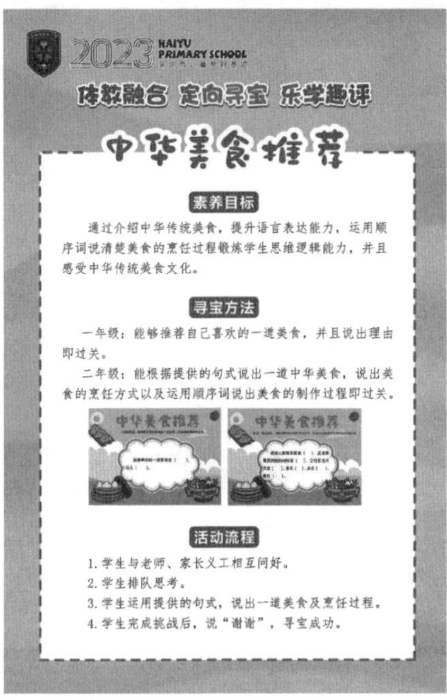
2023 HAIYU PRIMARY SCHOOL
体教融合 定向寻宝 乐学趣评
中华美食推荐
素养目标
通过介绍中华传统美食，提升语言表达能力，运用顺序词说清楚美食的烹饪过程锻炼学生思维逻辑能力，并且感受中华传统美食文化。
寻宝方法
一年级：能够推荐自己喜欢的一道美食，并且说出理由即过关。
二年级：能根据提供的句式说出一道中华美食，说出美食的烹饪方式以及运用顺序词说出美食的制作过程即过关。
中华美食推荐
中华美食推荐
活动流程
1. 学生与老师、家长义工相互问好。
2. 学生排队思考。
3. 学生运用提供的句式，说出一道美食及烹饪过程。
4. 学生完成挑战后，说“谢谢”，寻宝成功。

2023 HAIYU PRIMARY SCHOOL
体教融合 定向寻宝 乐学趣评
数学飞球
素养目标
在游戏中激发运算兴趣，提升运算能力，促进学生数学思维发展。
寻宝方法
轮流投粘球 2 次，投中的两个数相加（或乘），计算正确即过关。
一年级：计算投中的两个数相加的和。
二年级：计算投中的两个数相乘的积。
活动流程
1. 学生与老师、家长义工相互问好。
2. 学生排队依次投粘球2次。
3. 学生口算投中的两个数的和（积）。
4. 学生取回粘球摆放到指定位置，说“谢谢”，寻宝成功

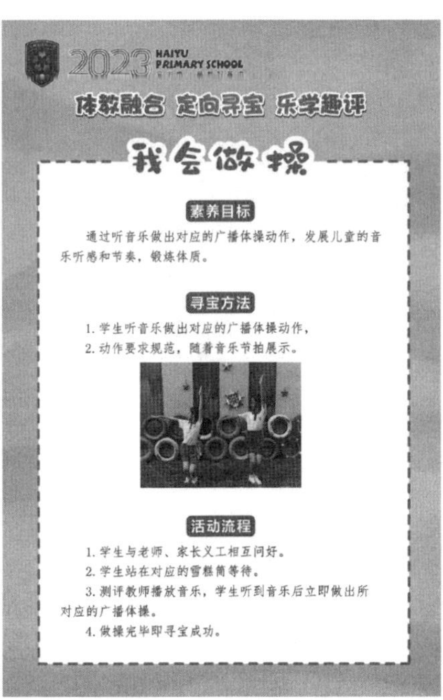
2023 HAIYU PRIMARY SCHOOL
体教融合 定向寻宝 乐学趣评
我会做操
素养目标
通过听音乐做出对应的广播体操动作，发展儿童的音乐听感和节奏，锻炼体质。
寻宝方法
1. 学生听音乐做出对应的广播体操动作，
2. 动作要求规范，随着音乐节拍展示。
活动流程
1. 学生与老师、家长义工相互问好。
2. 学生站在对应的雪糕筒等待。
3. 测评教师播放音乐，学生听到音乐后立即做出所对应的广播体操。
4. 做操完毕即寻宝成功。

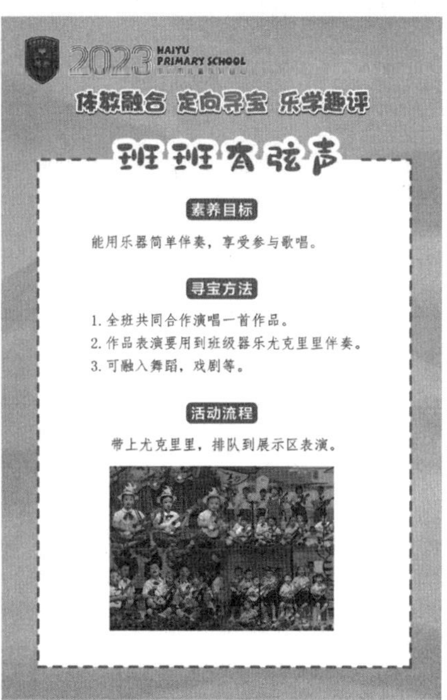
2023 HAIYU PRIMARY SCHOOL
体教融合 定向寻宝 乐学趣评
班班有弦声
素养目标
能用乐器简单伴奏，享受参与歌唱。
寻宝方法
1. 全班共同合作演唱一首作品。
2. 作品表演要用到班级器乐尤克里里伴奏。
3. 可融入舞蹈，戏剧等。
活动流程
带上尤克里里，排队到展示区表演。

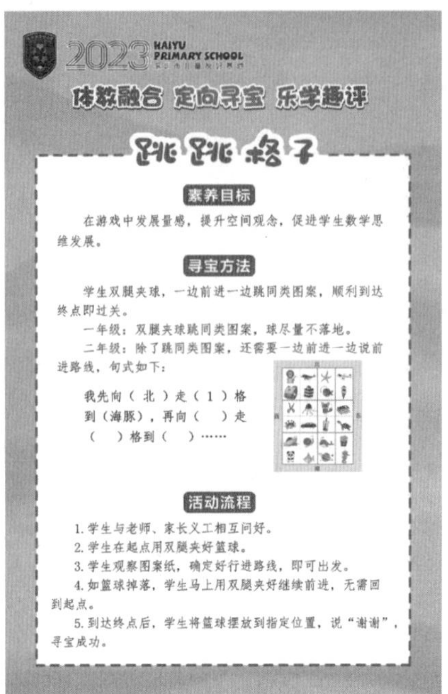
2023 HAIYU PRIMARY SCHOOL
体教融合 定向寻宝 乐学趣评
跳跳格子
素养目标
在游戏中发展量感，提升空间观念，促进学生数学思维发展。
寻宝方法
学生双腿夹球，一边前进一边跳同类图案，顺利到达终点即过关。
一年级：双腿夹球跳同类图案，球尽量不落地。
二年级：除了跳同类图案，还需要一边前进一边说前进路线，句式如下：
我先向（ 北 ）走（ 1 ）格到（海豚），再向（ ）走（ ）格到（ ）……
活动流程
1. 学生与老师、家长义工相互问好。
2. 学生在起点用双腿夹好篮球。
3. 学生观察图案纸，确定好行进路线，即可出发。
4. 如篮球掉落，学生马上用双腿夹好继续前进，无需回到起点。
5. 到达终点后，学生将篮球摆放到指定位置，说“谢谢”，寻宝成功。

2023 HAIYU PRIMARY SCHOOL
体教融合 定向寻宝 乐学趣评
缤纷美术
素养目标
通过对已学技能二次创作，提高学生的美术表现、审美判断、创意实践素养。
一年级：画一个星球并剪下来，要求形状流畅，涂色规范整洁。
二年级：剪纸大花瓶，要求左右对称，纹样丰富。
寻宝方法
学生利用美术课或周末时间做好测评作品，到班级展区张贴。
活动流程
以班级为单位到指定位置张贴自己的作品。

附件 2：路线图（三条）

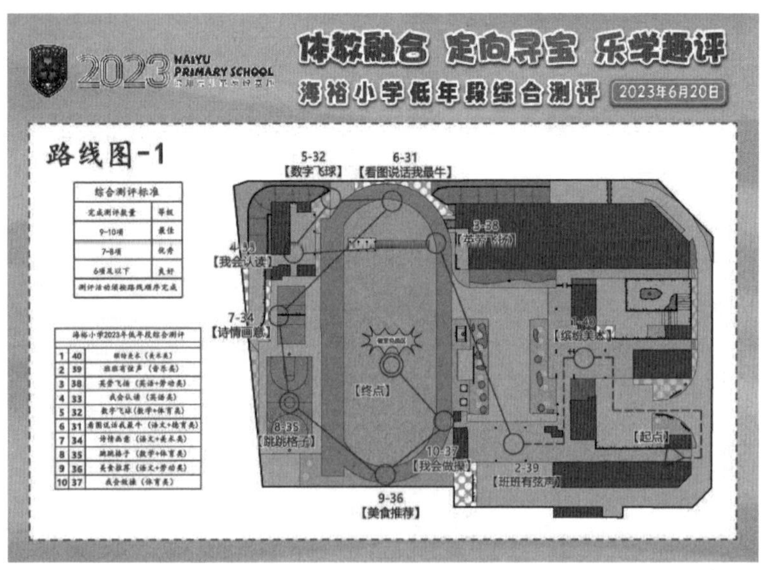
2023 HAIYU PRIMARY SCHOOL
体教融合 定向寻宝 乐学趣评
海裕小学低年段综合测评 2023年6月20日
路线图-1
综合测评标准
完成测评数量 等级
9~10项 最佳
7~8项 优秀
6项及以下 良好
测评活动须按路线顺序完成
5-32【数字飞球】
6-31【看图说话我最牛】
3-38
4-33【我会认读】
7-34【诗情画意】
1-40【缤纷美术】
【终点】
8-35【跳跳格子】
【起点】
10-37【我会做操】
2-39【班班有弦声】
9-36【美食推荐】

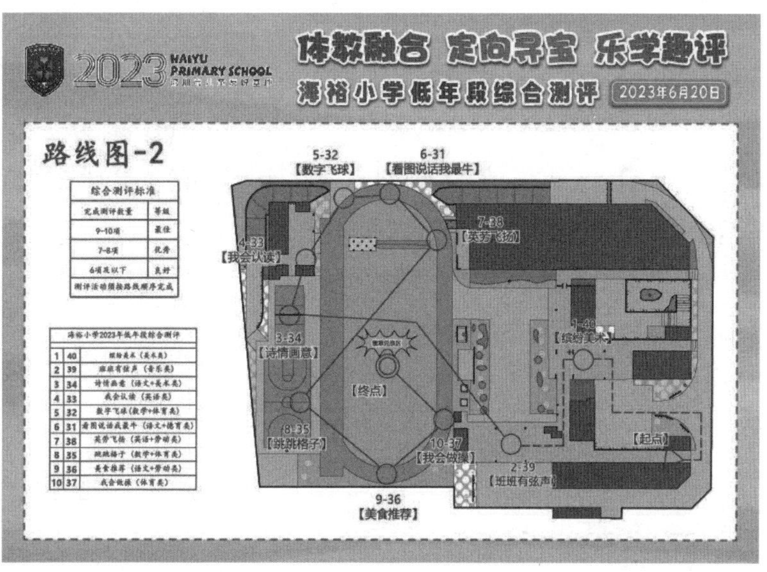
2023 HAIYU PRIMARY SCHOOL
体教融合 定向寻宝 乐学趣评
海裕小学低年段综合测评
2023年6月20日
路线图-2
综合测评标准
完成测评数量 等级
9-10项 最佳
7-8项 优秀
6项及以下 良好
测评活动须按路线顺序完成
海裕小学2023年低年段综合测评
1 40 缤纷美术（美术类）
2 39 班班有弦声（音乐类）
3 34 诗情画意（语文+美术类）
4 33 我会认读（英语类）
5 32 数字飞球(数学+体育类)
6 31 看图说话我最牛（语文+德育类）
7 38 英劳飞扬（英语+劳动类）
8 35 跳跳格子（数学+体育类）
9 36 美食推荐（语文+劳动类）
10 37 我会做操（体育类）
5-32
【数字飞球】
6-31
【看图说话我最牛】
7-38
【英劳飞扬】
4-33
【我会认读】
1-40
【缤纷美术】
3-34
【诗情画意】
【终点】
8-35
【跳跳格子】
10-37
【我会做操】
【起点】
2-39
【班班有弦声】
9-36
【美食推荐】

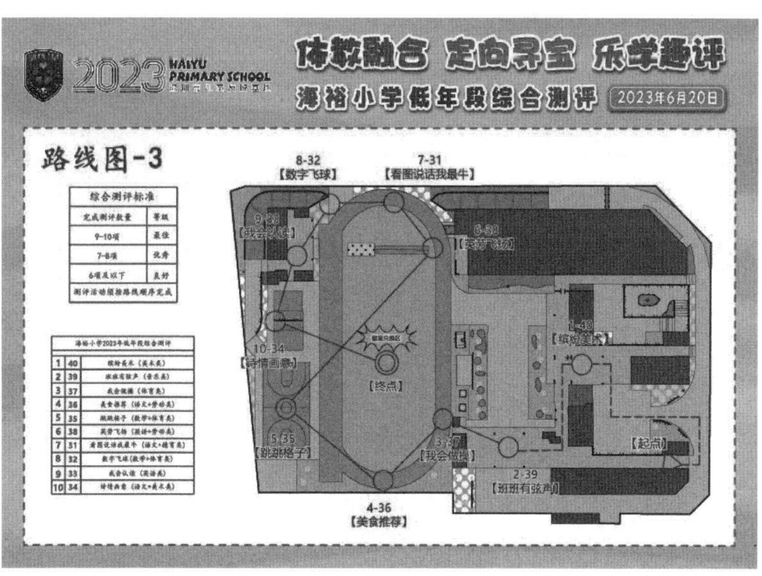
2023 HAIYU PRIMARY SCHOOL
体教融合 定向寻宝 乐学趣评
海裕小学低年段综合测评
2023年6月20日
路线图-3
综合测评标准
完成测评数量 等级
9-10项 最佳
7-8项 优秀
6项及以下 良好
测评活动须按路线顺序完成
海裕小学2023年低年段综合测评
1 40 缤纷美术（美术类）
2 39 班班有弦声（音乐类）
3 37 我会做操（体育类）
4 36 美食推荐（语文+劳动类）
5 35 跳跳格子（数学+体育类）
6 38 英劳飞扬（英语+劳动类）
7 31 看图说话我最牛（语文+德育类）
8 32 数字飞球(数学+体育类)
9 33 我会认读（英语类）
10 34 诗情画意（语文+美术类）
8-32
【数字飞球】
7-31
【看图说话我最牛】
9-33
【我会认读】
6-38
【英劳飞扬】
1-40
【缤纷美术】
10-34
【诗情画意】
【终点】
5-35
【跳跳格子】
3-37
【我会做操】
【起点】
2-39
【班班有弦声】
4-36
【美食推荐】

附件 3：定向运动及学生徽章介绍

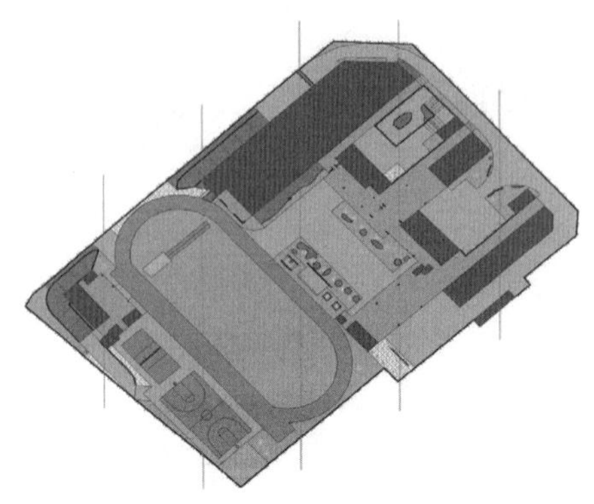

海裕小学定向运动地图

按顺序完成九项、十项

按顺序完成七项、八项

按顺序完成六项及以下

体教融合，定向寻宝，乐学趣评

——海裕小学 2022–2023 学年第二学期低年段综合测评总结

以《义务教育质量评价指南》《关于进一步减轻义务教育阶段学生作业负担和校外培训负担的意见》《中国学生发展核心素养》等文件为指导，遵循学生成长规律和教育规律，以发展学生的素质教育为导向，深化教学评价改革，发挥评价的诊断性、激励性、增值性，海裕小学 2022–2023 学年第二学期低年段综合测评以体育“定向越野”为情境任务，深度融合语文、数学、英语、音乐、美术等学科，落实学科的核心素养，坚持五育融合，学生以寻找各学科挑战项目的知识宝藏为挑战，对学生进行多维度的素养评价，提高学生解决问题的兴趣和热情，能依据特定情境和具体条件，选择制订合理的解决方案；在复杂环境中奠定文化基础，发展社会参与和自主发展能力，提升少年儿童发展的核心素养。

一、综合测评活动的概况

（一）活动组织有序

6 月 20 日上午，海裕小学星海操场开展综合测评，结合有趣、简化的定向运动，激发儿童的身体（体育）潜能，发展儿童解决问题的能力，学生在奔跑中享受乐趣、增强体质、学会合作、锤炼意志。

学校制定详实的方案，发动一二年级全体教师与备课组参与。备课组结合学科素养目标制定项目及落实办法，体育组制订定向挑战的规则，美育组组织集体项目，其他学科教师作为个人项目的现场测评员，班主任带队，秩序良好。

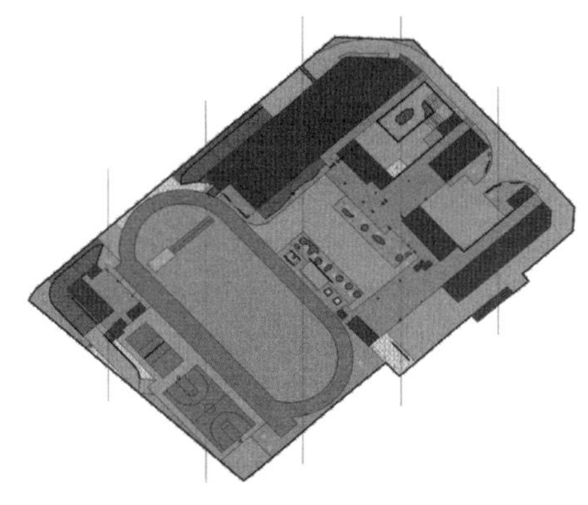

（二）项目效果良好

孩子们手拿路线图，怀着紧张、激动的心情“过关斩将”，挑战一项项充满乐趣的关卡，积极寻找知识宝藏，体验了一场沉浸式的寻宝活动（见表 1）。

表 1　各测评项目及测评效果

序号	内容	学科	发展的核心素养	测评效果
1	看图说话我最牛	语文+德育	语言运用，思维能力，审美创造	学生任意选择一张图片进行表述，大部分同学能根据图片内容，流利、完整地概括图中情景，做到声情并茂，激发学生爱阅读、爱表达、爱分享，培养学生的观察、语言表达和思维等综合能力。
2	诗情画意	语文+美术	感受诗词魅力，提升文化自信	学生选择一幅图，根据图片信息正确背诵古诗。现场多数孩子们井然有序，热情高涨，选图背诵一气呵成，顺利闯关。不仅锻炼了学生的语言表达能力，还提升了学生的审美创造能力，让孩子们在背诵的过程中感受到中华古诗词文化的魅力，提升了文化自信。
3	美食推荐	语文+劳动	语言运用，思维发展，文化传承	通过接地气的美食推荐，孩子在生活中学语文、用语文，提高了语言表达能力。该项目在现场很受欢迎，每位参与的孩子都能顺利完成，大胆表达，完成度较高。
4	数字飞球	数学+体育	运算能力	学生非常喜欢这个掷球项目，对于加减乘除的知识掌握得也很牢固。
5	跳跳格子	数学+体育	量感，空间观念	该项目设计充满趣味性，对学生的吸引力很高，充分激发了学生的参与热情。学生在活动中边跳边玩，边思考边前进，身心得到锻炼，思维也得到锻炼，有助于学生更加深入地理解和掌握活动所包含的知识与技能。二年级的同学说路线会有一定的困难，部分同学需要加强对方位知识的运用。
6	英劳飞扬	英语+劳动	动手能力，语言运用	绝大多数学生在顺利造句以后迅速完成叠衣物的任务并打卡，自觉排队且高效地完成了两项任务。家长义工们也十分积极热情，能够用标准的句式 What do you need？向学生提问，帮助他们更快理解游戏规则。
7	我会认读	英语	思维能力，语言运用	Yummy Food 利用菜单为道具，让家长义工用英语与学生互动交流。活动流程是家长学生用英语相互问好，家长提问学生回答，咨询学生喜爱的食物。孩子们能够准确大胆自信表达英语，大方得体地与家长交流，有效提升学生的语用能力，达到学以致用的目的，展现魅力英语风采！
8	广播操	体育+音乐类	提升运动能力	绝大多数同学在听到老师播放的广播操音乐后都能迅速的做出对应的动作，展示出来的动作正确、舒展，呈现出一种积极向上的精神面貌。

续表

9	班班有弦声	音乐	演唱能力，弹奏能力，合作能力	在本次一二年级音乐学科素养测评中，以新音乐课程标准为主体，着眼于音乐教学的活动性、开放性，推进对学生评价形式和方法的改革，各班级测评作品自选，结合班级器乐尤克里里，戏剧，舞蹈，演唱等形式表演作品，进一步促进音乐教学和评价的多元化，激发了学生学习音乐的兴趣，提高学生音乐学习的积极性。
10	缤纷美术	美术+科学	美术表现，审美判断，创意实践	缤纷美术的内容结合了课本课程进行二次创作。一年级项目是”来自星星的你“，学生可选择画已知的星球或设计一个星球，其中不乏学生大胆创作，有的为小动物专门设计了一个宜居星球，有的星球专门栽种果实，有南瓜星球、草莓星球等等，创意满满。二年级的项目是”有趣的花瓶“学生通过欣赏我国不同朝代的花瓶，用剪纹样的方式剪出一个个精美的花瓶。每位学生都乐在其中，提高学生的美术表现、审美判断和创意实践素养。

二、综合测评活动的结果及对结果的分析与运用

表 2　各班学生评价情况

班级	总人数（人）	最佳	优秀	良好	未测
一（1）	49	92%	6%	2%	0
一（2）	47	87%	11%	0	2%
一（3）	49	96%	0	2%	2%
一（4）	50	94%	2%	2%	2%
一（5）	48	88%	4%	2%	6%
一（6）	47	87%	2%	4%	6%
二（1）	50	82%	4%	4%	10%
二（2）	49	90%	0	0	10%
二（3）	47	98%	2%	0	0
二（4）	49	96%	0	0	4%
二（5）	45	94%	4%	0	2%
二（6）	49	96%	0	0	4%

本次测评中能按顺序完成 9–10 项为最佳，7–8 项为优秀，其他为良好。此次综合测评发现学生身体素质总体上处于中上水平，最快的学生用时 21 分钟，平均用时为 35 分钟左右，排除各项目花费的测评时间，平均每位学生奔跑时

间为 5 分钟、奔跑距离为 800 米。

三、综合测评活动的亮点与问题

（一）测评亮点

1.“定向 + 测评”任务化

测评需要学生先看懂十个项目的先后顺序再根据地图找到测评点进行测评，学生通过测评要求方可打卡（见图 1）。

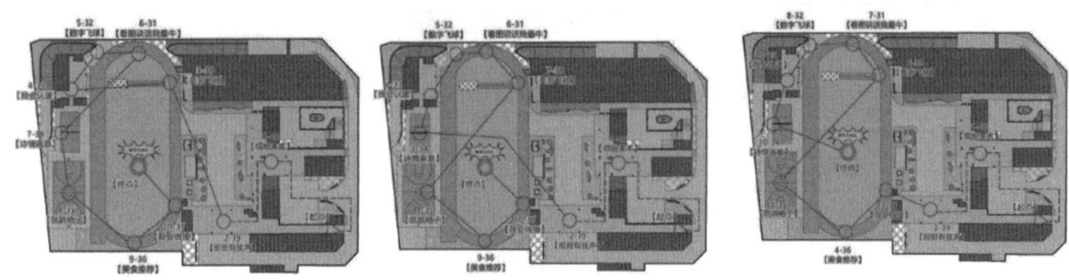

图 1　三幅挑战地图

学生在享受定向寻宝乐趣的同时，不知不觉地完成各个学科的测评，并处于一个高强度的运动状态中进行，每次到达一个测评点学生需调整心态、调整身体状态才能面对测评项目的挑战。低年段的学生全员完成，并未出现中途放弃的状况。这个过程是对智力和体力的双重挑战，锻炼意志力。

2.“学科 + 融合”素养化

此次测评巧妙地融入尽可能多的项目，80% 的项目为学科融合，帮助学生将知识融会贯通。如“英劳飞扬”项目，个别学生虽对四个单词非常熟练，但是不能折好衣服；有的同学想折一条短裤，但是又突然忘记了“shorts”怎么说，这样的实境任务促进了学生对知识的运用能力。

3.“任务 + 协作”综合化——综合素质的全面提升

本次测评各班学生有三条不同的路线，学生两人为一组，提高学生的协作能力，让学生感受到团结的力量。一些原本有交流困难的学生，在本次的挑战中也学会了手牵手前进，快乐地迎接挑战，大多数学生获得“最佳”“良好”的徽章。

图 2　协作前进的学生

4.“打卡 + 计时”信息化

学生从起点开始打卡，挑战完将在操场天幕前结束打卡，打印现场挑战的时长及成绩，在规定的时间内获得的分数越高，排名越靠前。若分数相同时，时间越短，排名越靠前。成功挑战 9–10 项为“最佳”，成功挑战 7–8 项为“优秀”，其他为“良好”，并领取成绩徽章。借助信息化技术，学生能即时获得成就感（见图 3）。

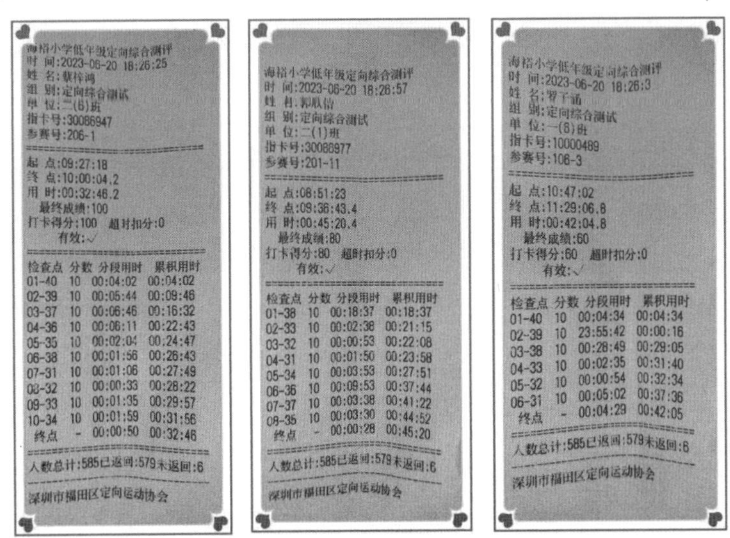

海裕小学低年级定向综合测评
时 间:2023-06-20 18:26:25
姓 名:蔡梓鸿
组 别:定向综合测试
单 位:二(6)班
指卡号:30086947
参赛号:206-1

起 点:09:27:18
终 点:10:00:04.2
用 时:00:32:46.2
最终成绩:100
打卡得分:100 超时扣分:0
有效:√

检查点	分数	分段用时	累积用时
01-40	10	00:04:02	00:04:02
02-39	10	00:05:44	00:09:46
03-37	10	00:06:46	00:16:32
04-36	10	00:06:11	00:22:43
05-35	10	00:02:04	00:24:47
06-38	10	00:01:56	00:26:43
07-31	10	00:01:06	00:27:49
08-32	10	00:00:33	00:28:22
09-33	10	00:01:35	00:29:57
10-34	10	00:01:59	00:31:56
终点	-	00:00:50	00:32:46

人数总计:585已返回:579未返回:6

深圳市福田区定向运动协会

海裕小学低年级定向综合测评
时 间:2023-06-20 18:26:57
姓 名:郭耿佶
组 别:定向综合测试
单 位:二(1)班
指卡号:30086977
参赛号:201-11

起 点:08:51:23
终 点:09:36:43.4
用 时:00:45:20.4
最终成绩:80
打卡得分:80 超时扣分:0
有效:√

检查点	分数	分段用时	累积用时
01-38	10	00:18:37	00:18:37
02-33	10	00:02:38	00:21:15
03-32	10	00:00:53	00:22:08
04-31	10	00:01:50	00:23:58
05-34	10	00:03:53	00:27:51
06-36	10	00:09:53	00:37:44
07-37	10	00:03:38	00:41:22
08-35	10	00:03:30	00:44:52
终点	-	00:00:28	00:45:20

人数总计:585已返回:579未返回:6

深圳市福田区定向运动协会

海裕小学低年级定向综合测评
时 间:2023-06-20 18:26:3
姓 名:罗子涵
组 别:定向综合测试
单 位:一(6)班
指卡号:10000489
参赛号:106-3

起 点:10:47:02
终 点:11:29:06.8
用 时:00:42:04.8
最终成绩:60
打卡得分:60 超时扣分:0
有效:√

检查点	分数	分段用时	累积用时
01-40	10	00:04:34	00:04:34
02-39	10	23:55:42	00:00:16
03-38	10	00:28:49	00:29:05
04-33	10	00:02:35	00:31:40
05-32	10	00:00:54	00:32:34
06-31	10	00:05:02	00:37:36
终点	-	00:04:29	00:42:05

人数总计:585已返回:579未返回:6

深圳市福田区定向运动协会

图 3　“最佳”“优秀”“良好”成绩表（例图）

（二）测评存在的问题

本次测评涉及低年段学生，因大部分学生初次接触定向越野，测评各项目的难度有所降低，以打卡完成为目标。打卡器可以将学生的表现记录为不同的等级，快速信息化汇总出学生学科核心素养的达成情况。但对学科素养、学科融合的目标细化还不够。

综上所述，本次一二年级学生在游戏中测评，在奔跑中感受快乐，在快乐中收获知识。测评活动做到了体教融合，孩子们尝试自主探究，在定向寻宝中收获了知识，深切体会成功的喜悦。孩子们每闯过一关、每打一次卡，都为自己带来满满的幸福感。

“粽”游千岛湖　家园共守护

——湖光学校 2022–2023 学年度第二学期低年级综合测评方案

一、综合测评方案设计的理念与原则

（一）设计理念

教育部办公厅下发的《关于加强义务教育学校考试管理的通知》明确指出：“小学一二年级不进行纸笔考试。”提倡注重学生综合素质、学习习惯与学习表现、学习能力与创新精神等方面的评价。结合深圳市《关于进一步提升中小学生综合素养的指导意见》，我校结合低年级学生年龄特征，积极构建跨学科学习任务群，注重学科内容整合，创设丰富多样的学习情境，让学生在实践和探索中提升能力，注重评价的过程性和整体性，关注学生的综合素养。

本学期尝试通过 1+X 的模式进行综合考评，开展期末“游园会”和 PBL 项目式主题活动等“乐评”形式，检测低年级学生的综合素养。

我校结合“湖”元素，创设情境化“乐评”活动，主题为“‘粽’游千岛湖，家园共守护”。

我校以端午节的文化内涵为核心，整合一二年级多项学科，成立五大项目小组，承办“欢粽集市”创意活动。通过开展跨学科学习任务群，以实践活动的方式加强课堂学习与生活实际的联系，以传统文化为载体，撬动学生思维，使评价不仅局限于课堂，也延展至课外，评价主体也从单一转为多元。开展的“‘粽’情一夏 传承经典”的 PBL 项目式活动，既体现了评价活动的整体性，又融合了各个学科的评价项目，从学生的年龄特点和心理需求出发，对其进行全面、综合的考察评价。

同时，以千岛湖十二生肖的“岛屿守护战”为主线，涵盖语文、数学、英语、科学、体育、道法、音乐、美术、书法、劳动、形体、心理 12 个学科，每个学科岛屿各有一个生肖负责守护。各学科设置不同关卡，点亮相应数量的星星则守护成功。学生为协助生肖守护家园，进行一系列趣味闯关活动，最后获得生肖印章和星星贴纸去“欢粽集市”兑换与粽子有关的食材、工具及周边产品等。

（二）设计原则

1. 全面性和综合性。期末乐评以学期所有学科的学习内容为知识载体，覆盖面广，着力评价学生的综合素养。注重课程内容与生活实际联系，全面了解学生学习情况，调动其学习积极性、主动性和创造性，促进学生全面发展。

2. 情境性和实践性。新课程标准指出要从学生的生活实际出发，创设丰富多彩的学习情境，设计富有挑战性的学习任务，激发学生的好奇心、想象力、求知欲，促进学生自主、合作、探究学习；引导学生注重积累、勤于思考、乐于实践、勇于探究，拓展学习空间，提高学习能力。期末乐评通过创设给定跨学科学习主题和创设闯关情境的形式，考查学生应用学科知识、技能、方法等来解决问题的能力，具有很强的情境性和实践性。

3. 趣味性和激励性。基于对学生各学科领域发展的评估，合理设计测评方案，注重活动化、游戏化、生活化。举办“欢粽集市”和“十二生肖守护家园”的游园会等欢乐的形式开展活动，收集的生肖印章用于兑换实物粽子。创新了知识载体，激发学生参与的兴趣和学习内驱力，在“乐中学”“乐中评”。

4. 过程性和增值性。期末乐评虽在学期末进行，但评价方案设计关注学生整个学期过程中的所有情况，关注学生的学习结果，更关注学生在学习过程中的变化与发展。注重学生起点水平的差异，考虑学生原有基础，充分调动学生学习的积极性、主动性和创造性。同时也重视增值评价，在某些测评环节，学生可自选题目进行回答，“因人施评”，关注学生个体的进步幅度，通过对学生的纵向评价唤醒其自信心，激发学生学习动力。

总之，期末乐评统筹考察整学期的学习内容，融合课程标准，结合本校特色，关注学生学习过程中的变化与发展，以趣味情境为依托，以学生在活动过程中的各种表现特征为依据，评价学生的综合素养，落实我校“人人进步，个个精彩”的发展理念。

二、综合测评的目标设计

期末乐评的目标是评价学生的综合素养，聚焦各学科核心素养，注重学科融合，全面检测学生各学科所学知识和各方面的能力，培养有理想、有本领、有担当的时代新人，培养德智体美劳全面发展的社会主义建设者和接班人。“培养全面发展的人”是发展学生核心素养的核心。

（一）游园活动目标

1. 文化基础目标

考查学生在本学期对各学科基础知识与技能的掌握情况，发展人文底蕴和相关科学精神等。

2. 自主发展目标

考查学生能否乐学善学、勤于思考，良好学习习惯的养成，具有学会学习的能力。能运用所学知识解决实际问题，学会交往、善于沟通、大胆展现自我，学会健康生活等。

3. 社会参与目标

考查学生是否有集体主义精神，积极参与社会活动，乐于与人交流，以及考查其责任担当、实践创新等。

（二）PBL 项目式活动目标

1. 立德树人

落实立德树人根本任务，是实现课程育人价值的出发点。本项目以举办“欢粽集市”为契机，通过学科项目学习形式深挖端午节粽子主题的传统文化内涵，弘扬传统文化，践行立德树人，实现培根铸魂。

2. 五育并举

本项目式课程以全人教育为圆心，以端午节粽子集市的一系列学科活动为半径，打破学科壁垒，加强学科整合，落实五育并举，打造学生发展的全要素、全过程课程范式。

3. 素养立意

新课标倡导“做中学”“用中学”和“创中学”。本项目课程聚焦课程核心素养，在多学科实践之下，连接真实情境，强调在实践中获取、理解、运用知识，提升自主学习能力。

4. 思维发展

本项目课程以“端午节来临之际，如何传承中华优秀传统文化，举办一场‘欢粽集市’”为核心问题，分解形成驱动问题链，促使学生思考、分析、调研、行动等，完成学科任务，实现问题解决，促进高阶思维发展。

5. 家校协作

本项目课程以学生为主体，教师为主导，家长协作，在粽子的调研采购、包粽子等环节以家校协同形式推进，实现家校共生共长、共育共行。

6. 教学评一体化

新课标提出要树立“教—学—评”的整体育人观念。本项目课程基于整体的学评情境，依托年龄段认知学情，采用多元主体评价方式，过程与结果相结合，充分发挥课程评价的育人功能，落实素养和品格导向作用。

三、综合测评的内容设计

小学低年级是儿童思维发展的关键时期，学生从以直观形象思维为主，到向抽象思维发展，根据小学生的年龄特点和认知规律，我校采用非纸笔测评形式，设计富有童趣的游戏化评价方式，创设丰富的评价活动。

结合我校名称中“湖”的元素，我们创设情境化“乐评”活动，主题为“‘粽’游千岛湖，家园共守护”。以端午节的粽子文化为核心，整合一二年级多项学科，成立五大项目小组，承办“欢粽集市”的创意活动。通过开展跨学科学习任务群，以实践活动的方式加强课堂学习与生活实际的联系，以“传统文化”为载体，撬动学生思维，使评价不仅局限于课堂，也延展至课外，评价主体也从单一转为多元。开展的“‘粽’情一夏 传承经典”的PBL项目式活动，既体现了评价活动的整体性，又融合了各个学科的评价项目，从学生的年龄特点和心理需求出发，对其进行全面、综合的考查评价。并以千岛湖十二生肖的“岛屿守护战”为主线，涵盖语文、数学、英语、科学、体育、道法、音乐、美术、书法、劳动、形体、心理12个学科，每个学科岛屿各有一个生肖来守护。各学科设置不同关卡，点亮相应数量的星星则守护成功。学生为协助生肖守护岛屿，进行一系列趣味闯关活动，最后获得生肖印章和星星贴纸去“欢粽集市”兑换与粽子有关的食材、工具及周边产品等。

学生通过努力成功守护一座座学科岛屿，享受成功。学生兴趣盎然地完成了评价，消除对考核的内在恐惧，激发学习兴趣。有些学科的测评关卡会将学生分为若干个小组，学生在闯关过程中要通力合作才能成功守关。小组之间开展竞赛，通过生生互助，以评价促进合作，以合作促进共同进步。真正落实我校“人人进步，个个精彩”的理念。

四、综合测评的过程设计

非纸笔化测试评价的宗旨是创设适合学生的评价方式，针对不同评价内容，不同学生的学习基础和能力、发展情况，评价的过程更开放、更灵活、更人性化。

（一）展开评价过程，变注重结果为日常落实

全面落实新时代教育评价改革要求，改进结果评价，强化过程性评价，该过程占期末总评的30%。教师重点考查学生平时在学习过程中的学习态度、参与程度和核心素养发展水平，依据各学科学习内容和学业质量要求，广泛收集课堂关键表现、典型作业和阶段性测评数据等。日常评价采用积分制，周周统计、月月表彰，选出各项优胜者，积分列入期末考核总成绩。学生在这种评价方式的激励下，竞相争先，课课过关，项项达优，学习兴趣和持续学习的动力被激发，实现过程评价和结果评价的平衡。

（二）创新评价形式，变考核过关为多元展示

教育评价应引出学生的最佳表现。在低年级非纸笔测试中，可以创新评价形式，改变期末由教师一对一考核的形式，创设学生展示的舞台。整合一二年级多项学科，成立五大项目小组，分别对应欢粽集市举办的“策划宣传”“创意设计”“调研采购”“技术生产”“营销推广”五个阶段，各学科结合各阶段的驱动问题，明确主题，开展学科特色项目，“以展代评”“以赛促评”。“‘粽’情一夏 传承经典”的PBL项目式活动正是采用这种全员参与式、互动式、个性化的评价方式，不仅考察学生的各项能力，更体现评价过程也是学习过程的理念，该项目活动占期末总评的30%。学生在完成各个项目和准备作品的过程中，进一步提高了各项能力，全班学生也形成了互帮互助的学习氛围，努力让每一位同学都能过关。项目结束后学校统一组织作品展，通过展示墙和大屏幕滚动播放的形式展出学生作品，使学生的努力成果被看见，充分调动学生的内在动力，促进学生高质量学习。

（三）拓宽评价视野，变纸笔测验为趣味闯关

根据低年级学生的年龄特点和认知规律，我校设计了富有童趣的游戏化评

价方式，以千岛湖十二生肖的“岛屿守护战”为主线，涵盖 12 个学科内容，各学科设置不同的关卡，点亮相应数量的星星则守护成功。学生为协助生肖守护岛屿，进行一系列趣味闯关活动，在“乐中评”“玩中评”，该项目占期末总评的 40%。

附件 1：低年级综合测评之游园活动项目及规则

亲爱的小朋友们：

你们好！

上学期末，你们跟随“十二生肖”经历了冒险大作战，占领了千岛湖上一座座美丽而神秘的岛屿，在这里度过了快乐而充实的一学期。但是，随着本学期的结束，“十二生肖”迎来了新的挑战！他们的岛屿正在被海盗恶意攻击 …… 你们愿意与他们共同守护岛屿吗？让我们一起去点亮岛上的星星，助力他们守护家园吧！

科目	关卡	考核内容	评价标准	守护细则
语文乐学岛	得心应手博学兔	选取 3 组题型进行回答		
		字词句认读	①错误较多，读错 4 个生字及以上，无法点亮星。②个别出错，读错 1–3 个生字，可点亮 1 颗星。③全部正确，可评为优秀守关员，点亮 1 颗星的同时获得星星贴纸 1 张。	语文乐学岛共 9 颗星，点亮 5 颗星及以上，为岛屿守护成功，可获得生肖兔印章。
		查字典能手	①全部错误或只答对 1 项，无法点亮星。②答对 2 项或以上，点亮 1 颗星。③全部答对，评为优秀守关员，点亮 1 颗星的同时获得星星贴纸 1 张。	
		偏旁换换换	①不能说出或仅说出 1 个，无法点亮星。②正确说出 2 个，点亮 1 颗星。③正确说出 2 个以上，评为优秀守关员，点亮 1 颗星的同时获得星星贴纸 1 张。	
		歇后语接力	①不能接对或仅接对 1 句，无法点亮星。②正确接对 2 句，可点亮 1 颗星。③正确接对 3 句，反应迅速，可评为优秀守关员，点亮 1 颗星的同时获得星星贴纸 1 张。	
		扩句我能行	①不能或不理解扩写，无法点亮星。②扩写时能在相应位置加上时间 / 地点 / 动作 / 形容词等其中之一，可点亮 1 颗星。③扩写时能在相应位置加上时间 / 地点 / 动作 / 形容词等两项及以上，语句通顺，可评为优秀守关员，点亮 1 颗星的同时获得星星贴纸一 1 张。	

续表

<table>
<tr><td rowspan="2"></td><td>妙语连珠智慧兔</td><td>读背小能手</td><td>①两次机会，如无法正确匹配图文，则无法点亮星。②图文匹配正确，能够大声朗读或背诵，可点亮 2 颗星。③图文匹配正确，能够吟诵古诗或有感情地背诵 / 朗诵，评为优秀守关员，点亮 3 颗星星的同时获得星星贴纸 1 张。</td><td rowspan="2"></td></tr>
<tr><td>能说会道伶俐兔</td><td>说话小达人</td><td>①说话内容与图片不匹配或无法用完整的句子进行表达，点亮 1 颗星。②说话内容与图片匹配且能遵循说话三要素进行表达，点亮 2 颗星。③说话内容与图片匹配且能遵循说话三要素进行表达，还能运用好词佳句，评为优秀守关员，点亮 3 颗星的同时获得星星贴纸 1 张。</td></tr>
<tr><td rowspan="3">数学探险岛</td><td>“鼠”我最聪明</td><td>穿越计算岛：
放置包含算式卡片的圆环，学生从 5 个数字中随机抽取一个，从起点开始，每一步都要跳进算式结果为这个数的圆环中，直到终点，一共跳 5 个圆环。</td><td>①错误较多，跳错 3 个及以上，点亮 1 颗星。②个别出错，跳错 1–2 个，点亮 2 颗星。③全部正确，评为优秀守关员，点亮 3 颗星的同时，获得星星贴纸 1 张。</td><td rowspan="3">数学探险岛共 9 颗星，点亮 5 颗星及以上，岛屿守护成功，获得生肖鼠印章。</td></tr>
<tr><td>“鼠”我最能干</td><td>解锁手工岛：
准备不同的扣子卡片，要求将扣子分类整理，并放进盒子中。再抽一件衣服卡片，按照图片要求，把对应的扣子粘贴到缺少扣子的衣服卡片上。</td><td>①分类或粘贴都错误，无法点亮星。②分类或粘贴正确一项，点亮 2 颗星。③分类和粘贴都正确，评为优秀守关员，点亮 3 颗星的同时，获得星星贴纸 1 张。</td></tr>
<tr><td>“鼠”我最机智</td><td>探秘图形岛：
准备不同的七巧板拼图，学生通过转盘抽取 1 个图案，在 2 分钟内用七巧板拼出一样的。</td><td>①严重超时或拼图错误，点亮 1 颗星。②略微超时但拼图正确或未超时但个别图形出错，点亮 2 颗星。③未超时且全部正确，评为优秀守关员，点亮 3 颗星的同时，获得星星贴纸 1 张。</td></tr>
</table>

续表

<table>
<tr><td rowspan="5">英语梦幻岛</td><td rowspan="3">快乐认读</td><td colspan="2">Happy Reading
（选取 1 组题型进行回答）</td><td rowspan="5">英语梦幻岛共 9 颗星，点亮 5 颗星及以上，岛屿守护成功，获得生肖蛇印章。</td></tr>
<tr><td>单词、短语认读</td><td>①错误较大，读对 1–2 个，点亮 1 颗星。②个别出错，读对 3–4 个，点亮 2 颗星。③全部认读正确，评为优秀守关员，点亮 3 颗星的同时获得星星贴纸 1 张。</td></tr>
<tr><td>连词成句</td><td>①错误较大，只对 1 句，点亮 1 颗星。②个别出错，对 2 句且能准确认读句子，或全部连词成句正确，认读句子不标准，点亮 2 颗星。③全部正确且认读标准，评为优秀守关员，点亮 3 颗星星的同时获得星星贴纸 1 张。</td></tr>
<tr><td>小演唱家</td><td>Little Singer：
2–4 人为一组，抽取海报呈现的 10 首歌谣之一，大声唱出来。</td><td>①演唱不完整、不流畅，点亮 1 颗星。②在提示下完整演唱，语音较标准，点亮 2 颗星。③不需要帮助，演唱完整、流畅、有动作，点亮 3 颗星的同时获得星星贴纸 1 张。</td></tr>
<tr><td>趣味问答</td><td>Ask and Answer：
10 幅图片背面贴上课文中的不同图画，学生运用苍蝇拍随机抽取 5 张图片，阅读图片内容，回答问题。</td><td>①演唱不完整、不流畅，点亮 1 颗星。②在提示下完整演唱，语音较标准，点亮 2 颗星。③不需要帮助，演唱完整、流畅、有动作，点亮 3 颗星的同时获得星星贴纸 1 张。</td></tr>
<tr><td rowspan="4">科学考察岛</td><td rowspan="2">蜗牛大作战</td><td colspan="2">科学智多星
（选取 1 组题型进行回答）</td><td rowspan="4">科学考察岛共 5 颗星，点亮 3 颗星及以上，岛屿守护成功，获得生肖龙印章。</td></tr>
<tr><td>学生观察并描述蜗牛的身体特征、运动、反应、进食等，深化对动物体征的认识。</td><td>每说出动物的两种体征点亮 1 颗星，说满 8 种可点满 5 颗星。</td></tr>
<tr><td>水战士 PK 洗发大神</td><td>学生说出水、洗发液的基本特征，如颜色、气味、是否流动、是否透明、黏稠度等。</td><td>每说出两种特征点亮 1 颗星，水和洗发液分别答满 5 种特征则点满 5 颗星。</td></tr>
<tr><td>它们去哪里了</td><td>将食盐、红糖、小石子放入水中，学生判断哪些物体会溶解，哪些不会溶解？流利说出观察到的现象。</td><td>每判断正确 1 种并流利说出观察到的现象可点亮 2 颗星，全部判断正确并说出现象点满 5 颗星。</td></tr>
</table>

续表

<table>
<tr><td rowspan="2">体育纷玩岛</td><td>智慧虎</td><td>文关：学生在题库中随机抽取 2 道体育类题目进行回答。</td><td>每答对一道题，点亮 1 颗星。</td><td rowspan="2">体育纷玩岛共 5 颗星，点亮 3 颗星及以上，岛屿守护成功，获得生肖虎印章。</td></tr>
<tr><td>跳跳虎</td><td>武关：一分钟内，根据跳绳的连贯性及跳绳次数进行标星。</td><td>①规定时间内连贯跳 1–20 个，点亮 1 颗星。②连贯跳 21–40 个，点亮 2 颗星。③连贯跳 41 个以上，点亮 3 颗星。</td></tr>
<tr><td rowspan="4">道法彩虹岛</td><td rowspan="2">少先队知识大比拼</td><td>唱少先队队歌</td><td>①忘词、对歌曲不熟悉，需提醒后完成的，点亮 1 颗星。②演唱完整、流畅，点亮 2 颗星。</td><td rowspan="4">道法彩虹岛共 5 颗星，点亮 3 颗星及以上，岛屿守护成功，获得生肖牛印章。</td></tr>
<tr><td>认少先队队旗</td><td>一年级学生能够辨认出队旗的图片，二年级学生还需说出队旗的含义，点亮 1 颗星。</td></tr>
<tr><td rowspan="2">快乐游戏我会玩</td><td>说一说玩游戏的过程中要注意什么？（一年级）</td><td>回答出 1 点可点亮 1 颗星，回答出 2 点可点亮 2 颗星。</td></tr>
<tr><td>介绍一种你喜欢的传统游戏的玩法。（二年级）</td><td>说出 1 种传统游戏（如跳绳、扔沙包等）点亮 1 颗星，能清楚介绍游戏规则再点亮 1 颗星。</td></tr>
<tr><td rowspan="4">音乐冒险岛</td><td rowspan="4">“羊羊”盈耳</td><td colspan="2">选择一个区域进行回答</td><td rowspan="4">音乐冒险岛共 3 颗星，点亮 2 颗星及以上，岛屿守护成功，获得生肖羊印章。</td></tr>
<tr><td>演唱区域：
任意挑选一首指定歌曲进行清唱。</td><td rowspan="3">①使用 3 次提醒机会，唱错两个以上乐句，点亮 1 颗星。②使用 1–2 次提醒机会，演唱基本准确，点亮 2 颗星。③能准确回答问题，或有感情地演唱歌曲，点亮 3 颗星。</td></tr>
<tr><td>听辨区域：
听辨歌曲的情绪、速度、力度变化并回答问题。听辨乐器，并准确答出听到的乐器名称及类别。</td></tr>
<tr><td>乐理区域：
辨认反复记号、强、弱、四分音符、八分音符等音乐记号。</td></tr>
<tr><td rowspan="2">美术缤纷岛</td><td>书签制作</td><td>学生抽取蔬果元素（如颜色、线条、形状等）来装饰书签。</td><td>①书签装饰较完整、美观，点亮 1 颗星。②书签整体装饰美观、整洁，构图饱满，点亮 2 颗星。</td><td rowspan="2">美术缤纷岛共 3 颗星，点亮 2 颗星及以上，岛屿守护成功，获得生肖狗印章。</td></tr>
<tr><td>蔬果添画</td><td>学生根据提供的蔬果图片进行创意添画。</td><td>①学生不会添画，无法点亮星。②能用简单的线条进行添画，点亮 1 颗星。</td></tr>
<tr><td>书法机灵岛</td><td>猜猜词写字</td><td>学生任选一种美食卡片，通过篆书联系象形字猜美食名称并用简体字写出来。</td><td>①猜对选中的美食书法卡片名称点亮 1 颗星。②能正确写出猜中的美食名称，点亮 2 颗星。③书写美观，符合书法要求点亮 3 颗星。</td><td>书法机灵岛共 3 颗星，点亮 2 颗星及以上，岛屿守护成功，获得生肖猴印章。</td></tr>
</table>

续表

<table>
<tr><td>劳动光荣岛</td><td>开心削削乐</td><td>学生在苹果、黄瓜、土豆中任选一个进行削皮，限时3分钟。</td><td>①握刀方法正确，能安全用刀，点亮1颗星。②削皮动作娴熟，削完1个果皮不超过3分钟，点亮2颗星。③规定时间内削皮质量好（不能留下肉眼能见的果皮），并自觉清理干净桌面，点亮3颗星。</td><td>劳动光荣岛共3颗星，点亮2颗星及以上，岛屿守护成功，获得生肖猪印章。</td></tr>
<tr><td>形体灵动岛</td><td>舞蹈大比拼</td><td>学生在《熊出没》和《甜心小宝贝》中随机选择一个进行展示。</td><td>①动作不够熟练。中途多次忘动作，点亮1颗星。②动作基本正确。偶尔忘动作，有一定节奏感和协调性，点亮2颗星。③动作规范标准。表演连贯、完整，富有表现力，点亮3颗星。</td><td>形体灵动岛共3颗星，点亮2颗星及以上，岛屿守护成功，获得生肖鸡印章。</td></tr>
<tr><td rowspan="4">心理探秘岛</td><td rowspan="4">马不停蹄</td><td colspan="2">一起来帮忙：学生进行挑战答题</td><td rowspan="4">心理探秘岛共3颗星，点亮2颗星及以上，岛屿守护成功，获得生肖马印章。</td></tr>
<tr><td>生活问题帮帮忙：通过问题主动帮助他人。</td><td rowspan="3">3分钟内答对几题点亮几颗星，最多点亮3颗星。</td></tr>
<tr><td>情绪绘画解读：理解与解读曼陀罗作品。</td></tr>
<tr><td>美食八大菜系：短时速记。</td></tr>
<tr><td>兑换规则</td><td colspan="4">1. 成功守护1个学科岛屿，获得对应的生肖章1枚，被评为“优秀守关员”可额外获得星星贴纸1张。
2. 获得的生肖印章和星星贴纸用于兑换不同种类的粽子及制作粽子所需的材料和工具，粽子的创意周边产品等。</td></tr>
</table>

附件 2：低年级综合测评之 PBL 项目活动及细则

一、项目主题

“粽”情一夏 传承经典

二、项目简介

此项目式课程涉及语文、数学、英语、美术、劳动等多个学科，以端午节的粽子文化为核心，以驱动问题为导向，以解决问题为核心，以整合学科为支撑，以学生为主体，通过自主探究、合作学习等方式，提高学生的自主创新、独立思考、跨学科整合等综合素养，促进了解端午节粽子传统文化，激发对中国传统文化的热爱之情。

三、项目目标（略，见前文）

四、核心问题

端午节来临之际，如何传承经典文化，举办一场欢粽集市？

五、入项准备

整合一二年级多项学科，成立五大项目小组，分别对应欢粽集市举办的“策划宣传”“创意设计”“调研采购”“技术生产”“营销推广”五个阶段，各学科结合各阶段的驱动问题，明确主题，开展学科特色项目。

六、实施过程

（一）情有独“粽”——策划宣传

驱动问题：关于粽子文化，你了解多少？

1. 学科项目——语文（现代汉语）

（1）课程目标：知道端午节是我国的传统节日，初步了解其来历及风俗习惯；通过为粽子制作 ID 卡，激发创作欲望，提升自己的语言表达能力。

（2）课程内容：制作一个独一无二的“粽子 ID 卡”。完成后，和家人、朋友、老师介绍它的独特之处。

步骤一：给简笔画绘成的粽子上色。

步骤二：请给你的粽子取一个响亮的名字。

步骤三：请用两个词语分别形容粽子的形状和口味。

步骤四：想一想，你的粽子最与众不同的特点是什么？

步骤五：带上你的粽子 ID 卡，去推销这个专属于你的粽子吧！

（3）课程评价（见表 1）。

表 1　语文（现代汉语）课程评价

	评价主体	评价方式	评价内容
课程评价	团体成果评价（小组）	同伴互评 教师评价	设“最佳表达奖” “最美成果展”等团体奖
	个人成果评价（个人）	学生自评 同伴互评 教师评价	设“最佳创意奖” “优秀销售员” “独一无二奖”等个人单项奖

2. **学科项目　语文（古典文学）**

（1）课程目标：通过端午节这一传统节日，对历史长河中的粽子文化有更加深刻的了解；通过多种方式积累和“端午粽”有关的古诗词，传承中国传统文化。

（2）课程内容：多种方式查找与“端午粽”有关的古诗词；自主积累、背诵与“端午粽”有关的古诗词，开展“古诗我会背”小组擂台赛。

（3）课程评价（见表 2）。

表 2　语文（古典文学）课程评价

	评价主体	评价方式	评价内容
课程评价	团体成果评价（小组）	同伴互评 教师评价	设“最佳中华文化传承组”团体奖
	个人成果评价（个人）	学生自评 同伴互评 教师评价	设“最佳中华文化传承人” 个人单项奖

（二）与“粽”不同　创意设计

驱动问题：结合美学，如何设计粽子文创？

1. **学科项目　美术**

（1）课程目标：了解粽子的基本形状，并能用粘土捏出造型；能结合美术相关知识，给粘土粽子进行装饰。

（2）课程内容：教师讲解如何用粘土捏出粽子的基本造型；教师讲解两种装饰方法，学生选择其一完成。

花纹装饰法（方法一）：利用点、线、色等元素装饰粘土粽子。

拟人装饰法（方法二）：运用拟人的手法，给粽子加上五官、手、脚等。

（3）课程评价（见表3）。

表3 美术课程评价

	评价主体	评价方式	评价内容
课程评价	团体成果评价（小组）	同伴互评 教师评价	设“最强创意奖” “最佳默契奖”等团体奖
	个人成果评价（个人）	学生自评 同伴互评 教师评价	设“造型达人” “装饰达人”等个人单项奖

2. 学科项目　书法

（1）课程目标：创意设计粽子广告语的字体来感受中国书法文化，同时在活动中提高学生的搜集资料的能力。

（2）课程内容：让学生设计关于粽子的创意宣传广告语；在创意广告语的基础上设计不同的字体，体现书法文化。

（3）课程评价（见表4）。

表4 书法课程评价

	评价主体	评价方式	评价内容
课程评价	团体成果评价（小组）	同伴互评 教师评价	设“最佳创意奖” “最美作品奖”等团体奖
	个人成果评价（个人）	学生自评 同伴互评 教师评价	设“小小书法家” “文化达人”等个人单项奖

（三）乐在其“粽”——调研采购

驱动问题：你了解粽子的食材和成本价格吗？

1. 学科项目——数学（分类）

（1）课程目标：了解制作粽子的食材和粽子的种类，运用分类的数学知识，整理制作粽子所需食材，提升学生数学分类整理的能力，培养其文化品格、数学思维、动手能力。

（2）课程内容：介绍粽子的制作食材；根据粽子馅料正确将粽子进行分类。

（3）课程评价（见表5）。

表5　数学（分类）课程评价

	评价主体	评价方式	评价内容
课程评价	团体成果评价（小组）	同伴互评 教师评价	设“最佳调研奖” “最佳团队奖”等团体奖
	个人成果评价（个人）	学生自评 同伴互评 教师评价	设“调研达人”“分类达人”等个人单项奖

2. 学科项目——数学（计算）

（1）课程目标：了解制作粽子各食材的成本价格，结合当下爆款粽子口味，进行制作粽子的成本核算，帮助学生提升数学解决问题能力，感受真实生活情景，体会数学重要性，培养其文化品格、数学思维。

（2）课程内容：收集并记录粽子食材成本价；计算采购一款粽子食材所需成本。

（3）课程评价（见表6）。

表6　数学（计算）课程评价

	评价主体	评价方式	评价内容
课程评价	团体成果评价（小组）	同伴互评 教师评价	设“最佳采购奖” “最佳团队奖” “最佳默契奖”等团体奖
	个人成果评价（个人）	学生自评 同伴互评 教师评价	设“采购小达人” “优秀采购员”等个人单项奖

（四）“粽”有所爱　技术生产

驱动问题：结合营养学，如何制作美味粽子？

1. 学科项目——科学

（1）课程目标：了解粽子的原材料，分析糯米及其他食材含有的营养成分，拓宽学生的知识面；结合营养学及个人口味，搭配出健康、美味的粽子食材，并控制各食材的用量，提高学生的分析思维能力。

（2）课程内容：介绍粽子的原材料及其营养成分；介绍营养学中均衡膳食的相关知识，引导学生搭配粽子食材及用量。

（3）课程评价（见表7）。

表 7 科学课程评价

	评价主体	评价方式	评价内容
课程评价	团体成果评价（小组）	同伴互评 教师评价	设“最强大脑” “最佳默契奖”等团体奖
	个人成果评价（个人）	学生自评 同伴互评 教师评价	设“营养分析师” “思维达人”等个人单项奖

2. 学科项目——劳动

（1）课程目标：了解包粽子所需要的材料、工具、技巧。能够熟练挑选粽叶、知道如何煮熟粽子；熟练掌握折叠粽叶的方法、绳子的各种实用绑法、勺子握法等；通过包粽子，体会劳动的快乐劳动成果来之不易，尊重劳动，珍惜劳动成果。

（2）课程内容：介绍粽子的原材料及，理解粽子所需要的工具；介绍粽叶、绳子的使用技巧，以及南方粽、北方粽、三角粽、塔型粽、牛角粽的包法。

（3）课程评价（见表 8）。

表 8 劳动课程评价

	评价主体	评价方式	评价内容
课程评价	团体成果评价（小组）	同伴互评 教师评价	设“花式粽子奖”团体奖 选出包粽子花样最多的小组
	个人成果评价（个人）	学生自评 同伴互评 教师评价	设“包粽达人”个人单项奖 选出包粽子最精美结实的学生

（五）万“粽”期待——营销推广

驱动问题：如何在集市上，提升粽子品牌的影响力？

1. 学科项目——道德与法治

（1）课程目标：了解端午节吃粽子习俗的由来，调查家乡的端午节习俗文化，并作为小志愿者讲述屈原的故事，在宣传粽子品牌文化的同时感受中华优秀传统文化的魅力，学习和继承屈原的爱国主义精神。

（2）课程内容：介绍端午节的文化习俗；学生作为志愿者进行演讲，宣传粽子品牌和介绍家乡端午节习俗活动。

（3）课程评价（见表 9）。

表 9 道德与法治课程评价

<table>
<tr><td rowspan="3">课程评价</td><th>评价主体</th><th>评价方式</th><th>评价内容</th></tr>
<tr><td>团体成果评价（小组）</td><td>同伴互评
教师评价</td><td>设“最佳团队奖”
“精彩作品奖”等团体奖</td></tr>
<tr><td>个人成果评价（个人）</td><td>学生自评
同伴互评
教师评价</td><td>设“小小演说家”
“文化宣传大使”等个人单项奖</td></tr>
</table>

2. 学科项目——形体

（1）课程目标：通过粽子手势舞的学习，了解包粽子的过程，鼓励学生在舞蹈中敢于表现自我，提高学生四肢协调性，以及对音乐节奏的感知能力。

（2）课程内容：聆听、感受《粽子歌》的音乐旋律；手势舞的动作教学，可引导学生从舞蹈动作中联想到包粽子的过程，形成肌肉记忆。

（3）课程评价（见表 10）。

表 10 形体课程评价

<table>
<tr><td rowspan="3">课程评价</td><th>评价主体</th><th>评价方式</th><th>评价内容</th></tr>
<tr><td>团体成果评价（小组）</td><td>同伴互评
教师评价</td><td>设“最佳团队奖”
“最佳默契奖”等团体奖</td></tr>
<tr><td>个人成果评价（个人）</td><td>学生自评
同伴互评
教师评价</td><td>设“小小舞蹈家”等个人单项奖</td></tr>
</table>

3. 学科项目——心理

（1）课程目标：粽子是一种文化象征，可用于主动传递爱和温暖，运用诚恳的行为和真诚的语言，“花式送粽”给不同职业的人，提升学生心理品质。

（2）课程内容：了解如何主动向他人表达温暖和关心；设计特殊粽子，如加入蜜枣、蛋黄，或者其他有特殊意义的食材，创造惊喜，“花式送粽”并进行实践。

（3）课程评价（见表 11）。

表 11 心理课程评价

	评价主体	评价方式	评价内容
课程评价	团体成果评价（小组）	同伴互评 教师评价	设"最感动奖" "最暖心表达奖" "最难挑战"等团体奖
	个人成果评价（个人）	学生自评 同伴互评 教师评价	设"创意粽子奖" "心意满满奖" "最勇敢突破奖"等个人单项奖

4. 学科项目——英语（口语）

（1）课程目标：学习粽子相关的英文表达，联系当下网红经济与直播热潮，进行粽子直播卖货，提升学生英语运用能力，落实英语核心素养，传承中国文化，抒发中国优秀传统情怀，开拓国际视野。

（2）课程内容：介绍粽子的英语表达；学习直播卖货的常用英语句型。

（3）课程评价（见表 12）。

表 12 英语（口语）课程评价

	评价主体	评价方式	评价内容
课程评价	团体成果评价（小组）	同伴互评 教师评价	设"金播奖" "最佳团队奖" "最佳默契奖"等团体奖
	个人成果评价（个人）	学生自评 同伴互评 教师评价	设"年度种草达人" "年度新锐主播" "年度 TOP 主播"等个人单项奖

5. 学科项目——音乐

（1）课程目标：了解卖粽子的营销手段，分析叫卖歌曲的典型节奏及速度，拓宽学生的知识面。引导学生思考如何唱出朗朗上口的叫卖歌；如何通过学生个人的表演提高粽子的销售量，并在创编歌曲中提高学生的表演能力。

（2）课程内容：介绍卖粽子的营销话术，为创编歌曲做准备；介绍叫卖歌曲以及演唱特点，引导学生将已学歌曲《卖汤圆》创编《卖粽子》，并进行表演。

（3）课程评价（见表 13）。

表 13 音乐课程评价

<table>
<tr><td rowspan="3">课程评价</td><th>评价主体</th><th>评价方式</th><th>评价内容</th></tr>
<tr><td>团体成果评价
（小组）</td><td>同伴互评
教师评价</td><td>设“最佳叫卖歌”
“最佳演员奖”等团体奖、个人成果评价</td></tr>
<tr><td>个人成果评价
（个人）</td><td>学生自评
同伴互评
教师评价</td><td>设“最美歌曲奖”
“创编小达人”等个人单项奖</td></tr>
</table>

附件 3. 学生综合素养测评记录反馈表

一、游园活动评价反馈表

二、PBL 项目式活动评价

（一）学生自评

项目通行证					
项目名称		班级		姓名	
1. 通过项目活动，我学会了 ..... 我学到的方法是					☺☺☺
2. 项目式学习调动了我思考的积极性，锻炼了我的能力。					☺☺☺
3. 我喜欢以小组合作的方式完成任务，同学给了我很大帮助。					☺☺☺
4. 我觉得项目化学习的效果不错，过程有趣，收获了很多知识。					☺☺☺

（二）同伴互评

项目式学习互评表				
评价项目	评估等级			评分
	超过期望（3）	符合期望（2）	未达期望（1）	
积极性	及时关注团队目标，主动实现	能主动关注，并配合实施	较差，只注意自己的任务，不关心团队目标实现	☺☺☺
责任感	很好，积极主动推动项目进度	较好，有问题能协调解决	较差，被动开展任务	☺☺☺
进取心	能积极跟进、改进团队计划，包容团队各种意见和观点	能寻求团队解决办法，听取团队意见，愿意给出自己议。	对分内任务没有自我要求，敷衍了事，一意孤行，反对的接纳不能声音	☺☺☺
可以向他／她学习的地方				
他／她还可以更好				

（三）教师评价

<table>
<tr><th colspan="4">教师评价表</th></tr>
<tr><td>项目名称</td><td></td><td>项目小组</td><td></td></tr>
<tr><td colspan="4">非常开心看到同学们的优秀表现，老师将根据项目化学习的基本要求，从以下几个方面给出评价和建议，帮助同学们适时做出改进，使我们的项目过程和内容质量呈现得更好。</td></tr>
<tr><td>知识探究方面的表现</td><td></td><td></td><td></td></tr>
<tr><td>知识应用方面的表现</td><td></td><td></td><td></td></tr>
<tr><td>任务完成方面的表现</td><td></td><td></td><td></td></tr>
<tr><td>团队合作与关键能力的表现</td><td></td><td></td><td></td></tr>
<tr><td>综合建议</td><td></td><td></td><td></td></tr>
</table>

（四）项目成果总评价

<table>
<tr><td rowspan="5">项目成果总评价</td><th>评价方式</th><th>评价时机</th><th>评价标准</th></tr>
<tr><td>学生自评</td><td>形成性评价
终结性评价</td><td rowspan="4">沟通表达能力
高阶思维能力
知识探究能力
问题解决能力
团队合作能力
项目管理能力
成果展示综合能力</td></tr>
<tr><td>同伴互评</td><td>形成性评价
终结性评价</td></tr>
<tr><td>教师评价</td><td>形成性评价
终结性评价</td></tr>
<tr><td>成果展示</td><td>终结性评价</td></tr>
</table>

“粽”游千岛湖　家园共守护

——湖光学校 2022-2023 学年度第二学期低年级综合测评总结

一、综合测评活动的概况

（一）活动目的

1. 弘扬端午节传统文化，让学生在端午节的节日语境中感受传统文化的魅力，树立文化自信。

2. 通过多种趣味化的游戏考核学生各学科的核心素养水平。

3. 通过跨学科学习任务群锻炼学生实践运用、整合、探索的能力。

（二）活动时间

1. 一年级游园式：6 月 26 日开展“岛屿守护战”游园活动。

2. 二年级项目式：6 月 1 日—6 月 21 日开展“‘粽’情一夏　传承经典”PBL 项目式活动。

（三）活动地点

1. 一年级游园式活动：湖光学校室内篮球场。

2. 二年级项目式活动：各学科课堂上随堂进行，部分任务学生课后完成。

（四）参与人员

1. 筹备及实施：组长衣剑华；副组长李晓、赖晓丽；组员一二年级班主任、科任老师。

2. 活动支持：游园现场家长义工共 60 人。

3. 参与学生：一年级学生 200 人，二年级学生 245 人。

（五）主要内容

本次综合测评活动以传统文化为基石，抓住端午节的节日契机，以传统端午节美食——粽子为关键，采用 1+X 跨学科模式，根据一二年级的学段特点，融合游园、项目式学习两种形式，分阶段、分年级开展，在各科老师前期紧锣密鼓的筹备、家长义工的积极配合下，在同学们欢声笑语中，本次综合测评活动取得圆满成功。

1. 一个主题：“粽”游千岛湖 家园共守护

活动主题“‘粽’游千岛湖，家园共守护”结合端午节吃粽子的传统和湖光学校的校名，取“粽”和“湖”两个关键字，同时活动中设置多个学科关卡，每个关卡为一个“岛”，学生作为岛屿守护者，采用口头和肢体的答题形式，成功闯关即可点亮星星，守护家园。在这一主题的引导下，本次测评开展一系列游戏化、趣味化活动，考核学生的核心素养。

2. 一种形式：1+X 跨学科任务群

本次活动涵盖语文、数学、英语、科学、体育、道法、音乐、美术、书法、劳动、形体、心理 12 个学科，学科任务均围绕“‘粽’游千岛湖 家园共守护”展开，学生围绕主题和核心问题思考、分析、调研、行动等，完成学科任务，多方位提高综合素养。

3. 两个分支

根据一年级和二年级的不同特点，本次综合测评活动开展了“岛屿守护战”游园会和 PBL 项目式学习两个活动。一年级的游园会更注重游戏化和趣味性的体验，二年级的项目式学习更注重思考问题、解决问题的能力培养。

一年级“岛屿守护战”游园会涉及的各学科内容如下。

（1）语文：字词句认读、查字典能手、偏旁换换换、歇后语接力、扩句我能行、读背小能手、说话小达人。

（2）数学：穿越计算岛、解锁手工岛、探秘图形岛。

（3）英语：单词短语认读、连词成句、英语儿歌演唱、口语问答。

（4）科学：蜗牛体征描述、液体特征描述、物体溶解观察。

（5）体育：体育知识问答、跳绳。

（6）道法：唱队歌、认队旗、说说游戏注意事项。

（7）音乐：清唱歌曲、听辨音乐、识记乐理。

（8）美术：制作书签、创意添画。

（9）书法：美食名称书写。

（10）劳动：水果削皮。

（11）形体：舞蹈展示。

（12）心理：情绪绘画解读、短时速记八大菜系。

二年级“‘粽’情一夏 传承经典”项目课程各学科内容如下：

（1）情有独“粽”（语文）制作粽子ID卡和端午节主题手抄报

（2）与“粽”不同（美术）制作粘土粽子、手绘粽子包装；（书法）创意端午书法宣传语卡片。

（3）乐在其“粽”（数学）粽子配方介绍图。

（4）“粽”有所爱（科学）讲解粽子制作材料的选择、营养价值等；（劳动）包粽子。

（5）万“粽”期待（英语）用英文售卖粽子；（形体）粽子手势舞；（心理）画不同职业的“粽子人物”画像；（体育）粽子投篮；（音乐）学唱“卖粽子”歌。

二、综合测评活动结果及对结果的分析与运用

“岛屿守护战”游园活动基本上全部同学都闯关成功并兑换了礼物，大多数同学集满8～12个印章。通过闯关集章卡，可以发现学生对学科基础知识掌握较牢，对于书法和美术等富有创造性的学科兴趣很大，大多数同学都能获得满星。而对于形体、音乐等需要自我展示的学科任务，同学们表现得比较害羞，参与积极性不太高，需要在后续的教学过程中多加鼓励和引导，增强学生自信。

PBL项目式学习则采用了知识探究评价、知识应用中的表现、任务完成方面的表现、团队合作与关键能力的表现等多方位评价模式，对学生的评价不再停留在传统的书面评价和终结性评价上，而更注重学生在问题探究中的综合表现，评价方式更加全面、科学。各学科根据学生活动中的表现，评选出了“优秀销售员”“最佳中华文化传承人”等趣味头衔，学生获得了相应的奖品——香囊。

三、综合测评活动的亮点与问题

（一）亮点

1. 传统文化的强大基石

《义务教育语文课标标准》明确指出，“文化自信是指学生认同中华文化，对中华文化的生命力有坚定信心”，而传统文化也一直是学校教育中不可或缺的重要组成部分。本次湖光学校的综合测评活动正是抓住端午节这一传统节日

的契机，将各学科的核心素养置于传统文化语境中，引导学生深挖端午节粽子主题的文化内涵，充分了解了端午节的来历、习俗，学会制作传统美食——粽子。其中“岛屿守护战”游园闯关还融入了传统的十二生肖元素，不仅通过趣味化的活动考核了学生的核心素养，还让学生沉浸式体验了传统文化的魅力，树立其文化自信，真正做到了践行立德树人，实现培根铸魂。

2. 游园 + 项目化的组合形式

综合考虑一二年级的不同特点后，本次综合测评活动围绕一个主题分别开展了“岛屿守护战”游园会和 PBL 项目式学习两个活动，考核形式具备较强的针对性。一年级的游园会更注重游戏化和趣味性的体验，学生在“学中玩”，“玩中学”。而二年级的项目化学习则更多考查思考探索的核心能力，让不同年级的学生得到了针对性的锻炼，更为科学合理。

3. 跨学科的多样任务群

本次测评活动不仅把语数英之外的 9 个学科都囊括进来，考核学生的综合能力，同时还打破了学科壁垒，以问题为驱动，鼓励学生综合运用多科学习的核心素养达成目标，真正对学生进行了全面、深入的考核，培养了学生学以致用、整合输出的综合能力，比传统的知识考核更加全面和科学。

4.“以展代评”的评价形式

各科项目式学习结束后，作品通过家长群、班级展示角的方式进行公开展示。这种展示性的评价方式，使学生的努力成果被看见，充分调动学生的内在动机，促进学生高质量学习。同时，这样的展示也让学生可以更直观地评价他人作品，通过自己与他人的对比，促发学生的内驱力。

（二）问题

1.PBL 项目化学习缺少学科合作

PBL 项目化学习从实践效果来看，部分学科的学习任务脱离了流程目标，如心理学科的学习任务是制作职业画像，体育的学习任务是粽子接力赛，虽加入了粽子元素，但脱离了流程中营销推广的目标，只是单纯的学科体验，这也导致了不同学科出现了任务内容相近的问题。

项目化学习应该将几个学科的知识整合起来，共同解决各流程中的一个问题，再将各个问题链接起来，达成“创办一场欢粽集市”的最终目的，而非各个学科独立运作，这是本次测评需要改进的问题。

2. 活动过程缺少学生合作

本次综合测评中的游园会和项目式学习都注重学生个人知识和能力的考核，但忽略了协作能力的培养，尤其是二年级的项目化学习，对于如何调研采购、营销推广这样比较难攻破的流程，可以引导学生分组开展，在此过程中锻炼学生的协作能力，并对协作能力做出过程性评价，由此以来，评价的结果会更加全面、科学。

附件 1. 一年级游园活动公众号推文

https://mp.weixin.qq.com/s/E9HwJINzG7tCpijbMWhOiQ

附件 2. 二年级项目式活动公众号推文

https://mp.weixin.qq.com/s/xjQ_C_OHG9m67wLtt0i5vg

湖东学子大闯关 学评融合展风采

——天骄小学（集团）湖东小学 2022–2023 学年度第二学期低年级综合测评方案

一、综合测评方案设计的理念与原则

（一）文件依据

《关于深化教育教学改革全面提高义务教育质量的意见》指出，学生发展质量评价突出考查学生品德发展、学业发展、身心健康、兴趣特长和劳动实践等。2021 年 8 月，教育部印发《关于加强义务教育学校考试管理的通知》，规范义务教育阶段考试的相关规定，着重强调小学一至三年级禁止任何形式的纸笔考试。我校严格依据上级有关教学评价相关文件，本学期末采用实践性综合评价，以闯关游园、项目式学评、作品展示等形式开展学生表现性评价。

（二）课标要求

《义务教育课程方案》（2022 年版）要求“加强对话交流，增强评价双方自我总结、反思、改进的意识和能力，倡导协商式评价。注重动手操作、作品展示、口头报告等多种方式的综合运用……”基于新课标核心素养理念，我校低年级学生“闯关式”测评强化评价与课程标准、教学的一致性，增强综合测评的育人意识，增强内容针对性和形式丰富性，寓评于乐，促进“教—学—评”的有机衔接。

（三）学科主张

本测评方案的制定充分尊重宝安区教育科学研究院小学教研部提出的“夯实基础，学科育人，融汇贯通”的教学理念，将期末学生测评工作视为课程育人的组成部分，各学科测评内容和形式充分体现各学科的教学主张，秉承基础性、教育性、融合性、趣味性的测评实施原则，全面、客观、理性评价学生的学和教师的教，结合数据，指导“教”与“学”方式的不断优化和改进。

二、综合测评的目标设计

本测评活动着眼于学生发展，重视学生在评价中的主体性，通过设置真实的评价任务，将评价由对学生学业结果的鉴定转变为一次学习的过程，变“学习的评价”为“学习式评价”。评价目标聚焦以下三个方面。

（1）夯实文化基础。通过评价让学生加强对各学科所学内容的了解和掌握。比如，要求学生能够掌握本学期所学汉字，并能在生活和语境中熟练使用；要求学生能掌握计算方法，能熟练、准确计算，并能运用其解决生活中的数学问题；要求能正确读认字母、常见单词，并能熟练将单词和事物一一对应；能展现一定的个人才艺，具有较好的身体协调能力和身体素质，掌握应知应会常识。

（2）启发自主发展意识。让学生具有丰富多彩的游戏式评价经历，增强见识，降低对评价的焦虑感和紧张感，改变参与评价的被动心理，体会在生活中和游戏中学习的快乐，培养和保持学生的好奇心，以勇闯关卡的形式激发学生学习兴趣，增强学生学习的自信心和成就感。

（3）增强社会参与能力。通过综合测评活动，让学生对全学科的学习有更加系统的认识，了解各学科的整体内容以及学科间的相互联系。在闯关游戏中，体验紧张感，提升临场应变能力和沟通协调能力，也学会遵守规则、团队合作等优秀品质。培养学生用所学知识解决日常问题的实践创新意识，学会正确看待评价结果和正确面对自己的不足，树立积极向上的价值观。

三、综合测评的内容设计

（一）“语言与积累”闯关模块

1.“识字大王大比拼”

主要考查学生语言文字的积累，发现汉字的构字组词特点，掌握语言文字运用规范，感受汉字的文化内涵。学生随机抽取一组词语，进行朗读。

2.“句子仿说对对碰”

将语言文字运用情境中，发现、感受语言文字的魅力，学会获取信息，并根据具体情境清楚表达，梳理和运用语言文字。教师准备几组本学期重点学习的句型，学生随机抽取一组句子，进行仿说。

3.“背诵小能手”

引导学生诵读、积累课内学到的谚语、格言警句、儿歌、短小古诗等，感受中华优秀传统文化，养成自主积累背诵的习惯。学生随机抽取三篇要背诵的古诗、课文或日积月累，进行背诵。

4.“看图说话吧”

引导学生通过整体感知、联想想象，感受文学语言和形象的独特魅力，获得自己的审美体验，进行创意表达。乐于将自己读到、听到、看到的故事讲给他人听。根据老师提供的图片或话题，展开想象和表达。

5.“认读单词我最行”

考查学生识记英语单词的熟练程度，引导学生不断积累单词、运用单词进行交流和表达。教师展示本学期学过的主题图片，学生通过观察图片，找出本学期所学的单词，并大声朗读出来。

6.“朗读对话齐开口”

考查学生运用所学重点句型进行交流和对话的能力，培养学生合作意识和协调能力。学生两人一组，拨动转盘，转盘停止在哪个位置，两人分角色读出该位置的对话。

（二）“思维与操作”闯关模块

1.“计算小达人”

根据课标要求，重点考查学生的运算能力。根据学期所学的重点计算类型，设计口算卡，学生随机抽取口算卡并口答结果，教师根据学生计算正确率和时间，对学生做出等级评价。

2.“我问你答乐合作”

主要考查学生发现数学信息、提取数学信息并提出问题、列式解决问题的能力，另外，通过“我问你答”培养学生的倾听能力和合作意识。教师随机抽出数学信息卡片，学生两人合作，一人结合卡片的内容提出数学问题，另一人口头列式、口答结果。教师结合学生提出的数学问题及解决过程，给出等级评价。

3.“做时间的主人”

考查学生认读钟面时间的能力，并介绍自己一天的时间安排，养成珍惜时间的好习惯。教师随机在钟面上拨出时间（一二年级学生要求不同），学生快速说出钟面上的时间以及隐藏在钟面上的数学知识，如角、圆形等。同时，向老师介绍自己一天主要时间点的安排。

4.“积木找家”（一年级）

主要考查学生对物体分类能力，能够意识到分类是有一定科学依据的，物体的分类标准可以是各种各样的。为学生准备不同形状、大小、数量、颜色的积木，由学生进行自主分类，并清晰说出分类的依据。

5.“悬浮气球飘起来”（二年级）

主要考查学生利用磁铁的相同磁极相互排斥、不同磁极相互吸引，磁铁能够隔着一段距离吸引含铁钴镍物品的原理，进行科学小制作，发展学生的应用意识和动手能力。为学生提供气球、回形针、胶带、磁铁若干、瓦楞纸纸、塑料瓶盖、铜导线、铝制易拉罐、大头针等实验器材，教师通过学生制作的作品对学生进行评价。

（三）“才艺与展示”闯关模块

1.“我的舞台我做主”

以新课程标准为理念，着重从学生主体考虑，并注重培养学生的个性发展，从多方位灵活对学生艺术能力方面做出评价。学生可自主选择一首歌曲背唱或进行舞蹈创编与展示，教师通过学生的整体表现给予评价。

2.“我的作品我介绍”

本项测评旨在陶冶学生的情操，提高审美能力，发展学生的感知能力和形象思维能力，形成学生的创新精神和技术意识，从而促进学生的个性形成和全面发展。教师提前指导学生完成主题美术作品，学生选择一学期来最得意的美术作品，向老师介绍自己作品的有关美术知识、创作思路和表达的情感或思想。

3.“我的队列最整齐”

根据低年级学生的年龄特点，主要考查学生完成基本的体育口令的效果。5～8人整队，完成稍息、立正、看齐、齐步走、向左转等十大指令动作，体育老师根据学生完成的整体效果给予评价。

另外，在自选展示项目方面，我们为孩子选择30秒跳绳、立定跳远、30米快速跑、原地拍球等，由孩子自主选择展示，培养孩子阳光自信的品质。

（四）“常识与规范”闯关模块

1.“身边常识我了解”

一年级：辨认国旗、团旗、队旗；了解少先队章程，做到队章知识“六知六会”。

二年级：抽取回答一个安全专题知识问题，主要内容涉及心理健康、防溺水、防震、消防、交通安全等。

2.“遵纪守规小标兵”

测评的最后一个项目是考查学生的规则意识，由带队老师或家长志愿者对学生在参与评价过程中的文明礼仪情况进行综合评价。

四、综合测评的过程设计

（1）加强领导和工作协调。成立以校长为组长的评价工作领导小组。指定教务处和相关教师，根据各学科课程标准与学生学业发展水平设计闯关内容，并制定星级评定标准。准备海报和采购各种考核用品，做好场地的布置和时间安排。

（2）做好家校沟通。给一二年级家长发放“致家长一封信”，向家长宣传“湖东学子大闯关”学业评价形式，并邀请家长志愿者参与闯关评价工作。

（3）做好闯关现场管理。实施条件需要根据评价各模块布置相应的场馆或情境，准备好相关用具，做好现场管理。每个项目安排两名教师担任评委。带队老师或家长志愿者负责带领学生依次闯关，并对学生在参与评价过程中的文明礼仪进行综合评价。

（4）做好结果的统计与运用。制作闯关卡片，通过加盖印章的方式进行闯关成绩认定。闯关结束后汇总卡片上的印章数，综合评定等级。“湖东学子大闯关”学业评价的结果具有综合性，各学科老师结合学生整体测评数据，分析得失，撰写学科测评报告，反思教学，改进教学。

附：学生综合素养测评记录反馈表

湖东小学 2023 年“湖东学子大闯关”评价表

班级：　　　　姓名：

<table>
<tr><th>模块</th><th>项目</th><th>评价</th><th>评价说明</th></tr>
<tr><td rowspan="6">语言与积累</td><td>识字大王大比拼</td><td></td><td>三星：无错误，朗读准确
二星：1-2 个错误
一星：3 个以上错误</td></tr>
<tr><td>句子仿说对对碰</td><td></td><td>三星：流利准确，有创意；
二星：正确仿说；
一星：仿说有困难，需指导</td></tr>
<tr><td>背诵小能手</td><td></td><td>三星：流利背诵，有感情；
二星：能正确背诵；
一星：背诵有困难，需提醒</td></tr>
<tr><td>看图说话吧</td><td></td><td>三星：理解图意，表达流畅；
二星：能够正确表达图意；
一星：需要提供一定帮助</td></tr>
<tr><td>认读单词我最行</td><td></td><td>三星：认读出 15 个单词；
二星：认读出 10-14 个单词；
一星：认读出 5-9 个单词</td></tr>
<tr><td>朗读对话齐开口</td><td></td><td>三星：二人组自信准确对话；
二星：个别单词朗读错误；
一星：不够流利，表达不畅</td></tr>
<tr><td rowspan="5">思维与操作</td><td>计算小达人</td><td></td><td>三星：5 道以上正确口算；
二星：3-4 道正确口算；
一星：1-2 道正确口算</td></tr>
<tr><td>我问你答乐合作</td><td></td><td>三星：自信表达，配合默契；
二星：基本能提问和解答；
一星：表达不顺畅、不流利</td></tr>
<tr><td>做时间的主人</td><td></td><td>三星：正确认读，自信介绍；
二星：基本能认读钟面时间；
一星：认读时间有困难</td></tr>
<tr><td>积木回家（一年级）</td><td></td><td>三星：用 3 种以上标准分类；
二星：用 2 种标准分类；
一星：用 1 种标准分类</td></tr>
<tr><td>悬浮气球飘起来（二年级）</td><td></td><td>三星：利用磁贴特性设计作品，清晰表述原理；
二星：利用磁贴特性设计作品；
一星：选材合适，基本设计出作品</td></tr>
</table>

续表

才艺与展示	我的舞台我做主		三星：自信展示，表现力强； 二星：作品有较强的表现力； 一星：基本能完成才艺展示
	我的作品我介绍		三星：作品主题鲜明，搭配合理，学生自信介绍； 二星：作品整体效果较好； 一星：作品能体现相关主题
	我的队列最整齐		三星：队列整齐，动作规范标准，自主项目质量高； 二星：队列整齐，能完成自主项目； 一星：基本能正确完成口令动作
常识与规范	身边常识我了解		三星：高质量完成相关常识的问答，知识面广； 二星：能够正确回答大部分常识问题； 一星：大致了解身边的一些常识问题
	遵纪守规小标兵		三星：测评过程守纪律、懂谦让、善合作，文明有礼； 二星：听从指挥，善于沟通协调； 一星：有序完成各项测评
总　评		我一共获得了 ______ 个印章！加油！加油！	

湖东学子大闯关　学评融合展风采

——天骄小学（集团）湖东小学 2022–2023 学年度
第二学期低年级综合测评总结

一、综合测评活动的概况

为落实国家关于大幅度减少义务教育阶段的考试次数，小学一二年级不再进行纸笔考试的要求，根据《宝安区天骄小学（集团）湖东小学 2022–2023 学年度第二学期低年级综合测评方案》，我校于 6 月 25—29 日组织实施了本学期的学生综合测评活动。

本次测评活动包含“语言与积累”“思维与操作”“才艺与展示”“常识与规范”四大板块，涉及语文、数学、英语、科学、音乐（舞蹈）、美术、体育、道法等九大学科。根据实际，本次测评活动以“分散 + 集中”相结合的形式灵活开展，全校近 400 名学生全程参与测评活动。本次测评通过精心的设计与实施，用闯关评价活动方式诊断和反馈学生的学科知识能力和素养发展水平，激发学生学习兴趣，让学生在“玩中评”“评中学”，全面落实“评价即学习”的理念，促进学生全面发展。

二、综合测评活动的结果及对结果的分析与运用

（一）评价要点

根据各模块、各学科闯关项目的要求，按评价表格进行心评价。评价标准坚持定性和正向鼓励为主，结合学生现场表现、日常表现、校外表现进行综合评价。同时启发学生进行自评、他评，培养学生正确地进行自我评价、自我改进。

1. 语言与积累模块

评价要点是学生的参与态度和积极性、对语言感受和积累、创新性想法、自信规范表达等方面。

2. 思维与操作板块

评价要点是基本的运算能力、问题意识（四能）、数感、量感等数学核心素养以及动手操作、语言表达习惯等方面。

3. 才艺与展示板块

评价要点是学生在展示过程展现的精神面貌、气质和表现力，关注展示的完整性、展示整体效果、参与的积极性等方面。同时，考察学生运动协调性、运动技巧、反应能力和协作意识。

4. 常识与规范

评价要点是学生对国家、家乡、学校、家庭的情感认知，以及对日常生活、安全自护、人际交往遵守规范的情况。

（二）测评结果

“湖东学子大闯关”测评活动是根据学生在闯关过程中表现获取星星印章的数量进行评价的。其中，表现优异的获取 3 枚印章，表现良好的获取 2 枚印章，表现待鼓励的获取 1 枚印章。根据各项目表现评选出各个单项之星，最后，根据学生在各个项目中得到的印章总数评定其期末学业综合等级。分为优秀等级（40–45 个印章）、良好等级（30–39 个印章）、合格等级（25–29 个印章）、待合格等级（20 个印章以下）。授予与上学期学业评价相比有突出进步的学生“学业进步奖”，并颁发荣誉证书。具体测评结果统计如表 1。

表 1　学生综合测评结果统计表

测评等级	优秀（40 个印章以上）	良好（30–39 个印章）	合格（20–29 个印章）	不合格（20 个印章以下）
人数（人）	342	42	8	0
占比（%）	87.2	10.7	2	0
备注：全校一二年级学生 398 人，参测学生 392 人				

（三）测评结果的分析与运用

我们开展低年级学生综合测评活动，不是为了得到一个能反映学生学业发展水平的结果，而是通过评价过程和评价结果来诊断、优化学生的学习和教师的教学。因此，本次测评活动我们力求转变评价理念，弱化闯关测评结果的“标签性”，增强测评过程的“发展性”和测评结果的“生长性”，将评价作为一种提升学生学业质量的有力手段，实现“教—学—评”的一致性，充分发挥测评结果的诊断功能和引导功能。

1. 利用测评结果引导教学

本次测评过程和结果其实是对学生本学期学习情况掌握的检阅，也是教师日常教学效果的真实体现。因此，我们非常重视运用测评结果来反馈和指导学科教师的课堂教学。测评结束后，分学科召开测评反馈会，通过学生在测评过程中的表现小结、反思自身教学，寻求改进措施。比如，语文学科反馈会上，根据学生在一年级的“看图说话吧”项目上表现不如其他项目的情况，引导相关科任教师在口语交际课上更加重视培养学生观察能力、有序表达能力、自信说话能力；二年级数学老师针对学生在“时间城堡”项目测评时，容易将“快到整时”误读的情况，反思在教学认读时间未能很好嫁接学生的生活经验，突破易错点。同时，结合不同班级在测评过程中总体表现的差异，交流日常教学的得与失。在测评分析反馈过程中，根据评价结果科学分析学情、结合实际，调整教学内容，改变教学方法，提高教学质量。同时，引导教师回归育人初心，改变用分数给学生贴标签的做法，用发展的眼光看待每个学生，促进学生个性化发展。

2. 利用测评结果引导学生

学习的主体是学生，学习终究是学生自己的事情。我们测评的最终目的是引导学生爱学习、会学习、学得好，因此，测评结束后，我们通过专门召开以“接受真实的我”为主题的班会，引导学生正确看待测评结果，引导学生既要看到自己的优点和特长，更要接受自己暂时的不足和弱势。通过交流感受、分享经验、反思不足、总结得失，让学生对“如何学习”、“如何学好”、“从测评过程中表现优秀同学身上学到什么”…… 有了更加真切的体会，并规划接下来的学习，引导学生自我成长、自觉反思。

3. 利用测评结果引导家长

自“双减”政策发布以来，对家长传统教育观念造成了一定的冲击和不适，部分家长认为家庭书面作业和考试没了，孩子学习得不到保障，因此我们充分利用本次测评活动，通过各种途径，将闯关测评活动告知家长，让家长对测评目的、测评要点、测评内容以及相关依据规范有所了解，做到心中有数，更加积极配合与支持。实施测评时，我们邀请了部分家长亲临现场，沟通组织筹备和实施推进。测评阶段性结束后，为对测评情况做出全面总结，我们邀请家长给出客观评价和合理化建议，让家长自然而然地从旁观者角色转换为行动的参与者，同时，消除家长对教育的焦虑情绪，发挥测评的导向功能。

三、综合测评活动的亮点与问题

（一）测评活动亮点

1. 从“碎片散点”到“主题融通”，系统设计项目

我校将本次综合测评作为一项系统工程来设计与实施，避免成为孤立、低效的学科测试拼盘。在做顶层设计时，学校根据自身的教育理念与办学特色，融合阶段性的教育目标与任务、学生特点，确定校级的评价主题——“智趣·闯关”。组织不同年级组在统一的主题下，紧扣核心素养及教材内容，结合学生日常生活与社会热门话题，开发出富有情境性、趣味性、综合性的测评项目。各年级组可遴选各学科骨干教师成立专门的项目组，通过统整不同学科的资源、加强不同学科间的研讨与合作等方式，从方案设计、场地布置、活动安排、人员落实、评价反馈等测评环节，对整个测评项目做出系统的规划，保证测评的有序实施。

2. 从“知识本位”到“素养本位”，优化测评内容

我们认为：测评可以进行形式上的创新，但对测评内容的设置才是更为关键的。只有科学地设定测评内容，学校才能对学生学业发展水平做出真实、客观的评价，也才能使形式的创新具有实质意义。因此，在设计测评项目时，我们注重在真实的项目情景与任务之中，考查学生对所学知识的理解和运用，以及合作、探究、创新等多方面的能力。这与《义务教育课程方案和课程标准（2022年版）》所强调的素养导向具有内在的一致性。本次测评内容的设置摆脱传统考试以知识点为中心的设计思路，而是以各学科课程标准为重要依据，以落实学生核心素养培育为目标，结合评价主题，合理选择阶段性的核心知识作为载体，以学科融合、跨学科等作为重要方式，设计富有针对性和层次性的测评任务。比如，在“问题魔盒”项目中，我们设计了“请找出身边的一个角，并请你介绍一下它”问题，让学生在真实生活情境、问题情境中用自己的眼光发现数学，

用自己的语言表达数学。

3. 从“结果导向”到“应用导向”，强化诊断改进

综合测评不是为了得到一个能反映学生学业发展水平的结果，而是要通过评价过程和评价结果来诊断、优化学生的学习和教师的教学。因此，在本次测评过程中，我们既根据测评量规准确判定学生学业发展的等级水平，又重点关注他们在测评过程中所表现出的学习品质、努力程度、情感态度等，然后针对不同学生的情况给予个性化的学习指导，让测评不仅是一次学习的检验，还是一次教师的关怀。在测评结束后，我们还要及时应用统计方法，对采集到的测评数据进行科学分析，通过学生的学业发展状况发现自身教学的问题，并积极寻求有效措施来改进下一阶段的教学，最终促进师生共同持续发展。

（二）问题与不足

1. 信息化、实时性有待进一步优化

综合测评不是目的，而是改进教学的手段。为了能够让过程性评价不仅仅局限在“测评时”，而是贯穿学生整个成长的过程，让教师更好地因材施教，学校可利用现代信息技术，建立智慧教育平台，为每位学生建立成长数据库，以无纸化测评真正实现实时性、便捷性。

2. 结果分析的科学性、精准性有待进一步提升

虽然我们对本次测评结果进行了分析和运用，但基本建立在测评过程的“自我感受”和测评结果的“简单汇总”，尚缺乏更加细致的要素分析，因此其结果运用的科学性、精准性还有待进一步提升。

附件：学生综合素养测评活动记录反馈表

湖东小学 2023 年学生“智趣·闯关”评价表

班级： 姓名：

模块	项目	评价	评价说明
语言与积累	识字大王大比拼		三星：无错误，朗读准确； 二星：有 1–2 个错误； 一星：有 3 个以上错误
	句子仿说对对碰		三星：流利准确，有创意； 二星：正确仿说； 一星：仿说有困难，需指导
	背诵小能手		三星：流利背诵，有感情； 二星：能正确背诵； 一星：背诵有困难，需提醒
	看图说话吧		三星：理解图意，表达流畅； 二星：能够正确表达图意； 一星：需要提供一定帮助
	认读单词我最行		三星：认读出 15 个单词； 二星：认读出 10–14 个单词； 一星：认读出 5–9 个单词
	朗读对话齐开口		三星：二人组自信准确对话； 二星：个别单词朗读错误； 一星：不够流利，表达不畅
思维与操作	计算小达人		三星：有 5 道以上口算正确； 二星：有 3–4 道口算正确； 一星：有 1–2 道口算正确
	我问你答乐合作		三星：自信表达，配合默契； 二星：基本能提问和解答； 一星：表达不顺畅、不流利
	做时间的主人		三星：正确认读，自信介绍； 二星：基本能认读钟面时间； 一星：认读时间有困难
	积木回家 （一年级）		三星：用 3 种以上标准分类； 二星：用 2 种标准分类； 一星：用 1 种标准分类
	悬浮气球飘起来 （二年级）		三星：利用磁贴特性设计作品，清晰表述原理； 二星：利用磁贴特性设计作品； 一星：选材合适，能设计出作品

续表

才艺与展示	我的舞台我做主		三星：自信展示，表现力强； 二星：作品有较强的表现力； 一星：基本能完成才艺展示
	我的作品我介绍		三星：作品主题鲜明，搭配合理，学生自信介绍； 二星：作品整体效果较好； 一星：作品能体现相关主题
	我的队列最整齐		三星：队列整齐，动作规范标准，自主项目质量高； 二星：队列整齐，能完成自主项目； 一星：基本能正确完成口令动作
常识与规范	身边常识我了解		三星：高质量完成相关常识的问答，知识面广； 二星：能够正确回答大部分常识问题； 一星：大致了解身边的一些常识问题
	遵纪守规小标兵		三星：测评过程守纪律、懂谦让、善合作，文明有礼； 二星：听从指挥，善于沟通协调； 一星：有序完成各项测评
总　评		我一共获得了 ______ 个印章！加油！	

促学科素养落地生根 让每个生命自由舒展

——宝安小学（集团）茭塘小学 2022—2023 学年度第二学期
低年级综合测评方案

一、综合测评方案设计的理念与原则

为全面落实“双减”政策、《深化新时代教育评价改革总体方案》及新课标理念，遵循育人规律和学生成长规律，让核心素养落地，为知识运用赋能，茭塘小学积极践行“新生命教育”思想，坚持“让每个生命自由舒展”的办学理念，本着公平性、发展性、综合性、多元性原则，计划在学期末运用多元评价方式对学生进行综合测评，发挥评价的激励和导向作用，促进学生全面发展、个性成长。

二、综合测评的目标设计

结合教材目标要求及我校办学理念，确立本次期末综合测评总目标为：促学科素养落地生根，让每个生命自由舒展。

（一）通过形成性评价和总结性评价相结合方式，根据学科特点与素养要求，对九个学科进行综合测试，操作过程可量化、看得见、易操作，融测于玩，寓评于乐，全方位、多角度、立体化展示学生的成长点滴，让学生在亲身经历和主动体验中学会学习、健康生活，进而丰富学生人文底蕴，培育学生科学精神，形成良好品格和正确价值观。

（二）以茭塘小学文化理念，提炼“让每个生命自由舒展”的核心表达，尊重个性，唤醒灵魂，以爱和赏识培育身心健康、个性鲜明的佼佼学子，实现“个个身心健康、人人有特长”的美好教育生态。

三、综合测评的内容设计

根据《义务教育课程方案和课程标准（2022 年版）》学科素养的要求，结合学段目标和一年级各学科第二学期目标，顺应学生年龄特点，设计综合测评的内容如下。

（一）道德与法治

道德与法治学科综合测评以《道德与法治课程标准（2022 版）》的有关要求为基本依据，从政治认同、道德修养、法治观念、健全人格、责任意识等几个方面对学生进行评价。具体内容见表 1。

表 1 道德与法治测评办法

核心素养	测评项目	主要行为表现
政治认同	我会认	能分辨国旗、国徽和少先队队旗，并正确连线。
	我会背	能流利地背诵社会主义核心价值观。
道德修养	小小收纳师	能把相应的物品对应到相应的地方，并正确连线。
法制观念	小小裁判员	能对分辨正确行为和不良行为。
健全人格	小小画家	能借助图画表达内心愤怒或伤心的情绪。
责任意识	班级小主人	能分辨哪些行为是对班集体有益的行为，并写下来。

（二）语文

语文学科综合测评以《语文课程标准（2022 年版）》中对第一学段学业质量的要求为基本依据，从识字与写字、阅读与鉴赏、表达与交流、梳理与探究四个维度对学生进行评价。具体内容见表 2。

表 2 语文测评办法

核心素养	目标维度	测评项目	主要行为表现
文化自信 语言运用 思维能力 审美创造	识字与写字	查字大侦探	能用音序检字法正确查字典。
		食品检察员	能正确说出食品包装袋上的信息。
	阅读与鉴赏	天籁朗读亭	能用普通话正确、流利、有感情地朗读课文。
		诗文传诵站	能正确背诵优秀诗文。
	表达与交流	一起来交际	能在日常交际情境中大方、有礼貌地与人交谈。
		标点宝宝要回家	能根据语境，正确给句子添加标点符号。
	梳理与探究	装点词话花瓶	能正确归类同类词语。

（三）数学

数学学科综合测评以《数学课程标准（2022 版）》的有关要求为基本依据，从知识技能、数学思考、问题解决、情感态度等几个方面对学生进行评价。具体内容如表 3。

表 3　数学测评办法

核心素养	测评项目	主要行为表现
知识技能	口算闯关	能正确口算。
	找规律	能找出数字间的规律。
数学思考	竖式拼图	能自主拼出正确的竖式。
	我会比	能用学过的词语描述数量间的关系。
问题解决	观察物体	能正确分辨观察物体的角度。
	森林医生	能发现错误并正确改正。
	我会提问并解答	能发现生活中的数学问题并解决。
情感态度	七巧板拼图	能拼出自己喜欢的图案。

（四）英语

英语学科综合测评以《英语课程标准（2022 版）》的有关要求为基本依据，从语言能力、文化意识、思维品质和学习能力四个方面对学生进行评价。具体内容如表 4。

表 4　英语测评办法

核心素养	测评项目	主要行为表现
语言能力	新年礼物互赠	学生能熟练使用 A ... for you 句型上台互赠新年礼物。
文化意识	中外新年对比思维导图绘制	能从常识与回忆中总结出新年有什么活动，同时通过观看中外新年英语视频，归纳出中国新年和外国新年的不同习俗，绘制新年思维导图进行中外新年对比。
思维品质	新年小物我会认	教师准备有关本单元核心词汇的小卡纸，学生能逐个认读并归类卡片相关单词。
学习能力	角色扮演	创设新年情境，创编对话，学生戴上道具上台合作进行角色扮演。
	DIY 新年贺卡	学生根据课堂所学新年相关小物与新年贺卡制作步骤，自己制作新年贺卡。

（五）科学

科学学科综合测评以《科学课程标准（2022 版）》的有关要求为基本依据，从科学观念、科学思维、探究实践、态度责任四个方面对学生进行评价。具体内容如表 5。

表 5　科学测评办法

核心素养	测评项目	主要行为表现
科学观念	能说会辩	认识物体基本外部特征，认识生活中常见物体，认识周边常见的植物和动物，能简单描述，知道植物和动物的生存需要环境条件。
科学思维	能工巧匠	能口述、画图方式描述事物的外在特征，对常见的事物进行分类。
探究实践	火眼金睛	提出感兴趣的问题，作出简单猜想，利用多种感官观察对象外部特征。
态度责任	分类小能手	在好奇心的驱使下，对常见的自然现象和生活现象感兴趣，如实记录信息，愿意倾听他人的想法，树立节约资源和保护环境的意识。

（六）体育与健康

体育与健康学科综合测评以《体育与健康课程标准（2022 版）》的有关要求为基本依据，从运动能力、健康行为、体育品德三个方面对学生进行评价。具体内容如表 6。

表 6　体育与健康测评办法

核心素养	测评项目	主要行为表现
运动能力 健康行为 体育品德	50 米短跑；一分钟跳绳； 10 米渐进式循环跑	主要从爆发能力、弹跳能力、耐力三个维度进行考评，培养学生积极参与体育运动游戏，感受体育乐趣，养成体育锻炼的习惯，在体育活动中表现出不怕困难努力坚持的意志品质。

（七）音乐

音乐学科综合测评以《艺术课程标准（2022 版）》的有关要求为基本依据，从审美感知、艺术表现、创意实践、文化理解四个方面对学生进行评价。具体内容如表 7。

表 7　音乐测评办法

核心素养	测评项目	主要行为表现
审美感知 艺术表现 创意实践 文化理解	我会唱简谱； 我能唱歌曲； 我会认乐器	1. 认识音乐简单的符号，进行声势动作； 2. 能够用自然的声音按照节奏和曲调有表情地独唱； 3. 能听辨打击乐器的音色。

（八）美术

美术学科综合测评以《艺术课程标准（2022版）》的有关要求为基本依据，从审美感知、艺术表现、创意实践、文化理解四个方面对学生进行评价。具体内容如表8。

表8　美术测评办法

核心素养	目标维度	测评项目	主要行为表现
审美感知 艺术表现 创意实践 文化理解	图像识读 美术表现 审美判断 创意实践 文化理解	点线面色，美术语言 形色交响，表现花纹 悦见成长，艺起精彩	能对图像的形状、色彩、符号进行解读、认知和概括。
			能鉴别并说出基本美术语言名称，能灵活运用点线色等创作美术作品。
			能感知作品的线条、形状、色彩，具备欣赏能力。
			能用自己的想象力，对形状和线条进行联想，大胆创新地进行表现。

（九）劳动

劳动综合测评以《劳动课程标准（2022版）》的有关要求为基本依据，从劳动观念、劳动能力、劳动习惯和品格、劳动精神四个方面对学生进行评价。具体内容如表9。

表9　劳动测评办法

核心素养	测评项目	主要行为表现
劳动观念劳动能力劳动习惯和品格劳动精神	能够学会衣服自己叠；能够学会鞋带自己系；能够熟能掌握各种劳动技能。	懂得人人都要劳动，劳动成果来之不易的道理；喜欢劳动，主动参与劳动；能完成比较简单的个人物品整理与清洗；参与班级劳动和家庭劳动，初步养成有始有终、认真劳动的习惯。

四、综合测评的过程设计

根据“五育并举”的方针指引，通过情境的整体创设，让学生深度参与，学习与实践交融，知识与能力共生。本次测评的主题为“我是茭塘星”，通过主题故事叙述的方式，让孩子们在日常的形成性评价中积蓄最终闯关所需能量，并在最终总结性评价的主题情境中快乐闯关，通过完成测评任务摘取“德育星”

（道法）、“智育星”（语文、数学、英语）、“体育星”（体育）、“美育星”（美术、音乐）、“劳育星”（劳动），点亮装扮属于自己独一无二的星空，最后共同合力形成全班、全年级的茭塘星空。

（一）道德与法治

勇过五关，争摘五星。教师引导学生分别过“我会认：队旗、国徽、国旗”“我会背：社会主义核心价值观”“我会整理：整理学习用品和生活用品”“我会判读：判断生活中行为的好坏”“我会画：我能用画画表达自己的心情。”5关游戏，过一关得一颗星，过五关即摘取“德育星”。

（二）语文

勇过七关，争摘七星。有“查字大侦探”“食品检察员”“天籁朗读亭”“诗文传诵站”“一起来交际”“标点宝宝要回家”“词语对对碰”七项活动，每通过一关获得一颗星，过七关即可摘取“语文星”。

（三）数学

勇过七关，争摘七星，挑战完成七巧板拼图。有“口算闯关”“找规律”“竖式拼图”“我会比”“观察物体”“森林医生”“我会提问并解答”七项活动，每通过一关获得一颗星并获得一枚七巧板拼图，最后用所累积的七巧板拼成任意一图案即可摘取“数学星”。

（四）英语

过五关，集五“福”，摘五星。完成“新年小物我会认”“新年礼物互赠”“角色扮演”“中外新年思维导图绘制”“DIY 新年贺卡”五个项目。完成一关、集一个“福”字，摘一颗星，以此类推。集合五个福字，摘取五颗星可夺取“英语星”。

（五）科学

勇过四关，争摘四星。教师引导学生分别过“能说会辩”“能工巧匠”“火眼金睛”“分类达人”四关，过一关得一颗星，过四关即可摘取“科学星”。

（六）体育与健康

勇过三关，争摘三星。需分别过“测评 50 米短跑”“一分钟跳绳”“10 米渐进式跑”三关，过一关得一颗星，过三关即可摘取“体育星”。

（七）音乐

勇过三关，争摘三星。需分别过“我会唱”“我能唱”“我会认”三关，过一关得一颗星，过三关即可摘取“音乐星”。

（八）美术

勇过三关，争摘三星。有“点线面色—美术语言”“形色交响—表现花纹”“悦见成长　艺起精彩”三关，过一关得一颗星，过三关即可摘取“美术星”。

（九）劳动

勇过三关，争摘三星。有“衣服自己叠”“鞋带自己系”“书包课桌自己整理”三关，过一关得一颗星，过三关即摘取“劳动星”。

9 门学科，全部满星共计 40 颗星，学生在获取单项“星”的同时，如果获取总星数的 80%，即 32 颗星，即可获得本学期的“茭塘星”。

附：学生综合素养测评记录反馈表

表 1　道德与法治学科学生综合素养测评记录反馈表

测评项目	评价星级	备注
我会认		
我会背		
小小收纳师		
小小裁判员		
小小画家		

表 2　语文学科学生综合素养测评记录反馈表

测评项目	评价星级	备注
查字大侦探		
食品检察员		
天籁朗读亭		
诗文传诵站		
一起来交际		
标点宝宝要回家		
装点词语花瓶		

表 3　数学学科学生综合素养测评记录反馈表

测评项目	评价星级	备注
口算闯关		
找规律		
竖式拼图		
我会比		
观察物体		
森林医生		
我会提问并解答		
七巧板拼图		

表 4　英语学科学生综合素养测评记录反馈表

测评项目	评价星级	备注
新年小物我会认		
新年礼物互赠		
角色扮演		
中外新年对比思维		
Diy 新年贺卡		

表 5　科学学科学生综合素养测评记录反馈表

测评项目	评价星级	备注
能说会辩		
能工巧匠		
火眼金睛		
分类达人		

表 6　体育与健康学生综合素养测评记录反馈表

测评项目	评价星级	备注
50 米短跑		
一分钟跳绳		
10 米渐进式跑		

表 7　音乐学科学生综合素养测评记录反馈表

测评项目	评价星级	备注
我会唱		
我能唱		
我会认		

表 8　美术学科学生综合素养测评记录反馈表

测评项目	评价星级	备注
点线面色—美术语言：主要考察“图像识读、线条造型、色彩认知”		
形色交响—表现花纹：主要考察“工具使用、构图组织、创意想象”		
悦见成长—艺起精彩：主要考察“创意实践、文化理解”		

表 9　劳动学科学生综合素养测评记录反馈表

测评项目	评价星级	备注
叠衣服		
系鞋带		
整理书包、课桌		

让生命自由舒展　看茭塘星光灿烂

——宝安小学（集团）茭塘小学 2022–2023 学年度第二学期一年级综合测评总结

一、综合测评活动概况

为全面落实“双减”政策、《深化新时代教育评价改革总体方案》及新课标理念，遵循育人规律和学生成长规律，让核心素养落地，为知识运用赋能，茭塘小学积极践行“新生命教育”思想，坚持“让每个生命自由舒展”的办学理念，本着公平性、发展性、综合性、多元性原则，在学期末运用多元评价方式对学生进行综合测评，发挥评价的激励和导向作用，促进学生全面发展、个性成长。

经过前期的精心准备，2023 年 6 月 21 日下午，我校 2022—2023 学年度第二学期一年级综合测评正式开始，全体师生和部分家长代表共同参与了本次综合测评活动。本次测评根据“五育”并举的方针指引，通过情境的整体创设，让学生深度参与，学习与实践交融，知识与能力共生，以“让生命自由舒展，看茭塘星光灿烂”为主题，让孩子们在主题情境中快乐闯关。

根据学科特点与素养要求，分道德与法治、语文、数学、英语、科学、体育、音乐、美术、劳动 9 个学科进行综合测试，每个学科包含 3 关，过一关得一颗星，每一学科集满三颗星即摘取相应的学科之星。9 个学科共有 27 关，在规定的时间内（2 小时），学生闯过 24 关，获得“茭塘星一等奖”；闯过 20—23 关，获得“茭塘星二等奖”；闯过 16—19 关，获得“茭塘星三等奖”。

为了确保测评过程安全有序，我们选定在负一楼室内篮球场集中进行测评。安排一年级 5 个班的同学同时进场，让他们自由发挥、自主确定测评顺序，充分体验自主自立的测评过程。不要低估小朋友的能力！在老师和家长代表们的引导下，孩子们纷纷化身摘星小能手，全身心投入闯关活动中，尽情展现最优秀的自己，一张张稚嫩的小脸上绽放出自信快乐的笑容。大部分孩子能快速找到人少的测评项目，沉浸式地完成测评后，迅速地参与下一个项目的测评。整个过程孩子们充满兴奋、激动、期待，他们或二人一组，携手共进；或单枪匹马，横扫千军；或先看后测，有的放矢；或边测边思，勇往直前。据统计，最快完成测评的学生用时 1 小时 28 分钟，最后一个完成测评的学生用时约 2 小时 10 分钟。

在本次测评中，学生们在收获快乐的同时也增长了知识、提高了能力，家长们对我校的认同感和信心进一步提升，教师们对学生的成长和未来的教学方向有了更加清晰的认识，测评活动取得圆满成功（见表 1）。

表 1　测评项目及规则

学科	测评项目	闯关规则
道德与法治	小小收纳师	给学生提供一个书包和若干杂物，要求学生在 3 分钟内将所有物品放进书包并整理好。
	小小裁判员	学生从从五套题卡中抽取一套，教师每念出一道题目，学生举起对应的卡牌判断对错。
	小小合作家	2–3 个学生先分工，再合作把拼图拼完整。
语文	查字大侦探	参加盲人摸象小游戏，触摸汉字九宫格，获得一张线索卡（即带有拼音的汉字字卡），打开手边的新华字典，使用音序检字法检索这个汉字。
	食品检察员	选取自己喜欢的一件食品，找出包装袋上显示的关键信息，包括食品名称、保质期和生产日期。
	诗文摩天轮	转动摩天轮，抽取诗文篇目，正确背诵。
数学	跳格子计算	随机跳入两个圆圈，当两个圆圈颜色相同，则两数相减，当两个圆圈颜色不同，则数字相加，正确计算结果即过关。
	小小设计师	抽取图纸，根据图纸用七巧板拼出相应的图形。
	解决问题	任意抽取卡片，抽到问题口答列式解决，抽到算式讲一个数学故事。
英语	I can say	学生根据所给单词卡片，逐个读出本学期所学相关单词。
	I can play	由学生转动转盘，转到相应单词时，使用 What do you see? I see6… 的句型进行问答。
	I can act	两个学生为一组，一位学生随机拿一种饮料，与另一位学生使用“What do you like?”“ I like… Here you are. ”“Thank you!”的句型进行表演。

续表

科学	能说会辩	让学生观察物体并描述观察方法。
	指哪画哪	一张有蜗牛照片的大卡片。学生用用马克笔画出教师说出的蜗牛的部位。
	给动物分类	学生找出头戴卡片，相同类别的站在一起。
体育	袋鼠跳跳跳	跳绳，30 秒钟时间完成 50 个即可通关成功。
	青蛙跳跳跳	立定跳远，男生跳 1.14 米，女生跳 1.08 米即可通关成功。
	猎豹速度	50 米跑，男生用时 12.6 秒以内，女生用时 13.8 秒以内即可通关成功。
音乐	我会唱	教师出示音符“1”“2”“3”“5”“6”的卡片，随机抽取其中 3 个音符，学生能准确唱出其唱名并做出相对应的（柯达伊）手号。
	我能唱	学生自主拨动转盘指针，转盘上有四首考核歌曲，完整演唱指针落到的歌曲。
	我会认	教师在幕后奏响随机一打击乐器（沙锤 / 三角铁 / 木鱼 / 响板），学生准确答出听到的乐器名称。
美术	点线面色	（1）辨认三原色和三间色；（2）分别指出画面中的直线、曲线、折线；（3）画出三种不同形状的点；（4）辨认画面中疏密关系。
	妙笔生画	学生们领取一张 6×6cm 的小方格白纸，在 3 分钟时间内用点、线、色描绘一张自己喜欢的花纹。
	艺起精彩	绘画完成后，学生们协助设计将作品贴在落地大展示板上，共同筑就一片色彩艺术之墙。
劳动	叠衣服我在行	给学生提供校服，要求学生在 3 分钟内将衣服叠好并整理好。
	鞋带小能手	准备若干双鞋子，要求学生在 2 分钟内将鞋带系好。
	整理专家	提供杂乱的课桌，要求学生在规定时间内整理好。

二、综合测评活动的结果及结果的分析与运用

（一）综合测评活动结果

测评结束后，我校对每位学生参加测评时所持有的摘星卡进行了收集，统计相关数据进行分析，并为获奖学生和班级进行了颁奖和表彰。本次集星总数为 27 颗星，据统计，在全年级参与测评的 203 名学生中，有 171 名学生获得

了 90% 及以上的星星总数（24 颗星星及以上），获得一等奖，并荣获“茭塘星”称号；余下的 32 名学生也都表现得可圈可点，展示出了自己的特长和优点，分获二等奖和三等奖。

（二）结果分析与运用

我校不仅对学生的摘星总数进行了统计，更对每位学生的综合测评表现逐一进行了具体分析。

一方面，本次综合测评结果显示，大部分学生完成了本学期的学习目标，总体学业质量较高。本次综合测评基于各学科核心素养，融测于玩，在游戏闯关中对每位学生的学科核心素养和本学期主要学习目标进行考察，绝大多数学生表现出色，获得了 90% 及以上的星星总数（24 颗星星及以上），表明我校教育教学质量良好，学生核心素养得到基本落实。未来，我校将以评促研，继续以学科核心素养为导向，进一步深化教研改革，提高教研水平，针对不同学科，引导学科教研组设计学科核心素养导向下的学科核心素养评价指标体系，让学科素养真正落地生根。

另一方面，本次综合测评结果显示，部分学生的合作能力有待提高。在本次的众多测评项目中，尽管绝大多数学生表现优秀，轻松完成闯关，但也有部分项目对有些学生来说较为困难，如涉及与他人合作的测评项目，包括道德与法治学科的“小小合作家”项目和英语学科的“I can act”项目，是在所有测评项目中摘星率相对较低的项目，表明部分学生的合作能力仍有待提高。未来，我校将在教育教学中进一步重视对学生合作能力的培养，如根据教学实际，在适当的教学环节采用课堂小组合作学习的方式，在日常教学中引入集体学习互助讨论等，为学生提供大量与他人合作的机会。在此过程中，教师有针对性地给予学生相应的指导，动态观察、考量学生的成长变化，帮助学生提高合作能力。

三、综合测评活动的亮点与问题

（一）测评亮点

1. 主题情境，生动有趣

低年级的学生活泼好动，因此，本次综合测评以主题情境闯关的形式开展，生动有趣，符合低年级儿童学习的特点，通过一个个闯关游戏，如拼图、转盘、角色扮演等方式，让孩子们在轻松愉悦的氛围中，展示一学期以来的成长与进步，收获知识与能力。操作过程可量化、看得见、易操作，融测于玩，寓评于乐，从而深入贯彻落实“双减”政策，减轻学生的课业负担，落实“五育并举”工作，做到“减负不减质”。

2. 多元维度，评价全面

本次综合测评涵盖了道德与法治、语文、数学、英语、科学、体育、音乐、美术和劳动共 9 门学科，全方位、多维度、立体化展示学生的成长点滴，促进学生德智体美劳全面发展。同时，在测评结束后对每个学生的测评结果进行个性化分析，从而呈现每个学生的优点、潜能及发展需要，为学生成长指导提供佐证和方向，更好地因材施教，实现“让每个生命自由舒展”的理念。

3. 家校互动，提升认同

在本次综合测评中，我校特意邀请了部分家长代表参与测评活动。家长们在现场沉浸式地感受测评的全过程，近距离观察孩子们的表现，见证孩子们的成长和进步。家长代表们对于本次测评活动给予了高度赞扬，增强了学校和家长之间的互动交流，提升了良好的家校互动关系，加深了家长和社会对我校的认同感。

（二）存在的问题

本次综合测评整体上取得了圆满成功，但也仍存在一定的不足，如奖项设置条件需区分度低跨学科测评的内容不足、评价主体多元性不够等。在今后的工作中，我校将继续高度重视综合测评工作，根据本次测评结果不断提高教育教学水平，以评促教，以教促评，将工作真正落到实处，贯穿于学校日常教育教学活动中，使我校综合测评工作在日趋完善的过程中不断取得新的突破。

沙溪小舞台，缤纷大世界 “足”够精彩

——沙溪小学 2022-2023 学年度第二学期低年级综合测评方案

一、测评原则

1. 有政策依据。以国务院《深化新时代教育评价改革总体方案》、教育部《关于加强义务教育学校考试管理的通知》为准则。落实“小学一二年级不进行纸笔考试”的指导思想，关注学生综合素质、学习习惯与学习表现、学习能力与创新精神等方面的评价，全面提升育人观念、强化减负提质、聚焦教育评价、构建良好教育生态。

2. 学科融合。在“五育”并举的方针指导下，测评内容的基于各学科的课程标准，将各学科的知识理解点、技能应用点、能力表现点进行整合，从学科核心素养出发，在主题情境中将所学学科的知识、能力的考核融在一起，开发立体式的测评内容，关注学生多元发展。

3. 操作性强。梳理出小学低年级各学科中无法用纸笔考评的内容，如情感与态度、文明素养、表达与沟通、合作意识、解决问题的能力等。设置的测评项目既体现学科整合，全面考查学生的学科素养，又凸显学生最核心的素养，突破纸笔考试的局限，为后续学习奠定基础。

二、测评理念

1. 学校办学理念。“海拥沙溪、适美其美”，学校办学主张是面向全体、全面发展，鼓励学生能精彩地展示自我，本次测评通过多层次、多角度、多线条的闯关活动，让每一个学生都有展现的舞台。

2. 依托学校展示平台。结合学校的小舞台，设计一系列素养测评活动，将“沙溪小舞台、缤纷大世界”的作用放大，渗透到学校的系列教育教学活动中。

3. 基于活动育人理念。结合学校即将到来的足球节，号召学生为足球节储

备能量，举行一个有意义、有趣味、有动力的足球节，激发学生的潜能，培养学生的综合素养，增强团队的凝聚力。

三、测评目标

1. 落实核心素养。以立德树人根本任务，夯实学科基础、增强思维能力、提升实践能力、提升身体素质、培养创新能力。

2. 落实“双减”政策，从儿童立场出发，指向儿童成长，落实课程目标、夯实学科基础，了解学科素养达成情况。

3. 加强学科整合。通过多学科学习方法的整合，促进学科思维能力的融合，打通学科能力、学习经验、与社会生活、多种资源的融合。

四、测评内容

以学校即将召开的足球节为主线，以“沙溪小舞台、缤纷大世界”为平台，以学科整合为导向，根据学生年龄特点，设计了6个板块的综合素养测评内容。

缤纷小舞台

小小设计师

为学校即将到来的足球节设计一张海报，向大家介绍一下你的海报吧。（海报提前制作，现场张贴在作品墙上展示）

1. 主题鲜明、设计美观、语言丰富、大方自然得3个⚽。
2. 语言流畅、围绕主题、构图合理得2个⚽。
3. 基本完成海报并表达清楚得1个⚽。

缤纷小舞台

我是足球通

现场抽取题卡回答足球相关知识，渗透德育教育。

1. 规定时间内完成 3 题以上得 3 个 。
2. 规定时间内完成 2 题以上得 2 个 。
3. 规定时间内完成 1 题以上得 1 个 。

缤纷小书苑

汉字乐园

根据年级抽取生字卡片，认读组词。

1. 组对 3 个得 3 个 。
2. 组对 2 个得 2 个 。
3. 组对 1 个得 1 个 。

朗读冲浪

根据年级阅读短文片段。

1. 字词句都对得 1 个 。
2. 流利朗读得 2 个 。
3. 感情充沛得 3 个 。

最美音画诗

抽取插图，配上诗歌或看图说话。

1. 内容与插图高度贴合得 3 个 。
2. 内容与插图基本贴合得 2 个 。
3. 敢于大胆表达得 1 个 。

缤纷智趣园

一年级

火眼金睛

谁不见了：出示一组卡片然后隐藏其中 2 个。

1. 答对 3 题得 3 个⚽。
2. 答对 2 题得 2 个⚽。
3. 答对 1 题得 1 个⚽。

砌墙大师

找出墙面上缺失的图形。

1. 完成 3 题得 3 个⚽。
2. 完成 2 题得 2 个⚽。
3. 完成 1 题得 1 个⚽。

估算能手

先估计每张图片上有多少个足球，再准确数出结果，最后在计数器上拨珠表示这个数。

1. 误差 4 个以内，得 3 个⚽。
2. 误差 6 个以内，得 2 个⚽。
3. 误差 8 个以内，得 1 个⚽。

缤纷智趣园

二年级

超级飞行棋

教师设计的飞行棋涵盖方向、时间、测量等数学核心概念，学生掷色子完成本环节测评。

1. 完成 3 关以上得 3 个 。
2. 完成 2 关以上得 2 个 。
3. 完成 1 关以上得 1 个 。

图形大对碰

找出两张卡片中相同的图案，考查学生观察力、表达力。

1. 完成 3 题以上得 3 个 。
2. 完成 2 题以上得 2 个 。
3. 完成 1 题以上得 1 个 。

缤纷购物街

一年级

揭秘人民币

从老师准备的人民币中选取一种介绍的面额，如何兑换。

1. 能做 3 种以上并介绍得 3 个 。
2. 能做 2 种以上并介绍得 2 个 。
3. 能做 1 种以上并介绍得 1 个 。

销售小达人

向顾客介绍两样以上商品，计算总金额并说一说如何付钱？

1. 语言流畅、计算正确、付钱正确得 3 个 。
2. 语言清晰、计算正确得 2 个 。
3. 敢于开口介绍得 1 个 。

缤纷购物街

二年级

揭秘人民币

从老师准备的人民币中选取一种介绍面额、兑换等信息。

1. 能做 3 种以上介绍得 3 个 。
2. 能做 2 种以上介绍得 2 个 。
3. 能做 1 种以上介绍得 1 个 。

金牌策划师

从图片中为学校足球节选择购买相关器材，计算对应金额。

1. 语言流畅、计算正确、思维缜密得 3 个 。
2. 语言清晰、计算正确得 2 个 。
3. 能选择合适的器材得 1 个 。

缤纷小农场

农场开张了

为你的农场取一个响亮的名字吧。

1. 名字富有创意得 3 个 。
2. 名字合适得 2 个 。
3. 能取名字得 1 个 。

农场小主人

根据提示把农场一天的工作按顺序整理好。

1. 能快速正确地整理好得 3 个 。
2. 能正确地整理好得 2 个 。
3. 能大部分整理好得 1 个 。

缤纷足球汇

踢准（标志筒）

用 6 个小的标志桶摆成三角形，一年级距离桶 3 米，二年级距离桶 6 米。

1. 击倒 5 个以上得 3 个 。
2. 击倒 3–4 个得 2 个 。
3. 击倒 1–2 个得 1 个 。

迷你九宫格

要求数出九宫格中数字，一年级距离九宫格 3 米，二年级距离九宫格 6 米。

1. 击中数字 7–9 得 3 个 。
2. 击中数字 4–6 得 2 个 。
3. 击中数字 1–3 得 1 个 。

足球搬运工

双手持棍夹球，绕 5 个标志桶折返，每组 4 人同时比赛。

1. 第 1 名得 3 个 。
2. 第 2 名得 2 个 。
3. 第 3 名得 3 个 。

五、学生综合素养测评记录反馈表

海拥沙溪
适美其美

深圳市宝安区沙溪小学

沙溪小舞台 缤纷大世界

班级：________

姓名：________

六、测评实施

（一）组织机构

组长叶剑平，副组长范国强、肖赟、欧阳义东。

（二）测试时间及地点

测评时间	测评年级	测评地点	进场顺序	带队负责人
6月15日 下午	一年级	一楼架空层	1班2：20进场 2班2：40进场 3班2：55进场 4班3：10进场 5班3：25进场 6班3：40进场 7班3：55进场	各班主任
6月16日 下午	二年级	一楼架空层	1班2：20进场 2班2：40进场 3班2：55进场 4班3：10进场 5班3：25进场 6班3：40进场 7班3：55进场	各班主任

（三）项目负责人

1. 板块总负责

缤纷小舞台—杨 磊，缤纷小书苑—卢大芳，缤纷智趣园—杨 晨 ，缤纷购物街—刘妙春，缤纷小农场—王瑶瑶，缤纷足球汇—江家亮。

2. 测评项目

主题板块	测评项目		
缤纷小舞台	小小设计师	我是足球通	不一样的我
缤纷小书苑	汉字乐园	朗读冲浪	最美音画诗
缤纷知趣园	火眼金睛	砌墙大师	估算能手
	超级飞行棋	图形大对碰	
缤纷购物街	揭秘人民币	销售小达人	
	揭秘人民币	金牌策划师	
缤纷小农场	农场开张了	农场的一天	
缤纷足球汇	踢准	迷你九宫格	足球搬运工

3. 负责人职责

（1）板块总负责人：组建主题板块的测评团队，组织项目负责人准备好项目具体内容，选定项目活动地点以及场地布置。

（2）项目测评员：负责项目的具体测评工作，准备相关测评工具，需要印刷的上报教学处，做好测评记录表的登记。

（四）准备工作

1. 利用教师大会做好测评活动的宣传工作。
2. 组织主题板块总负责人进行测评活动的培训。
3. 准备制作测评活动所需的海报、材料、测评工具。

（五）综合评价

根据获得足球勋章的总数确定等级。得 30—40 个勋章为五星适美队员，得 20—30 个勋章为四星适美队员，得 10—20 个勋章为三星适美队员。

学科融合趣无穷　多元评价促成长

——沙溪小学 2022–2023 学年度第二学期低年级综合测评总结

为进一步落实“双减”政策，探索符合低年级学生身心发展特点的多元评价方式，全面提高学生综合素养，促进学生个性发展，6 月 19–20 日，深圳市宝安区沙溪小学从儿童立场出发，聚焦儿童成长，建构“玩学共赢”的综合测评实施模式，对学生进行过程性的多元评价。这次测评，增强了学生学习的自信，促进了学生学科核心素养的发展，对教师改变传统的教育观念、提升教研能力、育人智慧起到了一定推动作用。

一．注重融通，以主题贯通学科

无纸化测评内容不是简单的、单纯的、知识性的考试题型，而是指向学生核心素养的问题解决，因而设计时要注意学科的融合，强调过程的呈现、思维的显露。本次测评活动我们基于学校的办学理念“海拥沙溪、适美其美”，依托学校的办学主张“面向全体、全面发展”，以“沙溪小世界、缤纷大舞台”主题贯通整个测评活动。我们设计了“缤纷小舞台”“缤纷小书苑”“缤纷智趣园”“缤纷小农场”“缤纷足球汇”5 个板块“五育”并举，让学生在情境中综合运用知识解决问题，完成挑战。

二．彰显趣味，以活动提升素养

综合素养测评契合儿童的年龄特征，根据儿童喜爱游戏的特点，以游戏为主要考查方式，设计一些“小研究、小设计、小创作”。学生在闯关中完成考查内容，整个过程考查学生综合素质、学习习惯、学习能力与创新精神。让学生的天性在闯关游戏中得以释放，兴趣得以发展。

在“缤纷小舞台”板块中，设计了“不一样的我”，让学生用自己喜欢的、独特的方式介绍自己。可以用语言、数字、画笔、歌声、动作介绍自己。在本交测评活动中，我们看到了很多充满想象力的创意介绍。有的学生用数字，如自己的生日、身高、幸运的数字、家庭成员以及自己有几个爱好。

在“缤纷智趣园”板块中，我们设计了印有足球的卡片，让学生开展“估—数—说”的数学游戏活动，让学生在观察卡片的过程中发展数感。估一估卡处上大概有多少个足球，然后再数一数具体的数量，看谁的误差小。最后在计数器上拨出这个数字。

在“缤纷小书苑”板块中，设计了“拼读小精灵”，拼读生字词，在评价方面注意过程性和全面性。比如，“拼读小精灵”考查学生是否能在规定时间自主完成拼读，关注学生认读的速度和正确率。“最美音画诗”考查学生朗读时是否字音准确、说话清楚、语句完整、表达流利和富有表现力等，以游戏情境的方式来实现对学生诵读及口语表达的评价。

在“农场小助手”板块中，剥毛豆的活动趣味横生，孩子们一脸认真地扮演着农场小助手的角色，他们发现看起来很简单地剥毛豆一点也不容易。在劳动实践中无形地渗透了德育教育。“种子对对碰”的活动也深受学生的喜欢，当成功地为“种子宝宝”找到“植物妈妈”后，孩子们的喜悦溢于言表，不知不觉中发展了科学素养。

三．有机结合，以特色元素串联活动。

足球是我校的一大特色项目，我校本学期在尝试了“体育走班制”的教学改革。学校体育课程羽毛球、足球、篮球、乒乓球、形体有机地落实国家课程。通过走班制每一位学生都有机会接触专业老师教授的专业课程，为学生良好的运动素养奠定了基础，也为学生的身心健康提供了有力的保证。

在本次综合素养测评中，我们用足球元素串联起整个活动。测评主题设定为“沙溪小舞台、缤纷大世界——‘足’够精彩”。测评卡用不同颜色的足球印章记录学生的得分。“缤纷足球汇”板块中设计了三个有趣的与足球有关的活动。第一个是“踢准神枪手”，以踢倒标志筒的数量评定分数；第二个是“足球搬运工”，在自己的赛道上绕过 5 个标志杆将足球运送到指定位置；第三个是“迷你九宫格”，用 1–9 数字摆成不同高度的九宫格，按照学生踢中的数字得到相应的分数。

四．星级评价，以尊重呵护差异

我校的综合素养没评，以多维度的星级评定取代传统考试。星级评定更好地关注学生的个性、尊重学生的差异。纸笔考试往往重对结果的考核，非对即错，既不能反映学生真实的学业水平，也不能给予学生学习目标的科学指引。2022 年版新课标突出强调过程性评价表现性评价。在本次综合测评中，我们根据学生完成情况的能力设置了不同等级的评价标准。出色完成任务的评定为三星，良好完成任务的评定为二星，能够基本完成任务的评定为一星。

五．反思与启示。

整个综合素养的测评过程，我们看到学生沉浸其中，美美地想、乐乐地做，养心舒展，灵气彰显，快乐挑战，一往无前。可以说，综合素质测评是深受学生喜欢的一种评价方式，对学生的学习起到了极大的助推作用。关于综合素养测评，我们还有以下思考。

1. 无纸化测评不能是简单的知识技能过关，也不能是单纯的游艺活动叠加。素养测评要能评价学生在生活情境中运用知识技能解决问题，体现学生思维力、判断力、表达力等。

2. 无纸化测评不能让过程性评价仅仅局限在“测评时”的过程，而是贯穿学生整个生命成长的过程，让教师更好地因材施教。

3. 学校如何利用现代信息技术，建立智慧教育平台，为每位学生建立成长数据库，让综合素养测评实现实时性、动态性。

4. 综合素养测评的结果要指向课堂的变革，指向教育实践的新途径。我们今后可以以此为目标，建构立足学科素养，践行立德树人的价值坐标。不断开阔学习视野，厚实自身积累，发展育人智慧。

智慧乐学，勇闯争星

——海韵学校（集团）海韵学校低年级综合测评方案

为了更好落实“双减”政策，提升学生综合素养，多元评价学生，为海韵学生的发展提供更多展示自我的平台，进一步推进学校教育的高质量发展，我校制定了低年级“智慧乐学，勇闯争星”的“五育”综合素养评价方案。

一、综合测评方案设计的理念与原则

（一）指导思想

切实落实“双减”政策，坚持全面推进素质教育，培养学生学科综合素养，积极探索建立促进学生发展的多元化综合评价体系，我校将对低年级（一二年级）学生进行五育综合素质发展的多元化综合测评。淡化分数与甄别，关注个体的进步和多方面的发展潜能，充分发挥评价的促进发展功能。通过评价，让每名学生都能参与过程，体验成功，增强自信，为学生的终身发展奠定基础。

（二）评价原则

1. 科学性原则。该综合测评方案的提出、制定以及内容设计必须运用科学的评价方法，要体现学科性、校本性、有效性。

2. 适切性原则。综合测评内容设计必须与低年级儿童的身心发展特点相适切，与学生的学习能力和思维发展相一致，要尽量选择一些学生学习和生活中紧密联系的活动或问题。

3. 发展性原则。综合测评要坚持过程性评价与结果性评价相结合，以发展的眼光看待学生，为学生的发展服务。其中科学文化素质及评价既要关注学生知识与技能的掌握，更要关注学生掌握知识与技能的过程与方法，以及与之相伴的情感、态度、价值观的形成。综合测评要注重发现和发展学生的潜能，注重评价的过程，使多元评价更进一步深入学生发展的进程，激励学生健康成长。

4. 全面性原则。综合测评应坚持素质教育的正确方向，正确贯彻教育方针，面向全体学生，从德智体美劳全方面综合评价学生的发展，反映学生综合素质，促进学生的全面发展。

5. 操作性原则。综合测评内容设计必须注重学生的参与情况，评价方法要简单可行，可操作性强。

二、综合测评的目标设计

依据课标要求和“双减”政策，基于海韵学校的办学理念和育人目标，将学生的综合测评目标锁定为“提升学生核心素养，多元化评价学生发展”。确定学科主题，将测评形式和内容进行具化调整：围绕学科内容落实“双基”，活动实践展能力，综合素养蕴内涵。关注学生的个体差异和发展，从德智体美劳各方面，通过道德与法治、语文、数学、英语、科学、体育、美术、音乐、形体等学科进行过程性评价，考查学生学科知识能力掌握。获得考查结果的同时，兼顾考察情感态度、学习方法与技能、学习的行为习惯、思维的创新等方面的变化和进步。在过程中帮助孩子看到自己的优势，让每个孩子都充满自信，心中充满阳光，智慧乐学，勇闯争星，健康成长。

三、综合测评的内容设计

遵循“五育”并举，全面发展的原则，低年级的综合测评内容以新课程理念为指导，按照课程计划要求，测评内容从德智体美劳五个方面进行设置。具体内容设计如下。

（一）德育

德育测评内容以“中国节，中国情”为原点，结合一二年级学生身心发展特点和成长规律，开展了“中国传统节日”相关系列活动。通过集体学习、请教家人，讲一讲“家乡中的传统风俗”等主题班队会活动，引导学生进一步学习中国传统节日的由来与风俗，让学生慢慢品味、逐步领会，融化在小小心灵里，旨在让学生体悟中国传统节日背后的美好愿望和情感，并在生活中践行与传承传统美德。

（二）智育

智育测评内容按学科设置，对语文、数学、英语、科学四门学科素养进行综合测评。

1. 语文素养

语文学科考查孩子们对课内外经典的阅读积累和背诵、对生活场景的语言表达等。环节设置有一年级的“最美诵读”“妙语连珠”，和二年级的“蒙学大擂台”“故事小讲坛”，结合图文并茂、趣味抽签、个性选择等有梯度、广度与难度的设置，增强学生在玩中学的乐趣，在竞争中获得成就感的信念。

2. 数学素养

数学学科结合学生所学知识内容，设置了丰富有趣的校园数学活动。其中一年级由“趣味扑克牌”“动物数独”“创意七巧板”这三大版块构成，二年级由“我是计算小达人”“我是解决问题大王”和“我是讲题小老师”三大板块构成。根据年级差异分别设置了适合学生年级特征的“分类游戏”“巧填算式”“乘法口诀对口令”“口算我能行”“趣味数独”等数学活动。“创意七巧板”“我是解决问题大王板块”，根据所提供的跟生活密切相关的问题情境，找数学信息，提数学问题，展示学生的数学思维和创造才能，激发学生学数学、爱数学、用数学的热情。“我是讲题小老师”由学生讲题、学生评价，讲一讲、评一评的活动促进学生语言表达能力、逻辑思维能力和鉴赏评价能力的提升。

3. 英语素养

英语学科设置了贴合一二年级学生英语学习特点的挑战性小活动。低年段的英语学习以听说为主，在图片的帮助下对词句进行认读。形式多样、趣味盎然的英语语言活动有利于激发学生的英语学习热情和学习兴趣，因此在一年级的测评活动中设置了“火眼金睛”“快速反应”和“儿歌唱游”三个环节，综合考查孩子们对单词和句子的准确认读能力、快速反应能力、语言表达能力以及对所学英文儿歌的掌握。二年级设置了“Spelling Bees”“Make a Dialogue”和“Phonics Fun”环节考查孩子们对本学期所学的基础单词和句子的认读能力、读图和述图片能力，对辅音字母及其发音的敏感度。

4. 科学素养

科学学科结合一二年级所学的知识和学生特点，落实“双减”政策理念，在玩中学、学中玩，设置了趣味性强、学生喜闻乐见的探究活动。一年级设置的“我是分析达人”，让学生根据物体的特征做出分析，按照一定的标准进行分类，在活动中提高分析问题、解决问题的能力，促进学生语言表达和逻辑思维能力。二年级设置的“小小科学家”，激发学生对科学的好奇心和求知欲，可以运用本学期学习的磁铁知识去了解和解决实际的小车问题，在动手操作中发展科学思维、锻炼动手能力、提高知识迁移能力。从而掌握本学期的知识，最后形成正确的科学态度。

（三）体育

体育学科根据一二年级学生的年龄特点，设置了丰富多样的体育运动项目。除了课程范围内需要学生掌握和完成的跳绳、跑步、广播体操活动，还设置了需要合作完成的仰卧起坐、趣味接力活动。既重视过程评价，也注意到学生的参与度和纵向发展比较，通过此次综合评价进一步鼓励学生积极参与体育活动，激励他们的自信心，培养学生的勇敢精神和与同伴友好相处的意识。

（四）美育

美育方面，结合我校艺术特色及开设多学科，包括美术、音乐、形体学科综合测评素养。

1. 美术素养

美术综合素养测评采用课堂知识家掘、手工利作比拼以及创意联想绘画的形式进行，通过手工制作来培养学生的动手综合能力，用绘画中的点、线、色来培养学生的审美表达，以此来激发学生审美、思考、表达和想象力的全面提升。

2. 音乐素养

音乐综合素养测评采用课堂问答、个人才艺展示和班级音乐会的方式来进行，以此来激发学生对学习音乐的兴趣，提高对音乐的理解力、艺术表现力、个性才能和创造力的发展。

3. 形体素养

一二年级形体课采用了小组训练组合展示、即兴表演、舞蹈赏析等形式进行学生素养评价，培养学生高雅的形体和气质，形成良好的礼仪习惯，提高学生审美素养。

（五）劳育

此次综合测评中，一二年级开展了“争做家务小能手”“劳动最光荣”“劳动创造美好生活”等主题劳动教育活动。同学们积极参与班级和家里所能及的家务劳动。通过视频记录、劳动成果展示、劳动心得分享等形式，体会劳动创造美、劳动创造生活的幸福感，培养学生热爱劳动，珍惜劳动成果，养成良好品德。

四、综合测评的过程设计

为进一步推进学校教育的高质量发展，准确把握低年级学生在核心素养方面所达到的水平，给学生提供展现自我的平台，我校于5月29日和5月30日下午分别开展了以“智慧乐学，勇闯争星，畅享童年”为主题的综合素养评价活动。活动以核心素养为出发点，将知识还原于情境，在真实情境中进行跨学科展示，体现了综合性和实践性，“五育”并举，促使孩子们在活动中培养兴趣、陶冶情操、获取知识、提高能力，全面提升学生的核心素养。

（1）为学生营造思维磁场。创设“乐、智、趣”的情境，教无定法，贵在得法，从实际出发使学生产生深厚的学习兴趣，在不同的情境中亲身经历和体验学习的过程，使情境作用于儿童的多种感官，激活学习情绪，使他们用自己的方式实现学生的“再创造”，促进学生思维经验不断积累，主动性不断增加。

在创设无纸化测评的情境时，我们将体育馆布置成智慧乐学园的场景，添设社会主义核心价值观的展板、国旗、彩带、气球等装饰、设置“我是智慧之星”留影拱门、展示栏、领奖台等，加之以竞赛项目命名的一个个竞赛场，全方位地呈现在儿童眼前。学生在老师们的陪伴下，走进体育馆参加竞技赛。激发学生的角色效应，使他们更加主动地参与到活动中。

（2）为学生设计有过程的参与。打造“乐、思、创”的无纸化测评活动，作为一种测评方式，既要考查学生在优化的情境中各学科的核心能力，同时也想方设法用最短的时间激发孩子们的学习兴趣，形成想学、爱学、勤思、会学、乐学，用真情营造儿童敢说敢为的氛围，同时为学生设计有过程参与的活动。

图1 活动评价表

图2 奖状

1. **德育**

我们开展了“中国节 中国情”活动，在活动现场，孩子们将随机获得中国传统节日的彩图，根据图片内容的提示，说出节日的名称、时间和传统民俗或者童趣故事。必要时可以求助伙伴以完整说出中国传统节日的相关文化意义，加深学生的文化根基，唤醒并培养其独一无二的东方审美。

2. **智育**

（1）语文素养

①设计意图：运用趣味性强、综合性强的游戏比拼形式，对低年段学生展开一学期语文基础知识和语言文字运用能力的考查，旨在积极落实“双减”政策，同时促成寓教于乐、在玩中学的良好效能。与同伴的积分比拼环境能有效激发适龄学生巩固已学知识与能力的主观能动性，在从传统书面检测转向图文演说游戏的过程中，能更大程度考查出学生的思维与语言运用力、阅读积累量。

②测评方向：综合考查学生的诵读能力、阅读积累量、语言运用能力、倾听能力、想象力和表达能力。

③测评内容。

一年级的测评内容分为两个板块：“最美诵读”“妙语连珠”。

“最美诵读”分为“读美文”和“背古诗”两个项目，主要考查学生对于课外美文和古诗的朗读情况，学生的朗读方法、朗读情感、朗读姿势等方面都是观测点。“妙语连珠”即连词成句，考查学生对课内外字词和成语的掌握情况，要求学生准确识记字词，并灵活选用词语或成语说话。

二年级的测评内容分为两个板块：“蒙学大擂台”“故事小讲坛”。其中，“蒙学大擂台”分为“诗词九宫格”和“韵文接龙”两个项目。

“蒙学大擂台”考查了学生对课内外古诗文的积累背诵情况。“故事小讲坛”则要求学生看图讲故事，是对学生观察能力、倾听能力、想象能力和表达能力的综合考查。

④评价方式。

一年级

a. 最美诵读

首先要求学生用普通话正确、流利、有感情地朗读一段课外经典美文，能根据不同的标点读出正确的语气，仪态自信大方；接着从本年级同学们 DIY 的精美书签中抽取一首课外古诗，要求流利背诵，诵出诗歌的节奏和韵律。

评价标准：正确、流利、有感情地朗读美文，获得 5 颗星；读错 1–2 处，得 3 颗星；读错 2 处以上得 2 颗星；缺乏感情得 3 颗星。正确、流利、有韵律地背诵古诗获得 5 颗星；背诵不流利得 3 颗星；背错得 2 颗星；无韵律得 3 颗星。

b. 妙语连珠

学生从老师准备的若干词语中，自由选择 2–5 个连句说话。

评价标准：能正确运用 4–5 个词语说话得 5 颗星；正确运用 3 个词语说话得 4 颗星，正确运用 2 个词语说话得 3 颗星。

二年级

a. 蒙学大擂台

“诗词九宫格”活动是由老师选取课内外古诗中的名句制成九宫格，学生从中识别出诗句并背诵全诗。要求能熟练、正确、有感情地背诵，做到读音正确、声音洪亮、自信大方；“韵文接龙”活动是由老师说出《增广贤文》的上句，学生接背下句。

评价标准：“诗词九宫格”要求正确、流利、有感情地识别并背诵，获得 5 颗星；识别出名句但背诵不流畅，得 3 颗星；能识别名句但不会背诵得 2 颗星。“韵文接龙”要求准确迅速接背 3 句，得 5 颗星；准确接背 2 句得 4 颗星；接背 1 句得 3 颗星。

b. 故事小讲坛

学生从老师准备的几张图画中随机抽取一幅，根据画面内容，现场发挥，用普通话说一段通顺、连贯、完整的小故事。

评价标准：观察仔细，想象丰富合理，能用生动、形象的语言准确表达图意，获得五颗星；平铺直叙缺乏想象力获三颗星；画面内容介绍不完整或说话内容与图片不相符获两颗星。

（2）数学素养。

①设计意图：小学数学综合测评活动以《小学数学课程标准》为指导思想，以学生本册所积累的“四基、四能”为测评内容，寓学于乐，测评学生能否利用所习得的数学知识与技能灵活解决生活中的数学问题，同时从活动中了解孩子对数学学习的体验，用于指导后续的教育教学，为孩子终身学习奠基。

②测评方向：综合考查学生对基础知识的掌握、口算能力、问题解决能力和发现并提出数学问题的能力及用数学的语言表述现实世界的能力。

③测评内容。

一年级数学主要由“趣味扑克牌”“动物数独”和“创意七巧板”这三个版块构成。

“趣味扑克牌”：

活动1：随机选10张扑克牌，按照不同标准进行分类（颜色，花色，数字）。

活动2：两个学生为一组，摆扑克牌，使加法算式等式成立。

孩子们在趣味扑克牌的游戏中锻炼了观察、动手操作和推理能力，积累分类的经验，提高实践能力，同时可以检测学生对 100 以内的进位加法计算的速度和准确度，测评学生的数感。

“动物数独”：

利用逻辑和推理，在其他的空格内填入小动物。使每个小动物在每一行、每一列中都只出现一次。此游戏全面考验做题者观察能力和推理能力。

“创意七巧板”：

巧用七巧板拼数字、拼图形、拼动物，从指定图案中挑选一个图形。此游戏全面考验孩子们的观察能力、专注度和创意能力。

二年级数学主要由“我是计算小达人”“我是解决问题大王”“我是讲题小老师”这三个版块构成。

“我是计算小达人”分为“口诀对对碰”“听口诀巧写算式”“口算达人”和“趣味数独”这四个项目组成，检测学生计算的速度和准确度，测评学生的数感。

“我是解决问题大王”由“我说你摆”、“小小商店”、“解决问题我能行”和“我是数学故事大王”这四个与生活紧密相连的项目构成，孩子们在“用数学”的过程中发现问题、提出问题和解决问题，测评了学生的问题意识和问题解决的能力。

“我是讲题小老师”由孩子们分学习小组进行，每个孩子准备一道题并讲给同组的小朋友听，再由小朋友们对同伴的讲题进行评价，以此测评学生对知识的表达，提升学生的语言表达、逻辑思维能力，同时，在生生互评中让学生用辨证的眼光来看待身边的事物。

④评价方式：

一年级：

a. 趣味扑克牌：

每个孩子都要完成分类及初级挑战这两个项目，正确并迅速完成得 5 星，有 1–3 个错误为 4 星，错误 3 个以上为 3 星，完成挑战组的加 1 分。

b. 动物数独：

每个孩子完成 1 张图，每张图有 5 个空，正确并迅速完成得 5 星，有 1–3 个错误为 4 星，错误 3 个以上为 3 星。

C. 创意七巧板：

每个孩子完成一副作品，正确并迅速得五星，有 1 至 3 个错误为四星，错误 3 个以上为三星。

二年级：

a. 我是计算小达人：

评价标准：每个孩子可以从四个项目中选取其中两个项目来完成，正确并迅速完成得 5 星，有 1–3 个错误为 4 星，错误 3 个以上为 3 星。

b. 我是解决问题大王：

评价标准：每个孩子完成两个项目，其中第一个项目从“我说你摆”“小小商店”“解决问题我能行”中选取其中一个项目来完成，第二个项目为“我是数学故事大王”，两个项目正确并迅速完成得 5 星，有 1–3 个错误为 4 星，错误 3 个以上为 3 星。

爱因斯坦说过：“提出一个问题往往比解决一个问题更重要。在“我是解决问题大王”中，我们不仅设计了灵活运用知识解决问题的“我说你摆”“小小商店”“解决问题我能行”等项目，还设计了“根据算式编应用题”和“根据算式说数学小故事”等开放性的活动。这些活动从不同角度以孩子喜闻乐见的形式检验孩子们对本学期所学知识的运用与拓展。

c. 我是讲题小老师

评价标准：活动由同伴进行评价，以孩子的讲题准确程度、流畅度、是否能讲清楚关键点给予评价，优秀为 5 星，讲得不够清楚 4 星。

（3）英语素养

①设计意图：一二年级是孩子英语学习的启蒙期，保持学生的学习兴趣至关重要。本测评旨在通过游戏比拼，激发学生争强好胜的心理，巩固本学期所学内容，提升学生的综合素养，实施多元综合评价，提供自我展示的平台。

②测评方向：综合考查孩子们对单词和句子的准确认读能力、快速反应能力、语言表达能力，读图和对图片进行描述的能力，英文歌唱能力，以及对辅音字母及其发音的敏感性。

③测评内容：

一年级的测评内容分为三个板块：“火眼金睛”“快速反应”和“儿歌唱游”。

请在计数器上拨2405

“火眼金睛”分为认读单词和句子，主要考查学生对单词和句子的准确认读能力，要求发音标准，语音语调适当；“快速反应”是看图说单词或句子，综合考查了孩子们的反应能力和语言的的表达能力，是孩子们语言综合运用的一种体现；“儿歌唱游”提供一些主题图片，让学生看图回忆所学儿歌，并试着准确而有感情地演唱出来。

二年级的测评内容分为三个板块：“Spelling Bees”“Make a Dialogue”和“Phonics Fun”。其中“Spelling Bees”主要考查孩子们对本学期所学的基础单词和句子的认读能力；“Make a Dialogue”主要考查孩子们的读图能力，能用恰当的词句对图片进行描述。“Phonics Fun”将一些核心单词的辅音留空，给出两个选项让学生根据读音选出正确的字母，巩固常见辅音的发音并训练孩子对于字母的敏感性。

④评价方式。

一年级

a. 火眼金睛：

学生需要指读本学期所学单词和句子。要求发音标准、流利，用正确的语音语调读出单词和句子。

评价标准：正确、标准、流利地朗读，获得5颗星；读错1–3处，酌情得3–4颗星；读错3处以上得2颗星。

b. 快速反应：

学生根据所给图片，看图说单词或句子。要求发音标准，句子正确。

评价标准：能发音标准，正确地编3个句子，得5颗星；能发音标准，正确地编2个句子，得4颗星；能发音标准，正确地编2个句子，得3颗星；能发音标准，正确地说出3个单词，得2颗星。

c. 儿歌唱游：

学生观察所给图片，根据图片主题找出一首合适的儿歌，并试着吐字清楚、饱含感情地唱出3–5句。

评价标准：能准确无误并有感情地唱出4句及以上，得5颗星；能清楚唱出3–4句，得4颗星；能清楚唱出2句，得3颗星；能清楚唱出1句，得2颗星。

二年级

a.Spelling bees：

学生需要指读本学期所学单词和句子。要求发音标准、流利，用正确的语音语调读出单词和句子。

评价标准：正确、标准、流利地朗读，获得 5 颗星；读错 1–3 处，酌情得 3–4 颗星；读错 5–8 处得 3 颗星；读错 8 处以上得 2 颗星。

b.Make a dialogue：

学生根据所给图片，看图说句子。要求至少说 2 句话，发音标准，句子正确。

评价标准：能发音标准，准确地编 5 个句子及以上，得 5 颗星；能发音标准，准确地编 3–4 个句子，得 4 颗星；能发音标准，正确地编 1–2 个句子，酌情得 2–3 颗星。

c.Phonics fun：

学生观察空缺一个字母的单词词形，根据读音从给出的两个选项中选出合适的字母，使之补充完整。

评价标准：能准确找出 5 个合适的字母，得 5 颗星；能找出 4 个合适的字母，得 4 颗星；能找出 3 个合适的字母，得 3 颗星；能找出 1–2 个合适的字母，得 2 颗星。

（4）科学素养

①设计意图

一二年级是孩子学习的启蒙期，以课本为基础，对低年级的学生进行科学基础知识和科学核心素养的考查，旨在落实“双减”政策理念，有寓教于乐、在玩中学的良好效能。通过游戏激发学生的学习兴趣，巩固本学期所学内容，提升学生的综合素养，多元地评价学生，给学生提供了多方面展现自我的平台。

②测评方向

此次综合测评有效地培养了学生的科学探究能力、动手能力、表达能力、想象力和创造力。孩子们在观察过程中，发现了生活中蕴藏的科学问题，学会观察生活中的科学现象，用自己的语言描述事物特征，对客观事物作出合理解释，养成了积极思考、善于表达、愿意动手的习惯。

③测评内容

一年级：“我是分析达人”

准备6种物体（鱼，盆栽，玩具熊，水，空气，木块）放置在桌子上：

问题a：请将以上物体进行分类，说一说你是怎么分的？

问题b：从这些物体里面挑选一个，说说它有什么特征？（使用不同感官进行观察）

问题c：你挑选的这个物体有生命吗？为什么？

分析过程中综合考查了学生对周边事物特征的观察能力，是否有做出比较并制定标准对物体进行分类的思维能力，收集信息并使用自己的语言描述的表达能力。

二年级：小小科学家

利用桌面上的实验材料，在不接触小车的情况下，让小车离你越来越远近。

为什么没有接触小车，但是小车能够离你越来越远近？

“小小科学家”考查了学生对磁铁的了解情况，意在让学生把关于磁铁的特点通过小实验体现出来，能够将磁铁的知识与实践相结合。是对学生动手能力、表达能力、思维能力的综合考查。

④评价方式

一年级：

能够根据问题迅速正确地进行分类操作，回答问题时声音洪亮，自信大方，语言流畅且正确地说出物体特征并解释的获5颗星；能够正确地进行分类操作，但需要在教师提醒或引导下才能说出物体特征的获3颗星；不能准确分类或说出分类标准，需要在教师帮助下才能完成的获1颗星。

二年级：

能够根据问题迅速正确地进行实验操作，并能声音洪亮，自信大方，语言流畅且正确地解释实验现象获5颗星；能够正确地进行实验操作，但需要在老师引导下才能解释实验现象获3颗星；实验操作虽能完成但不熟练，且不清楚实验现象产生的原因获1颗星。

3. 体育

①设计意图：体育学科根据低年级学生的年龄特点，设置了形式多样的体育运动项目。增强学生身体素质，培养学生体育精神，为“促进每一位学生全

面和谐发展”加油蓄力。既重视过程评价，也注意到学生的参与度和纵向发展比较，通过综合评价进一步鼓励学生积极参与体育活动，激励他们的自信心，培养学生的勇敢精神和与同伴友好相处的意识。

②测评方向：综合考察学生的协调能力、投掷能力、跳跃与快速跑的能力、团队协作和快速反应的能力。

③测评内容。

一年级，设置了趣味障碍跑项目、投掷项目，让学生在快乐中发展协调、跳跃与快速跑能力，寓学于乐。

二年级，设置了跨栏跑、迎面接力项目，着力发展孩子们的团队合作与快速反应能力，让孩子们在运动中懂得合作与成就感。

④评价方式。

一年级：

a. 趣味障碍跑（见图 1）：学生分成四组出发，依次完成开合跳、高抬腿、原地快速跑，过程中需要经过小跳箱、折叠垫、标志等障碍。

评价标准：根据动作的完成时间进行评分，速度越快、动作越标准分值越高，满分 100 分。

b. 投掷比远：学生手持小篮球，进行双手投掷。

评价标准：双手投掷，根据投掷的距离进行评分。

二年级：

a. 跨栏跑：学生分成若干组，在 50 米的距离完成 7 个小栏架的跨越。

评价标准：通过计时的方式进行，过程中栏架被踢到一个扣除 5 分，满分 100 分。

b. 迎面接力：学生分成四组，两两面对面，进行迎面 30 米的接力比赛。

评价标准：以组为单位，根据时间最终用时进行评判。按完成时间长短，分别获得 100 分、95 分、90 分、85 分。

图1　趣味障碍跑

4. 美育

美术：

①设计意图：在课堂知识问答活动中，促进学生对艺术知识学习产生积极性。将社会主义核心价值观和中华优秀传统文化教育有机融入生动丰富的活动之中，通过现场绘画活动，让学生在感受美、表现美、鉴赏美、创造美，提高其审美和人文素养，增强文化自信。通过手工制作来培养学生的动手综合能力，通过绘画中的点、线、色来培养学生的审美表达，以此来促进学生在审美、思考、

表达和想象力等方面提升。

②测评方向：通过知识类和绘画创作及手工几种形式来了解学生对艺术知识、动手创作和思维创想几个方面的综合评价。

③测评内容：一二年级美术综合测评主要分为三个部分（见表1）。

表1　美术综合测评的项目与要求

分值	项目	具体要求
1. 基础指标（基础分100分）	1. 学习记录表（美术课堂学习、美术社团学习）占90%	任课教师提供一份该生美术课堂和美术社团的学习记录表
	2. 参与课外美术类活动（包括校园艺术节）占10%	学生参与各类美术活动的情况（校内）
2. 发展指标（附加分10分）	3. 美术特长（证书、称号）	该生获得的美术类获奖证书和荣誉称号（校内＋校外）

④评价方式：美术综合测评评价方式多元，有课堂知识问答、绘画手工，结果以展览、展评多样形式进行。

音乐：

①设计意图：建立科学规范的测评制度，充分发挥评价的引导、诊断、改进、激励功能，提高音乐课程教学质量，了解掌握学生艺术素养发展状况，切实改进学校美育教学工作，充分挖掘艺术教育的育人功能，提高学生的审美和人文素养，促进学生全面健康成长。

②测评方向：综合考察学生的音乐、鉴赏、演唱等能力。

③测评内容：一二年级音乐综合测评主要分为三个部分（见表2）

表 2　音乐综合测评

分值	项目	具体要求
1. 基础指标（基础分 100 分）	1. 学习记录表（音乐课堂学习、音乐社团学习）占 90%	任课教师提供一份该生音乐课堂和音乐社团的学习记录表
	2. 参与课外音乐类活动（包括校园艺术节）占 10%	学生参与各类音乐活动的情况（校内）
2. 发展指标（附加分 10 分）	3. 音乐特长（证书、称号）	该生获得的音乐类获奖证书和荣誉称号（校内 + 校外）

④评价方式：音乐综合素养测评采用 3–5 人为一小组的形式呈现，组内自行分配主唱、伴舞和打击乐伴奏三部分，共同展示一首本学期音乐课本中学过的歌曲，通过一起合作，帮助孩子们建立自信，促进音乐感知、表现和创造力的发展。

图 2　音乐测评活动

形体：

①设计意图：建立科学规范的测评制度，充分发挥评价的引导、诊断、改进、激励功能，提高形体课程教学质量，了解掌握学生艺术素养发展状况，切实改进学校美育教学工作，充分挖掘艺术教育的育人功能，提高学生的审美和人文素养，促进学生全面健康成长。

②测评方向：以丰富趣味的形式开展一二年级形体学科期末测评工作。以评促学，以评促教，充分利用测评的诊断、激励与改善功能，提升学科教学质量，激发学生学习热情，为学生个性化发展提供有利条件，营造热爱艺术、热爱生活的校园学习氛围。

③测评内容：一二年级形体综合测评主要分为三个部分：

分 值	项 目
1. 基础指标（基础分 100 分）	1. 学习记录表（音乐课堂学习、音乐社团学习）占 90%
	2. 参与课外音乐类活动（包括校园艺术节）占 10%
2. 发展指标（附加分 10 分）	3. 音乐特长（证书、称号）

基础分 100 分：学习记录表（形体课堂学习、舞蹈社团学习）占 90%，由任课教师提供一份该生形体课堂和舞蹈社团的学习记录表；参与课外舞蹈类活动（包括校园艺术节）占 10%，为学生参与各类舞蹈活动的情况（校内）。

附加分 10 分：舞蹈特长（证书、称号），该生获得的舞蹈类获奖证书和荣誉称号（校内 + 校外）。

④评价方式。

（一）方案一：测评采用了小组训练组合展示、即兴表演、舞蹈赏析、舞蹈基本技能测试等形式，进行学生素养评价培养学生高雅的形体和气质，形成良好的礼仪习惯，提高学生审美素养。

（二）方案二：

a. 抢答题环节——谁与争锋

此环节内共进行 10 轮抢答。由主持人出题并宣布开始后各组选手进行抢答，有问答题、表演题——音乐（4 题）、美术（4 题）、舞蹈（2 题），最先按铃的小组可获得答题机会，抢答成功后要立即作答，若回答错误则主持人宣布剩下选手继续抢答。提前抢答者失去本轮抢答资格。若无人抢答，由主持人宣布答案，再继续下一题。

答对一题加 10 分，答错扣 5 分，提前抢答扣 5 分。由评委记录各组分数。

b. 才艺展示环节——博采定音

本环节中，选手按班级顺序逐一上场，由选手进行才艺展示。展示的才艺内容不限，可以是唱歌、跳舞、器乐演奏、朗诵等，可单独一人表演，也可三人合作表演，表演时间 1 分半以内（见图 3）。满分 30 分。

图 3　才艺展示环节

5. 劳育

此次综合测评中，开展了“争做家务小能手”“劳动最光荣”“劳动创造美好生活”的主题劳动教育活动。同学们在班级积极参与劳动，在家里做力所能及的家务劳动，开展劳动竞赛，在劳动中体会劳动创造美、劳动创造生活的幸福感，培养学生热爱劳动、珍惜劳动成果，养成良好品德。

智慧乐学，勇闯争星

——海韵学校（集团）海韵学校低年级综合测评总结

无纸化测评令儿童沉浸其中，美美地想，乐乐地做，身心舒展，快乐挑战，一往无前。可以说，无纸化测评是一种深受儿童喜欢的评价方式，它对儿童的学习起到极大的助推作用。

一、主要亮点

本次综合测评评价设计，指向过程性的多元互动。评价的方式引领着教师的教学行为及学生的成长方向。在评价设计时，主要基于以下三个方面的考量。

（一）过程为重。测评时不仅关注结果，更要注重学生作为主体在整个测评活动中的表现。如，学生测评前的准备；测评时情绪是否积极主动，思维是否广阔灵动，感受是否真切自然；测评活动后的自我评价。

（二）尊重个性。尊重学生的个体差异，强化个性评价。在测评中，当学生对某项活动表现不够满意时，可以给予其二次测评的机会，甚至可以申请适当帮助。这种做法，基于低年级学生的身心发展，让他们更有学习的自信心和成就感。

（三）综合兼顾。努力达成既不脱离“双基”，考量学生的知识掌握、基本技能，又考量学科的核心能力，如思维想象、实践运用、创新意识、情感体悟和人格修养等方面的达成度，从而使评价更全面、客观。

本次综合测评活动不仅能陶冶情操、获取知识，还能提高能力、勤学善思、自信勇敢、勇于挑战。整个评价活动，将知识还原于情境，以核心素养为出发点设置综合评价内容，坚持德智体美劳“五育”并举，全面提升海韵学子的综合素养。

二、存在问题

无纸化测评要真正实现“玩学合一、玩学共赢”，还需要有“实、质、量”的保障。“实”指测评做到实处，“质”是测评内容保证品质，“量”指向测评人员的数量安排。尤其要关注到，测评内容要难易适中、指向精准，测评场地要精心规划、保证安全，测评人员要数量适当、明确分工。让每一个参与测评的学生，都在活动中充分展现自己的能力和水平，走向真实的学习。

只有做到计划先行、反复商榷、整合资源，保障财力、物力、人力三力共融，才能让测评活动高效实施。整场活动有知识性、趣味性、实践性，极大地激发了学生的热情。孩子们自觉地参与游园活动之中，在游园活动中获取知识，在游园活动中陶冶情操，在游园活动中培养能力。

三、总结反思

关于无纸化测评，我们还有这些思考：基于学生，为了能够让过程性评价不再仅局限为“测评时”的过程，而是贯穿儿童整个生命成长的过程，让教师更好地因材施教，可利用现代信息技术，建立智慧教育平台，为每位学生组建成长数据库，让无纸化测评真正实现实时性、便捷性。在教师层面，无纸化测评指向课堂的变革，指向教育实践的新途径，对教师提出了更高的要求。首先，教师应以此为载体，建构立足学科素养，践行立德树人的价值坐标；其次，每次测评的设计与实施情况，也是对教师把握时代脉搏、教育教学理念、教育视野格局、教学科研能力的检验，今后，教师还需不断拓宽学习视角，厚实学习深度，生长育人智慧。

乐评乐游 激趣促学 重回自然 快乐成长

——深圳外国语学校宝安学校 2022-2023 学年度

第二学期低年级综合测评方案

一、综合测评方案设计的理念与原则

（一）学科育人，发展素养

以习近平新时代中国特色社会主义思想为指导，落实立德树人根本任务，充分发挥学科的育人功能，为低年级全体学生提供多元学习与发展的机会，从深外宝安学校“爱国求知，通达成志”课程体系出发，注重活动化、游戏化和生活化，发展核心素养。

（二）儿童立场，可持续发展

基于低段学生的认知水平和年龄特征，遵循“五育”并举的理念，以发现优势、培育个性、促进儿童的全面发展为目的。从儿童立场出发，采用多元评价的方式，寓评于乐，实施综合性评价，让学生在评价中充分展现自己的能力与水平，激发学习内驱。教—学—评一体化，促进可持续发展。

二、综合测评的目标设计

通过创设能够引发学生真实表现的各种情境，满足学生好奇心强、积极好动等特点，以欣赏性、激励性评价挖掘不同个体的潜力，促进个体全面而有个性地发展。强调对学生进行全面性、综合性的评价，从学科整合的视角出发，关注学生多元智能的发展，以学科课程年段目标为标准，借助主题性评价活动，通过学生的展示表演、动手操作、游戏表现等途径，寓评于乐，综合评估学生在语言理解与表达、数理逻辑与分析、身体运动与协调、创意想象与表达、合作交流与协同等方面的发展状况。

三、综合测评的内容设计

（一）注重学习过程，发展核心素养

注重参与，培养过程意识，以综合测评为抓手的评价贯穿学期始终，如“二十四节气系列活动”“足球嘉年华”“科技节”“艺术节”和“大自然探秘”等各类综合性活动，同步落实到各学科课堂的日常教育教学中，具体如图 1。

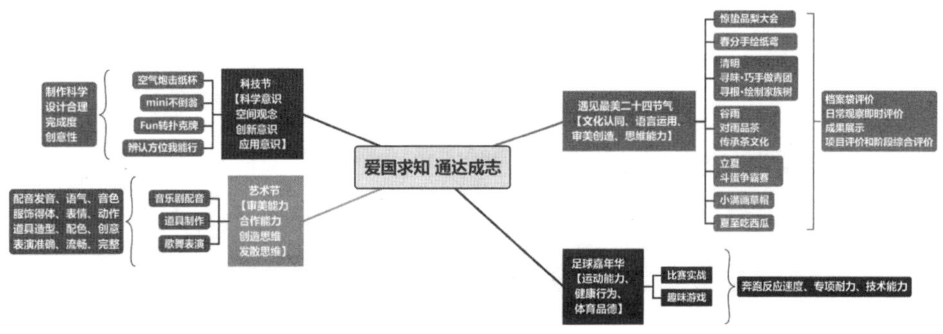

图 1　测评活动的体系

以遇见二十四节气系列活动为例，以课堂活动为载体，与孩子重回自然，充分感受每一个节气的特点，将档案袋、日常观察即时评价、成果展示和项目评价，与阶段综合评价结合起来。评价活动过程中的学生作品、调查表、教师记录与活动有关的文字、图片、音像资料等，作为对学生评价的主要依据。同时在每个活动项目结束后，展示学生的节气手工作品、诗歌创作、活动照片、组织学生进行评价，促使学生在活动之后能及时进行总结和反思，指导后继的活动。

（二）丛林探秘游园，融通学科知识

针对低年级学生，以丛林探秘游园主题贯连不同学科，让学生在完整的情境中，综合运用知识解决实际问题，在自主轻松的环境下完成测评活动。在学中玩、玩中学、做中学，在活动化、游戏化和生活化中逐步培养学生适应未来发展的正确价值观、必备品格和关键能力，主要内容见图 2。

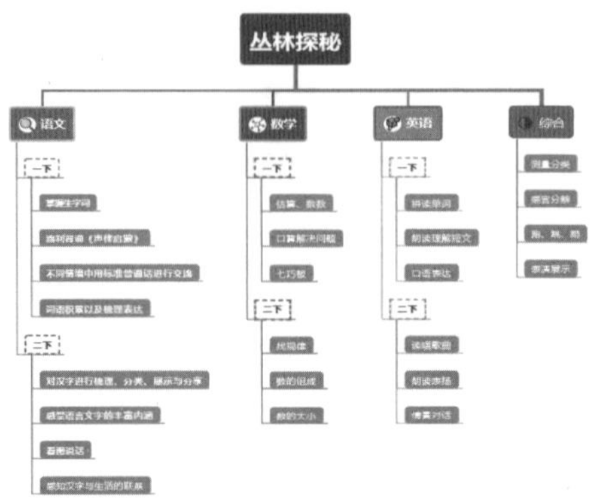

图 2　各学科各年级对应内容

四、综合测评的过程设计

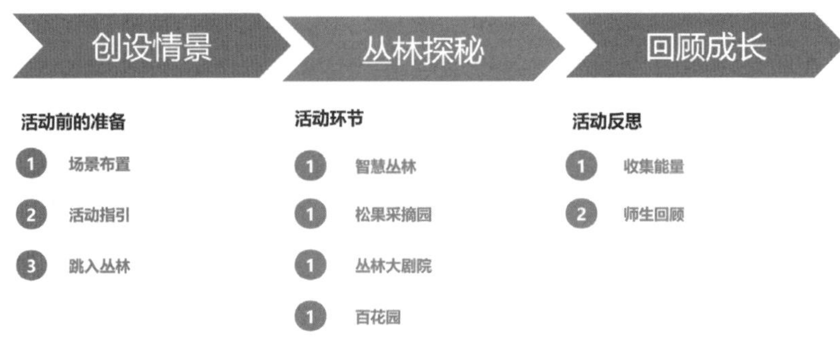

图 3　丛林探秘游戏活动流程

（一）创设情境，导入活动

测评活动开展前，通过课堂教学向学生介绍游园活动形式和内容。利用学校图书馆、教室、功能室和楼层场地进行丛林探秘情境布置。两个年级分别用半天进行游园测评。入校门，学生就从喜欢的跳格子游戏拉开了丛林探秘游园之旅，角色代入激发学生对于科学的探究热情和兴趣，明确活动目标。

（二）明确任务，乐游丛林

测评活动中，通过现场测评活动摊位的展示架，图文并茂地介绍每项游园活动的任务以及要求。教师根据学生完成度、完成时间、流畅度、逻辑性、完整度和创意性等方面进行点赞反馈，每个项目最多收获 3 个“赞”，最后汇总学生整个游园所获得的点赞数（见文末）。

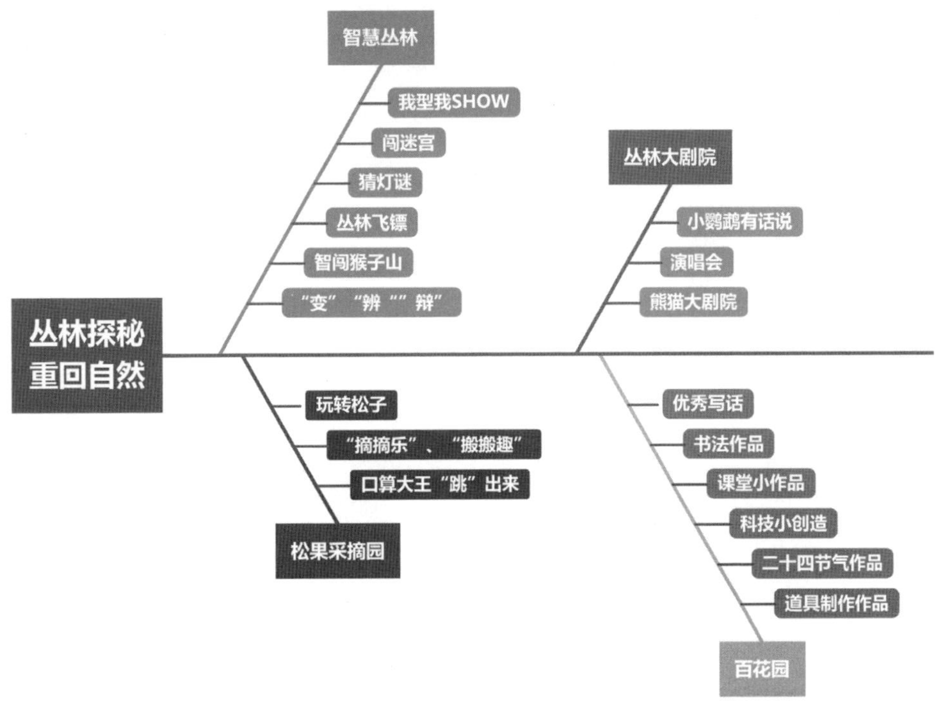

图 4 “丛林探秘”游戏项目汇总

1. 智慧丛林

①我型我 SHOW

选择自己喜欢的动物角色，用自己喜欢的、独特的方式介绍自己，如用道具（如头饰）、中英语言、数字、画笔、歌声、动作、表演等。

②闯迷宫

英语学科学生根据字母迷宫图，在规定的时间内尽可能多地找出有关动物的单词，先读再拼；语文学科学生选择对应主题词语（每个主题下设 10 个词语）并在规定时间内读出词语，再结合其中一个词语说一句话。

③猜灯谜

以灯谜的形式将对应学科的题目挂成一排，学生选取并回答问题，如，一年级英语有人朗读短文并猜出对应的动物谜语，二年级数学有按要求猜数（例：十位是最大的一位数，百位比十位少 3，个位比十位少 5，这个数是多少）。

④丛林飞镖

二年级数学以扔飞镖的形式考查学生对数的组成的掌握情况，学生投掷，两人（多人）PK，大数获胜。

⑤智闯猴子山

选取语文园地中“识字加油站”“我的发现”相关模块的知识与猴子图片相联系，不同类型的猴子对应不同的题型，学生选择猴子并观察对应的词语，在有限时间内说出词语的共同点即完成通关。

⑥“变”“辨”“辩”

区分两杯不同的液体（老抽与黑醋），区分两杯不同的液体（白糖与白醋）、区分两种不同的固体（白糖与盐）。

2. 松果采摘园。

①口算大王“跳”出来

选取计算内容，先口答再在格子上“跳”出对应得数。

②“摘摘乐”“搬搬趣”

二年级语文结合必背古诗文篇目、语文园地及课后练习中的文学常识，制作松果卡片放置在语文知识的大松树上，设置“摘摘乐”“搬搬趣”的活动。

③玩转松子

学生抓一把果实，感受并用天平比较轻重，发展科学思维。

一年级数学为估一估一把抓到几个，再数出具体的数量（让人一眼看明白数数过程）；最后，说出这个数的组成，如 15 由 1 个十和 5 个一组成，学会一定的数学表达能力。这一把松子的数量还可以变成一份丛林仓库的进货、出货单，在加减清单记录中，发展学生的运算能力。

二年级数学要求通过串果活动理解数字的规律。

3. 丛林大剧院

①小鹦鹉有话说

结合课文插图和口语交际中的重点内容，制作成不同鹦鹉的卡片，放置在鸟笼里，学生选择自己喜欢的鹦鹉角色，确定说话主题（“长大以后做什么”“推荐最喜欢的动画片”“连环画”“介绍好朋友”“看图说话”），并在规定时间内完成表达。

②演唱会

学生抽选古诗、《声律启蒙》、课文的篇目进行背诵。若抽取英文歌曲则按要求进行演唱。

③熊猫大剧院

按要求进入自己喜欢的主题场景（中英口语交际对话模拟、音乐剧配音、读演中英绘本等），结合动画或场景提示进行模仿展示。

4. 百花园

将学生在过程性测评中的代表性作品展示出来，如道具制作、二十四节气作品、科技小创造、课堂小作品、书法作品和优秀写话等，百花齐放，引导学生在游园过程中带着欣赏和学习的眼光来欣赏。

五、综合测评方案的创新之处

（一）过程与游园相结合

测评方案立足日常教育教学活动，从学生的课堂学习过程到期末游园活动，努力树立构建乐游乐评实践模式。

（二）情境有趣，学科融合

方案努力创设有效且有趣的活动情境，让学生在游戏化的设置中完成综合性的测评内容。测评注重学科融通，乐评乐游，以丛林主题贯通学科，重回自然；彰显趣味，以游戏亲近儿童；闯关链接，以尊重呵护差异。

（三）形式多样，可操作性强

活动闯关互动性强，顺应低年级学生爱玩、爱探索的天性，使综合素质评价能更好地服务于学生的成长。

在评价方面注意过程性和全面性，同时也方便老师和学生的操作实践。比如，“闯迷宫”可以考查学生是否能在规定时间内自主完成拼写，关注认读词语的速度和能力；“玩转松子”，在抓松子的过程中建立数感，感受数的组成，发展运算能力；“跳格子”（“口算大王跳出来”）方便简单且有趣。以综合学科为基础的设计同样丰富多彩，如科学课程的“变”“辨”“辩”，考查学生综合感官能力；美术课程的“道具服装设计师”，考查学生在造型、表现、设计、应用方面综合能力。

附：学生综合素养测评记录反馈表

一年级“乐学乐游 丛林探秘我能行”展示评价表

班级：　　　　姓名：　　　　学号：

项目	内容	自我评价	老师点赞
智慧丛林	我型我 SHOW	☆☆☆	
	闯迷宫	☆☆☆	
	猜灯谜	☆☆☆	
	智闯猴子山	☆☆☆	
	科学加油站	☆☆☆	
松果采摘园	玩转松子	☆☆☆	
	口算大王“跳出来”	☆☆☆	
	摘摘乐、搬搬趣	☆☆☆	
丛林大剧院	小鹦鹉有话说	☆☆☆	
	演唱会	☆☆☆	
	熊猫大剧院	☆☆☆	

我一共获得了（　）个点赞！

二年级“乐学乐游 丛林探秘我能行”展示评价表

班级：　　　　姓名：　　　　学号：

项目	内容	自我评价	老师点赞
智慧丛林	我型我 SHOW	☆☆☆	
	闯迷宫	☆☆☆	
	猜灯谜	☆☆☆	
	丛林飞镖	☆☆☆	
	“变”“辨”“辩”	☆☆☆	
松果采摘园	口算大王跳出来	☆☆☆	
	摘摘乐、搬搬趣	☆☆☆	
丛林大剧院	小鹦鹉有话说	☆☆☆	
	演唱会	☆☆☆	
	熊猫大剧院	☆☆☆	

我一共获得了（　）个点赞！

乐评乐游 激趣促学 重回自然 快乐成长

——深圳外国语学校宝安学校 2022–2023 学年度
第二学期低年级综合测评总结

一、综合测评活动的概况

学科融合趣无穷，多元评价促成长。深圳外国语学校宝安学校基于“站稳儿童立场，突显生命价值”的文化主张，尊重儿童天性，尊重成长诉求，以“与孩子重回自然”为主旨，开展了一、二年级学生综合素养测评活动。学校课程发展中心和年级基于学情策划统筹，学生、老师、家长全情投入，让情境真实、活动丰富、有序有趣的综合素养测评成为孩子最宝贵的学习体验！

孩子学习生涯的开始，应与万事万物相连，让孩子用孩子的方式关注自然、关注生活、关爱身边的一切是我们在小学低段教育中特别强调的主题，“让孩子成为孩子”理念和追求贯穿始终。正是在这样的背景下，学生自主生发主题、老师引导丰富主题、各学科组联动

开展教研确定“跨学科融合”主题，深外宝教师群策群力，出谋划策，拟定独具特色的跨学科融合游园方案，让学生重回自然，乐游乐学。内容有趣、评价丰富的游园活动，旨在锻炼深外宝学子在真实情境中的问题解决能力，完善学生多元知识的融合建构过程。

（一）寻丛林智慧

一年级的孩子们化身各路小动物积极探秘，有背诵各个“桃子”所指定的课文才能通关的“一起来摘桃”，计算题目并且靠双脚跳出答案的“口算跳出来”，利用数学七巧板拼出丛林图案的“七巧板拼拼乐”，动用火眼金睛才能在字母迷宫里找到动物单词的“Magic eyes”，认识动物新朋友并科学分类的“动物乐园漫步之旅”等等，一系列的闯关活动目不暇接，趣味盎然。

二年级的小朋友们也面临着许多挑战，有考查正确分类语文词语和图文卡片的“智闯猴子山”，投掷沙包并且准确口算相加得出结果的“丛林飞镖”，抽取数学灯谜并挑战回答的“猜灯谜”，模仿森林歌唱家演唱英文歌曲的“Happy Singer”，回答磁铁磁极并制作简易指南针的“校园历险记”等等。

（二）探秘采摘园

有随机抽取主题，说出相关词语才能萝卜蹲的“动物蹲蹲乐”，根据天平估算花生数量的“玩转果实”，读英文谜语猜小动物的“Intelligent mind”，还有利用衣架自制天平，正确称重的“玩转天平”。

二年级的同学则在“松果采摘园”里记诵课文和诗词，朗朗童声充盈着整个场地，悦耳动听！有的在仔细观察项链，在“串串乐——串项链活动”中发现隐藏的数学规律，有的在根据图片自信流利地用英文对话，努力成为一名“Eloquent speaker”。读词准确通顺，音调高低错落。

（三）观丛林剧院

小朋友们还来到了熊猫电视台，在当小记者看图说话，认真地观察图片，编织一个个属于自己的精彩故事，“小鹦鹉”也在那儿叽叽喳喳地看图讲故事。不仅如此，小朋友们还化身动物“外交官”，用英语介绍着自己最喜欢的小动物和自己梦想中的学校。孩子们绘声绘色地讲着故事，天马行空的想象力可把家长评委们逗得乐不可支。

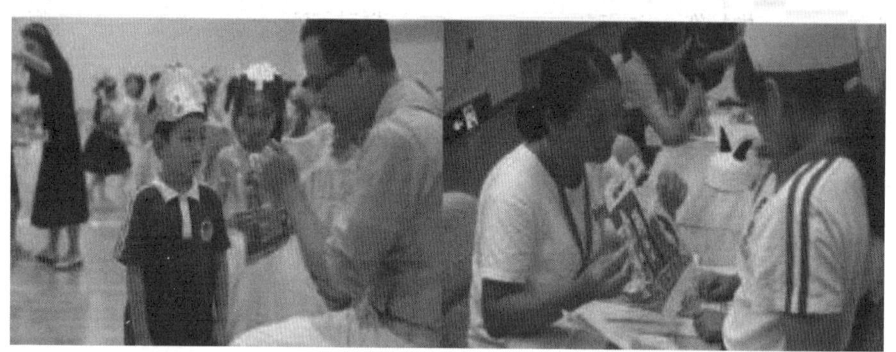

（四）游览百花园

丛林探秘的最后一站是百花园，那挂着的比花瓣还好看的是同学们的作品。笔划之间，一个个规范优美的汉字在孩子的笔下浮现，美不胜收。

本次综合测评活动，各科任老师群策群力，精心策划；闯关活动以兴趣为导向，实现跨学科融合。老师和家长评委倾力组织，用心评价，最终在一片欢声笑语中画上了圆满的句号。

附：综合测评的实施过程

本次游园活动于 6 月 25 日在小学部负一楼体育馆进行，设有丛林智慧、采摘园、丛林大剧院及百花园四大游园区域，外设主题背景板及合影处供老师及学生，家长合影留念。

每项游园活动均设 3 个摊位同时闯关，结合我校实际（一年级 333 人，二年级 417 人），全年级学生同时打卡时，预计每支队伍排队人数为 11—17 人，每项活动学生耗时 1—2 分钟，各年级总耗时 2—3 小时左右。

游园场地安排

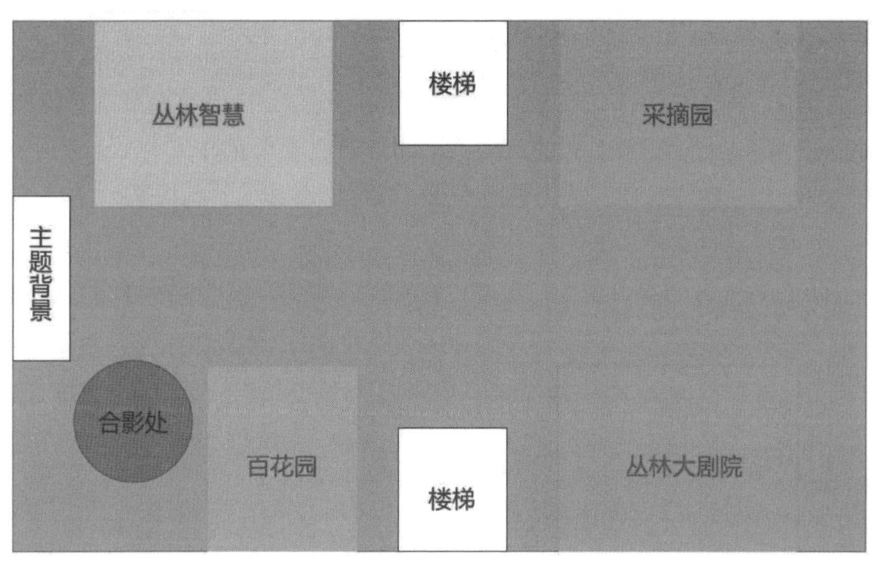

二、综合测评活动的结果及结果的分析与运用

测评活动一年级共 333 人参与，游园活动总得章数为 33 个，学生平均得章数为 31.53 个；二年级共 403 人参与。游园活动总得章数为 33 个，学生平均得章数为 30.64 个。学生本次综合测评的结果将按一定比例体现在学生学期形成性评价当中。

在综合测评过程中，学生参与的积极性很高，活动闯关的方式互动性强，低年级学生爱玩、爱探索的天性，使综合素质评价能更好地服务于学生的成长。学生在闯关集章的过程能够收获知识带来的成就感，激发学生学习内驱力。

利用每个活动三个奖章的评价机制，分别代表“合格”，“良好”，“优秀”三个梯度，既方便老师给予评价，同时学生也能更直观地感受到自己的知识掌握水平。

通过分析本次综合测评的实践结果，总结出以下经验：

1. 教师应在教育教学中创设能够引发学生真实表现的各种情境，满足低年段学生好奇心强、积极好动等身心发展特点，以欣赏、激励性评价挖掘不同个体的潜力，促进个体全面而有个性地发展。

2. 杜绝以“学业水平”为唯一评价标准，强调对学生进行全面、综合性的评价。作为教师，应关注学生多元智能的发展，以学科课程年段目标为标准，借助主题性评价活动，通过学生的展示表演、动手操作、游戏表现等途径开展寓评于乐的“ 玩中考、乐中评”。比如“Magic eyes”可以考查学生是否能在规定时间内自主完成拼写，关注认读英语词语的速度和能力；“玩转果实”在抓花生的过程中建立数感，感受数的组成，发展运算能力；跳格子（口算“跳”出来）方便简单且有趣，能够较为直观地检验孩子的口算能力。

3. 从学科整合的视角出发，利用“跨学科”活动，综合评估学生在“语言理解与表达”“数理逻辑与分析”“身体运动与协调”“创意想象与表达”和“合作交流与协同”等方面的发展状况，并根据实际情况给出学生未来发展方向。

三、综合测评活动的亮点与问题

（一）综合测评活动中的亮点

1. 总体统筹规划完备，活动效率高。

本次综合测评活动由学校课程发展中心和年级统筹部署，各学科备课组长牵头，科组老师积极响应。活动开始前，对活动场地，时间，道具，人员安排等均做出了预先规划及安排。根据学科知识设计活动内容，预想单人项目完成时间，规划学生队伍长度，设计摊位数量及摆放位置等等。活动现场井然有序，老师及家长安排合理，学生体验感好，效率高，各年级均在预想时间内有序完成游园活动。

2. 综合测评情境化程度高，活动趣味度大，学生参与度强。

让孩子用孩子的方式关注自然、关注生活、关爱身边的一切是我校在小学低段教育中特别强调的主题。正是在这样的背景下，我校拟定了独具儿童特色的跨学科融合游园方案，让学生重回自然，乐游乐学。本次综合测评在“丛林探险”的大情境下展开，分设四大部分，各项活动均围绕“动物”、“丛林”等主题开展，学生与老师均穿戴与动物相关的服装及道具，将这一情境一以贯之。内容有趣、评价丰富的游园活动，旨在锻炼学生在真实情境中的问题解决能力，完善学生多元知识的融合建构过程，极大地激发了学生的活动参与度。

3. **活动全程多方参与，学生、老师、家长齐上阵**。

本次我校综合测评以“学生自主生发主题——老师引导丰富主题——各学科组联动开展确定主题”为主线，在活动前，老师充分听取了各班学生的想法，活动设计从学生中来，最终到学生中去。与此同时，语数英音体美科组的老师们积极出谋划策，多次开展联合教研设计测评活动。同时，我校还积极活用家长力量，招募了家长义工帮忙担任活动评委，摄影，让家长参与到学生的学校生活中，搭建家校合作沟通平台，促进学生健康茁壮成长。

（二）综合测评活动中存在的问题

1. **针对学生通关情况缺乏针对性建议**。

通关完成后，对于学生的闯关情况，大部分教师仅以班级为单位，进行了较为笼统的班级情况反馈，针对闯关的情况所反映出的背后问题缺乏反思，对完成情况较弱的学生缺乏针对性的帮助与建议。综合测评更多的是让学生在评价中充分展现自己的能力与水平，激发学习内驱动力，因此对于综合测评中得章数较低的学生，教师应该及时鼓励，帮助学生找到问题所在并给予建议，提高学生学习自信。

附：学生综合素养测评记录反馈表

一年级“乐学乐游 丛林探秘”展示评价表

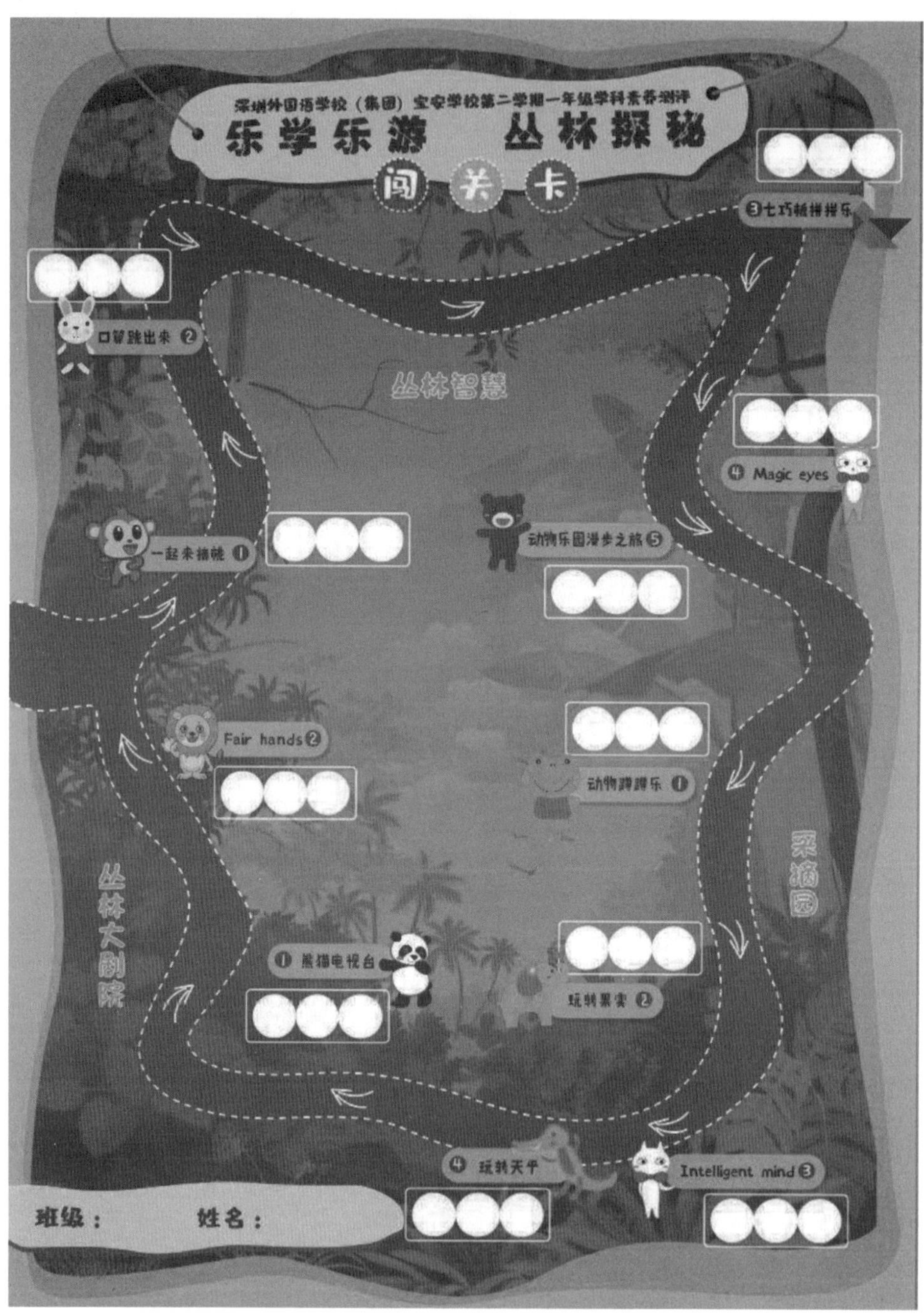

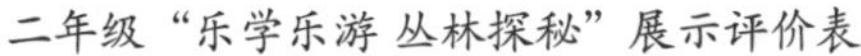

二年级“乐学乐游 丛林探秘”展示评价表

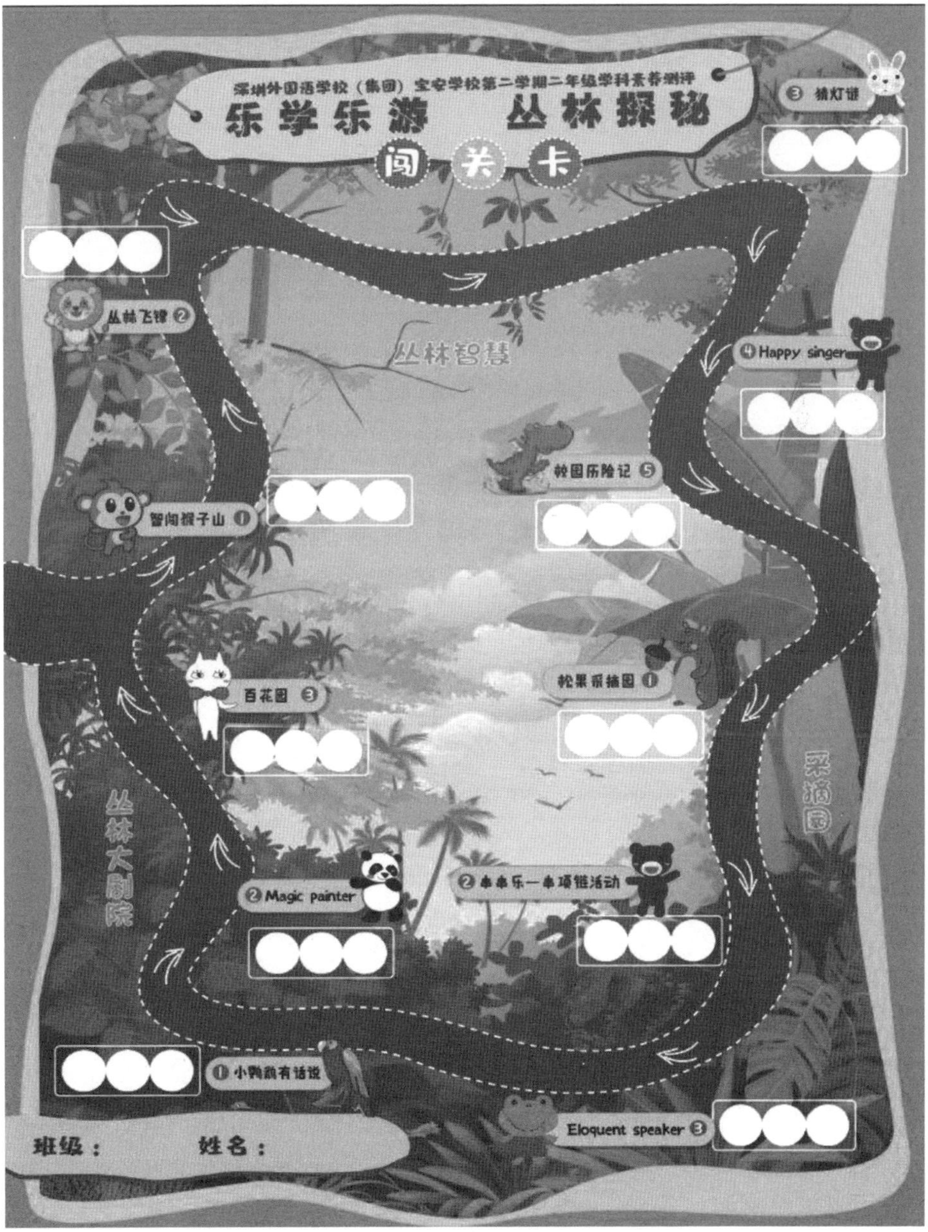

提质赋能小黄人，耕耘黄田乐成长

——黄田小学 2022–2023 学年度第二学期低年级综合测评方案

一、综合测评方案设计的理念与原则

（一）设计理念

为深入贯彻中共中央、国务院印发的《关于深化教育教学改革全面提高义务教育质量的意见》《关于进一步减轻义务教育阶段学生作业负担和校外培训负担的意见》精神，结合我校的办学理念，遵循低学段孩子的学习规律，构建充分体现基础教育课程改革思想的评价内容及评价主体多元、标准多样的评价方式。引导教师有效教学，切实减轻学生的学业负担，着眼于发现和发展学生的潜能，全面了解学生学习的过程和结果。通过评价，学生不断认识自我、发现自我、完善自我，实现教学预定目标，促进学生综合素质不断提高，最大限度地实现学生个性健康、全面发展，让每一个孩子拥有快乐的学习童年。

（二）基本原则

1. 发展性原则。评价坚持学生的全面发展，充分尊重学生的发展性与特殊性需要，注重评价的内容多元、方法多样。注重学生发展过程，提高学生综合素质，培养学生创新和实践能力，促进学生的全面发展，在评价过程中对自己成绩不满意的可以申请再次评价与延迟评价。

2. 过程性原则。评价要关注学生成长历程，把日常评价、成长记录与学科模块测试结合起来，坚持过程与阶段、集中和分散相结合，结合学生在课内和课外、校内与校外的整体表现开展综合测评。科任教师把个别的评价项目转化为一种常态的学习活动，整合在日常教学中。教师要关注学生学科学习习惯的养成，适当开展学习习惯的过程性评价，实现评价方式多样化。

3. 激励性原则。评价要最大程度调动学生的积极性，对自己成绩不满意的可以申请延迟评价与再次评价，肯定成绩、表彰先进、树立榜样，使学生发扬优点、改正缺点，从而使评价成为一种激励学生不断发展的动力。

4. 科学性原则。评价要遵循教育规律与学生身心发展规律，建立科学的评价体系，运用科学的评价方法，努力获取学生的全面信息，关注学生的个性差异及特长发展，扩大评价的涵盖面。

5. 互动性原则。评价突出学生的主体地位，通过交流互动，将学生自评、学生互评、家长参评和教师评价相结合，突出评价主体的多元化。

6. 融合性原则。如唱一首英文歌曲，将英语和音乐融合在一起；数学的游戏把数学和美术融合在一起；跳绳并记录自己跳了多少个，把体育和数学的数数融合在一起；评价关注学生知识整合的能力，利用所学到的知识综合解决问题。

二、综合测评的目标设计

主要包括基础性发展目标和学科性发展目标两个方面的内容。

（一）基础性发展目标

基础性发展目标是评价学生综合素质的主要依据。其基本内容主要包括道德品质、公民素养、学习能力、实践创新、交流与合作、运动与健康、审美与表现等方面。

（二）学科性发展目标

学科性发展目标是评价学生学业成绩的主要依据。其基本内容是各学科课程标准中列出的学习目标和各个学段学生应达到的目标，包括知识与技能、过程与方法、情感态度与价值观等方面，侧重对学习兴趣、学习态度、学习方法、学习习惯、自主合作探究能力的评价，关注学生人文精神的提升。

三、综合测评的内容设计

（一）基础性发展的测评内容（评价表详见附件 1）

涉及道德品质、公民素养、交流与合作等方面的评定，凡符合基本标准者，可评为合格；学习能力、运动与健康、审美与表现等方面的评定有 A、B、C、D 四级。一般第一部分为自我评价部分，中间一部分为写给他人的评价，最后一部分为家长寄语。以上评价内容可通过表现性任务、观察记录、访谈、作品分析、个人自评，他人评价的方式进行。

（二）学科发展过程的测评内容（评价表详见附件 2）

要求严格遵循各学科课程标准的基本要求，以各个学科每个单元的知识与技能目标为基准，通过作业、课堂表现和开放性、表现性的任务等进行评价。评价结果以“（A/B/C）等级 + 评语”的形式呈现，平时的学习行为表现占 50%。

校内的学习表现：

（1）平时的练习与作业情况，如书写认真程度、答题正确率、创造性解决问题情况，完成作业的速度、主动完成作业的情况；

（2）课堂教学观察：学生的课堂表现要通过学生回答问题的频率、思维品质、探究行为，学生在小组合作中的表现，学生的学习兴趣、主动性、积极性等因素来进行综合评价。可以在学生自评、互评的基础上进行综合。(由班主任会同各科任根据学生课堂表现打等级)

（3）参加校内活动：学生在活动中的表现是否积极、自觉，由班主任根据学生的情况打等级）

校外的学习表现

（1）注重课外阅读的积累性作业、英语口语交际性 作业、实践性作业、实验操作性作业等促进学生在真实情境中实际表现能力的表现性作业。(暂由语、数、英、科等学科科任根据学生作业情况打等级)

（2）活动观察：校外活动观察，要通过学生参加的一些有意义的活动，如社区服务、家务劳动等，能体现学生的社会实践能力、与人合作与交往的能力以及为他人、为社区服务的精神品质，包括学生参与各类综合实践活动的过程描述、活动成果、学生的感悟和反思等。(由班主任和家长根据学生活动表现打分)

（3)特长表现：包括学科获奖记录或证明、亲手制作的作品(如航模、车模、陶艺、手工、绘画、小制作等)或小发明成果、艺术表现性活动记录或奖励证书。

2. 学期末各学科综合测评（测评实施方案详见附件 3）

各个学科以形式多样、从易到难的闯关活动为形式，检验学生一学期的学科知识与技能掌握程度，通过五星级的评价，增强学生的学习成就感同时，帮助学生树立积极向上的学习态度和养成良好的习惯。

四、综合测评的过程设计

宣传（第一阶段）➡ 学生自评（第二阶段）➡ 学生互评（第三阶段）➡ 班主任、科任老师、家长评（第四阶段）➡ 期末综合测评（第五阶段）➡ 认定结果（第六阶段）

五、测评方案的特点与问题

（一）特点：

1. 全面性和过程性

既关注了学生的知识和技能的形成，更关注乐学生情感与态度的形成，既关注了学生的学习结果，更关注了学生的学习过程的变化和发展，充分发挥教育功能，运用多种手段进行过程性评价。通过对学生的德、智、体、美、劳等多方面素养进行综合测评，为培养全面发展的学习者提供了依据，并逐步落实学科教学的核心素养培养目标。

2. 评价主体多元化和评价方式多样化

实行教师、学生、家长、同伴四位多元评价主体，将适时评价、形成性评价和终结性评价有机结合，避免片面单一的评价。

3. 尊重个性差异

尊重个性差异、保护学生的自信心、自尊心，对于基础知识、基本技能考查，当有部分学生暂时还没达标，允许学生通过自己的努力，一段时间后逐步达到既定目标。

（二）存在问题：

过程性评价和评价主体的多元化，都有一定的局限性，个人主观因素或者其他方面的原因，都不能达到百分百准确。

附件 1：基础性发展的测评内容（评价表）

等级 项目	A	B	C	D	学生自评	学生互评	家长评价	教师评价	综合评价
道德品质									
公民素养									
交流与合作									
学习能力、									
运动与健康									
审美与表现									

附件 2：学科发展过程的测评内容的评价（评价表）

表现 项目	平时学习	课堂表现	活动表现	特长表现	综合测评
语文					
数学					
英语					
科学					
音乐					
体育					
美术					
劳动					

附件 3：

一、测评活动安排

1. 活动总负责人徐辉，教学负责人姚晓南，活动考官低年级科任教师，各班家长义工 10 人。

2. 活动地点：架空层。

3. 活动时间：暂定 6 月 28 日（见表 1）。

表 1　活动时间安排

6 月 28 日上午		6 月 28 日下午	
第一节 第二节	（1）班	第五节 第六节	（5）班
	（2）班		（6）班
第三节 第四节	（3）班	课后服务一 课后服务二	（7）班
	（4）班		（8）班

二、测评活动项目

低年段语文

第一关：书声琅琅

（一）词语达人

1. 内容：学生从 10 组词语中选择一组词语，正确认读。考查学生的识字能力。

2. 评价标准：全部认读正确得 3 颗穗；认读词语 5 个以上得 2 颗穗；4 个以下得 1 颗穗。

（二）伶牙俐齿

1. 内容：学生从 10 组课文材料中抽取其中一组，正确、流利地朗读。考查学生的课文朗读能力。

2. 评价标准：能正确、流利地朗读得 3 颗穗；较为正确、流利地朗读得 2 颗穗；不能正确、流利地朗读得 1 颗穗。

第二关：小小画家

1. 内容：学生从 5 张古诗卡中抽取 1 张，根据古诗的内容进行配画。

2. 评价标准：图画能体现古诗内容，布局合理，作品美观得 3 颗穗；图画基本能体现古诗内容，布局比较合理，作品未涂色得 2 颗穗；图画基本能体现古诗内容，布局不合理，作品未涂色得 1 颗穗。

第三关：书法行家

1. 内容：学生从 10 组题卡中抽取 1 组，看拼音，在田字格内写词语。每组有拼音 20 个、词语 10 个。考查学生书写、拼读能力。

2. 评价标准：占格正确，结构合理，书面整洁，全部正确得 3 颗穗；占格基本正确，结构较为合理，书面整洁，写对 5 个及以上词语得 2 颗穗；占格不正确，结构不合理，书面不整洁，写对 4 个及以下词语得 1 颗穗。

第四关：语言达人

1. 内容：学生从十张图片中抽取一张图片，根据卡片上的提示进行说话练习。考查学生的语言表达能力。

2. 评价标准：普通话正确、流利、声音洪亮，向老师表达清楚得 3 颗穗；较为正确、流利地表达得 2 颗穗；不能正确、流利地表达得 1 颗穗。

低年级英语

第一关：I can listen!

1. 内容：听老师读单词，指出与老师所读单词相匹配的图。

2. 评价标准：答案全部正确得 3 颗穗；答对 3 道以上得 2 颗穗；3 道以下得 1 颗穗。

第二关：I can read!

1. 内容：看图片读单词，认读 8 张卡片。

2. 评价标准：能正确认读 8 张为 3 颗穗；能正确认读 4–7 张得 2 颗穗；能正确认读 4 张以下得 1 颗穗。

第三关：I can say!

1. 内容：看图说话。

2. 评价标准：能根据图片主题正确说出 3 句话得 3 颗穗；能正确描述 2 句得 2 颗穗；能表述出 1 句话得 1 颗穗。

第四关：I can sing!

1. 内容：唱一首自己最熟悉的英文歌。

2. 评价标准：能完整演唱、发音标准、音调正确得 3 颗穗；基本能演唱，个别发音有误，音调基本正确得 2 颗穗；音调基本正确，多个发音有误得 1 颗穗。

一年级数学

第一关：小神医过河给树治病

1. 内容：学生拿到题卡后，先按顺序口算 4 道题过河，再判断河边两棵树中的竖式计算对不对，如果不对，请说出错在哪？正确结果是什么。考查学生 100 以内的口算和竖式计算。

2. 评价标准：自己顺利过河并治好 2 棵大树的病，得 3 颗穗；口算 4 道，并治好 1 棵树得 2 颗穗；只对口算 4 道得 1 颗穗。

第二关：小精灵爬楼梯找玩具

1. 内容：学生拿到题卡后，先按顺序爬楼梯，并依次回答阶梯上的问题，最后给找到的玩具分类。考查形式：口答。考查学生对百数表、从不同方向观察物体、整理分类的能力。

2. 评价标准：自己爬上楼梯并能对找到的图形进行二次分类，得 3 颗穗；被提醒帮助一次减半颗穗。最后得穗颗数采用进一法。

第三关：小英雄上山救援

1. 内容：学生拿到题卡后，先线路上山，并解决每个落脚营中的要求，分别有解决问题、提出问题、编写问题。考查学生解决问题，提出问题，根据算式编出问题的能力。

2. 评价标准：解决一个营点的问题得 1 颗穗；解决两个营点的问题得 2 颗穗；解决三个营点的问题得 3 颗穗。

二年级数学

（一）评价项目

评价一共分为三个项目，课堂单元练习均值（选 4 个重点单元）、口算小达人和游园活动（有辨认方向、玩转七巧板、时间小主人 3 个小项）。

（二）项目比值

课堂单元练习均值占比 40%，现场计算问答占 30%，综合总占 30%（其中辨认方向、玩转七巧板、时间小主人各占 10%）。

（三）评价时间

现场提问暂定为学期的第 18 周，游园活动根据年级统一安排时间。

（四）评价方法

1. 课堂单元练习均值。

4 次课堂单元练习，期末时取每次课堂练习成绩的平均值，折算 40% 计入总分。

2. 口算小达人。

考查范围：100 以内加减法，表内乘法，表内除法，长度单位换算题。教师提前准备好内容，制作成口算题卡。学生随机抽取各一个题卡，口算出结果。

3. 游园活动（辨认方向、玩转七巧板、时间小主人）

共考查 3 个内容，“第二单元：方向与位置”“第六单元：认识图形”“第七单元：时、分、秒”。

4. 内容安排。

（1）辨认方向：通过指令找到相对应的方向，东、南、西、北、东南、东北、西南、西北，每个方向完成体育项目（20 米往返跑），找对 3 个方向可获得 3 颗穗。

（2）玩转七巧板：①随机指出七巧板中的角，学生说一说分别是什么角；

②找出七巧板中的三角形、正方形、长方形、平行四边形。③利用七巧板拼出一个长方形和三角形，都回答和操作正确即可获得 3 颗穗。

（3）时间小主人：抽取一道题卡，先说出钟面上时间，再说出过几分是几时几分，最后根据几时几分正确摆放分针和时针，都回答和操作正确即可获得 3 颗穗。

一年级科学

明察秋毫——“哪一杯是水？”

1. 内容：提供水、胶水、白醋、红糖水等液体中，利用多种感官分辨出哪一杯是水，并说明理由。

2. 评价标准：回答正确哪一杯是水且说明理由的得 5 颗穗，只回答正确哪一杯是水，但不能说明理由的得 3 颗穗。回答错误哪一杯是水的得 1 颗穗。

二年级科学

共考察 2 个内容，“第一单元：磁铁”，“第二单元：我们自己”，内容具体安排如下。

（1）神奇的指南针：利用指南针，找出学校教学楼、办公楼、校门口分别是哪个方向，操作正确即可获得 3 颗穗。

（2）真假水果我能辨：利用各种感官辨认出真水果与假水果，并说出理由，能用到三种感官进行观察并辨认真假的得 3 颗穗。

五、综合测评评奖方式

根据语文、数学、英语、音乐、美术、科学等学科的综合表现情况评定（见图 1），评定等级分别为：金穗有 40–45 穗；银穗有 35–39 穗；铜穗有 30–34 穗；铁穗有 25–29 穗。

提质赋能小黄人，耕耘黄园乘风长
集穗卡
1 1 1 2 2 2 3 3 3 4 4 4
5 5 5 6 6 6 7 7 7 8 8 8
9 9 9 10 10 10 11 11 11 12 12 12
13 13 13 14 14 14 15 15 15
恭喜你获得 颗 ！

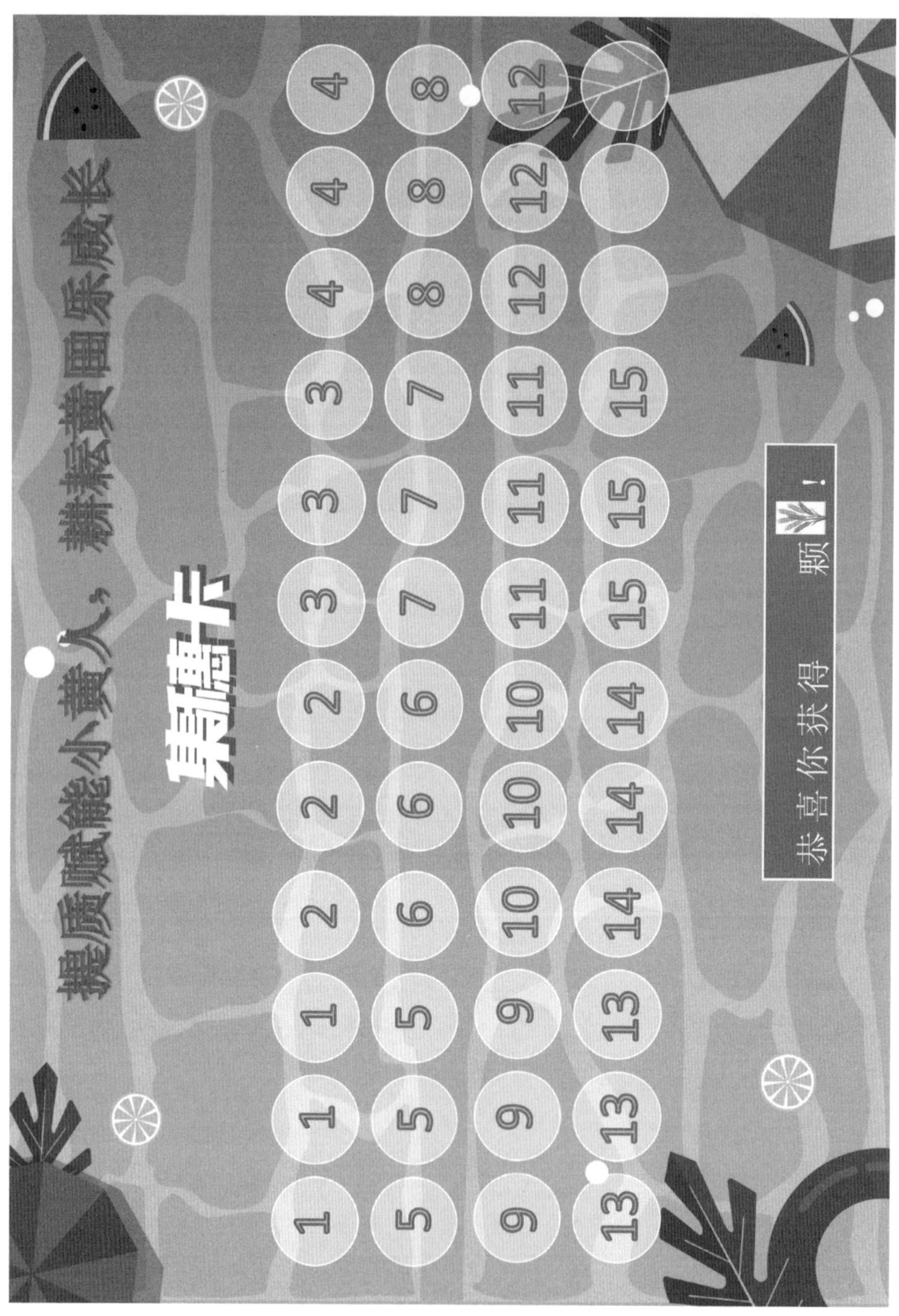

图 1 集穗卡

表 1 提质赋能小黄人，耕耘黄田乐成长

黄田小学低年级学科综合素养测评

序号	评价项目	评价标准	序号	评价项目	评价标准	序号	评价项目	评价标准
1	**词语达人**	全部认读正确为 3 颗	6	I can listen!	答对 5 道题，获得 3 颗。	11	小神医过河给树治病	自己顺利过河 好 2 棵大树的病，获得 3 颗。
		读对词语 5 个以上为 2 颗			答对 3-4 道题，获得 2 颗。			被提醒帮助一次减半颗。
		4 个以下为 1 颗			答对 3 道以下，获得 1 颗。			最后得星颗数采用进一法。
2	**伶牙俐齿**	确、流利地朗读课文为 3 颗	7	I can read!	能正确认读 8 张，获得 3 颗。	12	小精灵爬楼梯找玩具	自己爬上楼梯并能对找到 图形进行二次分类，获得 3 颗。
		较为正确、流利地朗读为 2 颗			能正确认读 4-7 张，获得 2 颗。			被提醒帮助一次减半颗。
		不能正确、流利地朗读为 1 颗			能正确认读 4 张以下，获得 1 颗。			最后得星颗数采用进一法。
3	**头脑风暴**	答对 3 道题为 3 颗	8	I can say!	据图片正确说出 3 句话，获得 3 颗。	13	小英雄上山救援	三个营点的问题，获得 3 颗。
		答对 2 道题为 2 颗			据图片正确说出 2 句话，获得 2 颗。			两个营点的问题，获得 2 颗。
		答对 1 道题为 1 颗			据图片正确说出 1 句话，获得 1 颗。			两个营点的问题，获得 1 颗。
4	**书法行家**	占格正确，结 理，书面整洁，全部正确为 3 颗	9	**I can sing!**	能完 唱，发音标准，音调正确，获得 3 颗。	14	体育	表现好获得 3 颗。
		占格基本正确，结构较为合理，整洁，写对 5 个及以上词语为 2 颗			基本能演唱， 发音有误，音调基本正确，获得 2 颗。			达标获得 2 颗。
		结构不合理，书面 洁，写对 4 个及以下词语为 1 颗			基本正确，多个发音有误，获得 1 颗			基本合格获得 1 颗。
5	**语言达人**	用普通话正确、流利 音洪亮向老师表达清楚为 3 颗	10	**“哪一杯是水？”**	正确哪一杯是水且说明理由的为 3 颗	15	劳动	表现好获得 3 颗。
		较为正确、流利的表达为 2 颗			只回答正 一杯是水，但不能说明理由的为 2 颗。			达标获得 2 颗。
		不能正确、流利地表达为 1 颗			回答错误哪一杯是水的为 1 颗。			基本合格获得 1 颗。

小朋友们，一个学期即将结束，你都有哪些收获呢？让我们开启测评之旅吧！表现越勇敢、越大方，获得的奖穗数就越多哦，加油吧！

班级　　　　姓名

提质赋能小黄人，耕耘黄田乐成长

——黄田小学 2022–2023 学年度第二学期低年级综合测评总结

一、综合测评活动的概况

为深入贯彻中共中央、国务院印发的《关于深化教育教学改革全面提高义务教育质量的意见》《关于进一步减轻义务教育阶段学生作业负担和校外培训负担的意见》精神，全面落实“双减”政策，促进学生综合素养的提升，深圳市宝安区黄田小学于 2023 年 6 月 27 日和 28 日举行了一二年级学生综合素质测评活动。本次活动由学校教学处领导、低年级各科老师、一二年级家长义工和一二年级学生参加。活动以科组为单位，设置游园项目，考查学生本学年各学科的学科素养能力。

语文学科测评结合了学生的年龄特点和认知特点，围绕低年段的“识字”“阅读”“说话”“书写”四个方面充分展开，以“书声琅琅”“头脑风暴”“书法行家”和“语言达人”为主题，考查学生的识字能力、朗读能力、阅读能力、书写能力和口头表达能力，为孩子们学好语文、用好语文奠定坚实的基础。老师们精心制作了丰富多样的语言材料和图画，让语文测试灵动起来。

数学学科推出了“小小神医过河治树”“小小精灵爬梯整理积木”“小小英雄上山援助同学”“时间达人”和“七巧板达人”五个闯关游戏，学生认真思考、细心动手，把数字计算、时间和图形的知识融会贯通、学以致用，在趣味活动中体验生活中的数学，收获了更多学习的自信与乐趣。

英语学科测评分别从“认”“说”“唱”三个方面来展开，以“I can read”“I can say”“I can sing”为主题，考查学生的认读能力、口头表达能力和英文歌曲演唱能力，学生可以自主选择或随机抽取一份图文资料，按要求完成活动，在趣味活动中检测一学期以来的学习成果。学生个个兴致勃勃，在老师的指引下争相积极参与。

科学学科的“小小实验员”设置了“那一杯是水？”和“使用指南针辨别方向”两个测评项目。在“那一杯是水？”的挑战任务中，孩子们学会了利用多种感官观察不同的液体，科学描述物体的特征，积极思考，大胆表达自己的看法。在“使用指南针辨别方向”项目中，孩子们熟练地操作着指南针，辨认校门口和教室的方位，在活动中学生们感受古人创新的智慧，也培养了学生的动手实践能力。

音乐学科在游园活动中设置了“小小歌唱家”环节，学生任选一首教材歌曲，通过独唱、小组唱歌表演等形式在舞台上展示，在表演中提高孩子们舞台自信及修正个人仪态。学生在老师和家长义工的指引下积极参与，悠扬的歌声吸引了许多学生和家长驻足，场面有序，氛围热闹。

体育学科推出了“小小运动员”，一是根据低年级学生身心特点设立“坐位体前屈”，检测学生的柔韧及协调性素质的发展水平。二是本学期结合体育学科的往返跑和数学学科的方向知识，在锻炼学生身体协调性和灵活性的基础上，助力学生发展空间思维能力、促进体能发展，潜移默化地提高学生的综合素养。

美术学科设置了“小小艺术家”游园项目，通过“拓印小海星”和“剪纸贴爱心树”，考察孩子们的动手能力和空间思维能力，提升孩子们对颜色和线条的艺术审美水平。孩子们专心专注拓印和剪纸，家长义工们也热情耐心地进行指导。

劳动技能考察了学生系红领巾和系鞋带的能力，因为一二年级学生刚入队，系红领巾是考核少先队员的一个条件，而系鞋带是一项基本生活技能，所以，劳动技能的考查跟学生的生活息息相关，培养了学生的生活技能。

孩子们在活动中收获了学习的乐趣，在一个个闯关项目中收获了成长的快乐。

二、 综合测评活动的结果及对结果的分析与运用

从本次综合测评的结果看，语文、数学、英语、科学、美术、劳动技能学科的测评效果较好，绝大部分孩子能够拿到满分 3 颗穗，每个班只有 2–3 个孩子没有拿到 3 颗穗；音乐和体育学科则是大部分孩子只能拿到 2 颗或者 1 颗穗。

因此得出结论：学生的语文学科素养、数学学科素养、英语学科素养、科学学科素养、美术学科素养、劳动技能得到了较好的发展和培养；音乐学科素养和体育学科素养还要加强训练。

三、综合测评活动的亮点与问题

（一）亮点

1. 全面性和过程性

测评既关注了学生知识和技能的形成，又关注了学生情感与态度的形成，既关注了学生的学习结果，又关注了学生的学习过程的变化和发展，充分发挥教育功能，运用多种手段进行过程性评价。通过对学生的德智体美劳等多方面素养的综合测评，为培养全面发展的学习者提供了依据，逐步落实学科教学的核心素养培养目标。

2. 评价主体多元化和评价方式多样化

测评实行多元评价主体，将适时评价、形成性评价和终结性评价有机结合，避免片面单一的评价。

3. 尊重个性差异

尊重个性差异，保护学生的自信心、自尊心，对于基础知识、基本技能考查，当有部分学生暂时还没达标，允许学生通过自己的努力，一段时间后逐步达到既定目标。

存在问题：由于测评活动是由老师面对面测评，主观因素较多，加上测评时间的安排、测评内容的有限性，各科的测评知识不够全面，测评的结果也存在一定的局限性。

附：学生综合素养测评活动记录反馈表

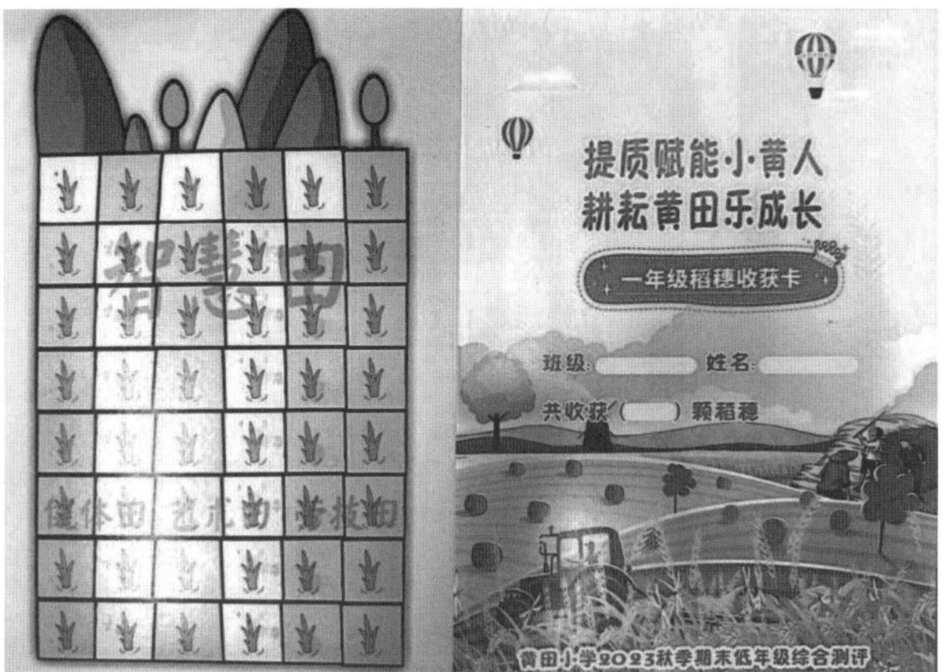

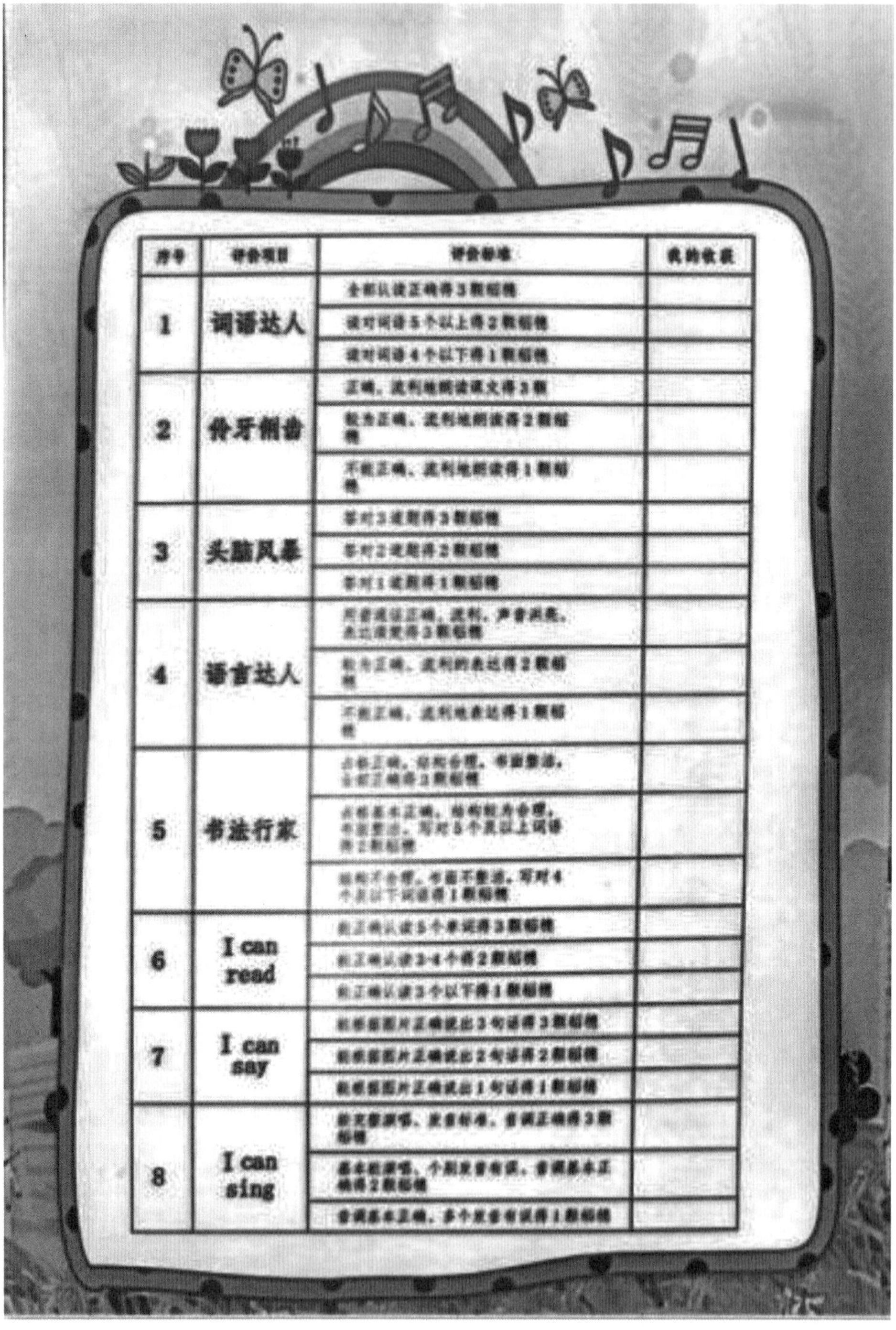

序号	评价项目	评价标准	我的收获
1	词语达人	全部认读正确得3颗稻穗	
		读对词语5个以上得2颗稻穗	
		读对词语4个以下得1颗稻穗	
2	伶牙俐齿	正确、流利地朗读课文得3颗	
		较为正确、流利地朗读得2颗稻穗	
		不能正确、流利地朗读得1颗稻穗	
3	头脑风暴	答对3道题得3颗稻穗	
		答对2道题得2颗稻穗	
		答对1道题得1颗稻穗	
4	语言达人	用普通话正确、流利、声音洪亮、表达清楚得3颗稻穗	
		较为正确、流利的表达得2颗稻穗	
		不能正确、流利地表达得1颗稻穗	
5	书法行家	占格正确，结构合理，书面整洁，全部正确得3颗稻穗	
		占格基本正确，结构较为合理，书面整洁，写对5个及以上词语得2颗稻穗	
		结构不合理，书面不整洁，写对4个及以下词语得1颗稻穗	
6	I can read	能正确认读5个单词得3颗稻穗	
		能正确认读3-4个得2颗稻穗	
		能正确认读3个以下得1颗稻穗	
7	I can say	能根据图片正确说出3句话得3颗稻穗	
		能根据图片正确说出2句话得2颗稻穗	
		能根据图片正确说出1句话得1颗稻穗	
8	I can sing	能完整演唱、发音标准、音调正确得3颗稻穗	
		基本能演唱、个别发音有误、音调基本正确得2颗稻穗	
		音调基本正确、多个发音有误得1颗稻穗	

序号	评价项目	评价标准	我的收获
9	小小神医过河给树治病	过河医治1-2两棵树得3颗稻穗	
		跨过3-4个石头过河得2颗稻穗	
		跨过1-2个石头过河得1颗稻穗	
10	小小精灵爬梯整理积木	攀登5个台阶得3颗稻穗	
		攀登3至4个台阶得2颗稻穗	
		攀登1至2个台阶得1颗稻穗	
11	小小英雄上山救援同学	解决三个雷点的问题得3颗稻穗	
		解决两个雷点的问题得2颗稻穗	
		解决一个雷点的问题得1颗稻穗	
12	小小实验员	回答正确且说明理由得3颗稻穗	
		只回答正确但不能说明理由得2颗稻穗	
		回答错误得1颗稻穗	
13	小小歌唱家	能完整有感情地演唱并伴有合适的动作或乐器得3颗稻穗	
		能完整且有感情地演唱得2颗稻穗	
		能完整演唱得1颗稻穗	
14	小小运动员	坐位体前屈：14-18cm得3颗稻穗	
		坐位体前屈：6-13.9cm得2颗稻穗	
		坐位体前屈：1-5.9cm得1颗稻穗	
15	小小艺术家	能拓印出清晰且丰富的点、线、色作品得3颗稻穗	
		能拓印出简单的点、线、色作品得2颗稻穗	
		能拓印出基本的造型得1颗稻穗	
16	小小劳技员	能又快又规范系好红领巾得3颗稻穗	
		能规范系好红领巾得2颗稻穗	
		不能规范系好红领巾得1颗稻穗	

序号		评价项目	评价标准	我的收获	序号	评价项目	评价标准	我的收获	序号	评价项目	评价标准	我的收获
1.		词语达人	全部认读正确得 3 颗稻穗。		6.	I can read!	能流利朗读得 3 颗稻穗。		11.	小小运动员	动作灵敏流畅，方向准确，速度快，得 3 颗稻穗。	
			读对词语 5 个以上得 2 颗稻穗。				能正确朗读得 2 颗稻穗。				动作流畅完成任务得 2 颗稻穗。	
			读对词语 4 个以下得 1 颗稻穗。				能基本朗读得 1 颗稻穗。				基本能按照指令完成任务得 1 颗稻穗。	
2.		伶牙俐齿	正确、流利地朗读课文得 3 颗。		7.	I can say!	能根据图片正确说出 4-5 句话得 3 颗稻穗。		12.	小小艺术家	能用对称的方法剪出一个花纹丰富，有美感的对称爱心，得 3 颗稻穗。	
			较为正确、流利地朗读得 2 颗稻穗。				能根据图片正确说出 2-3 句话得 2 颗稻穗。				能用对称的方法剪出一个有花纹的对称爱心得 2 颗稻穗。	
			不能正确、流利地朗读得 1 颗稻穗。				能根据图片正确说出 1 句话得 1 颗稻穗。				能用对称方法剪出一个对称的爱心 1 颗稻穗。	
3.		语言达人	用普通话正确、流利、声音洪亮、表达清楚得 3 颗稻穗。		8.	I can sing!	能完整演唱、发音标准、音调正确得 3 颗稻穗。		13.	小小劳技员	能快速流畅地系好鞋带得 3 颗稻穗。	
			较为正确、流利的表达得 2 颗稻穗。				基本能演唱、个别发音有误、音调基本正确得 2 颗稻穗。				能快速系好鞋带得 2 颗稻穗。	
			不能正确、流利地表达得 1 颗稻穗。				音调基本正确、多个发音有误得 1 颗稻穗。				能基本系好鞋带得 1 颗稻穗。	
4.		七巧板达人	利用七巧板拼出一个长方形和三角形得 3 颗稻穗。		9.	小小实验员	能正确操作指南针，并说出教学楼、办公楼、校门口的方向得 3 颗稻穗。				春种一粒粟，秋收万颗子！小朋友们，一个学期即将结束，你都有哪些收获呢？让我们开启收获之旅吧！ 表现越勇敢、越大方，获得的奖励稻穗数目就越多哦，加油吧！ 恭喜你收获　　颗	
			找出三角形、正方形、长方形、平行四边形得 2 颗稻穗。				能按照说明书操作指南针得 2 颗稻穗。					
			正确说出角的类型得 1 颗稻穗。				能辨认出磁针的南北方向得 1 颗稻穗。					
5.		时间达人	根据几时几分正确摆放分针和时针得 3 颗稻穗。		10.	小小歌唱家	能完整有感情地演唱并伴有合适的动作或乐器得 3 颗稻穗。					
			说出过几分是几时几分得 2 颗稻穗。				能完整且有感情地演唱得 2 颗稻穗。					
			正确说出钟面上时间得 1 颗稻穗。				能完整演唱得 1 颗稻穗。					

华附少年　乐学趣闯

——华中师范大学宝安附属学校 2022–2023 学年度第二学期低年级综合测评方案

一、综合测评方案设计的理念与原则

（一）理念

教育部印发的《关于加强义务教育学校作业管理的通知》，要求“小学一二年级不进行纸笔考试”。各地各校要树立全面发展的质量观和科学的教育评价观，科学全面评价学生。《义务教育课程方案（2022 版）》也要求改进教育评价，重视综合素质评价。

华中师范大学宝安附属学校小学低学段立足新课标要求，响应“双减”政策号召，充分发挥学校“精心、精致、精细”的理论优势，围绕立德树人的根本目标，按照“基础性、综合性、应用性、创新性”四层考查内容创建真实情境，把综合评价与情境化实践紧密统一，使学生在真实任务中尝试发现、分析和解决问题，以学科核心素养为关键连接层，进行融合知识、能力、价值的综合评测。

（二）原则

1. 全面性原则：从德智体美劳等方面综合评价学生的发展，坚持德育为先，提升智育水平，加强体育美育，落实劳动教育，确保“五育”并举，促进学生素质全面和谐发展。

2. 发展性原则：评价以促进学生发展为目标，定性与定量评价相结合，注重过程评价，注重引发学生思维和发展，自主应用基本知识和基本技能，表达出不同学生的不同方法，关注学生成长，为学生终身发展奠基。

3. 直观性原则：本次评测以真实的实践情境充分调动学生的多种感官和已有经验，通过各种形式的感知，丰富学生的直接经验和感性认识，使学生获得生动的表象，符合小学低学段学生的认知特点。

4. 启发性原则：评测依循双边性规律，强调教师的主导与学生的主体相统一，评测各关卡中，教师对学生循循善诱，使学生处于积极的状态，充分发挥学生的主动性，尊重学生的主体地位。

5. 巩固性原则：评测的内容依托学生最近发展区，设计引导学生在理解的基础上巩固经验和技能，并在应用时良好表达、呈现。

6. 循序渐进原则：按照学科基础知识的逻辑顺序和学生认知发展的顺序展开，重视各学科间的相互联系、融合，由浅入深、由简入繁地设置评测关卡。

7. 因材施教原则：评测充分尊重个体身心发展规律的个别差异性，在面向全体学生的基础上，采取多种不同的个性化评价梯度，使每个学生都能从评测中收获正向反馈，并进一步使他们的才能和个性得到健康发展。

二、综合测评的目标设计

（一）目标：让每一个孩子幸福成长

结合我校培养有健康身心、有家国情怀、有公民素养、有关键能力、有创新精神的“五有”自信阳光少年的总目标，以及“深度教育，智慧发展”和“让每一个孩子幸福成长”的教育理念，以我校课程体系为依托，我们制定了本次低年级综合素养测评方案，旨在通过综合测评活动，贯彻新课改的育人理念，促进教育方针的全面落实，促进学生全面和谐的发展，培养华中宝附阳光自信的“五有少年”。

一、二年级借助于趣味闯关的活动形式，进行“华附少年，乐学趣闯”综合素养测评活动。包括语文、道法、数学、英语、科学、劳动、综合、体育、美术、音乐和形体共 11 个学科，每个学科设置一些趣味关卡，让学生“乐学趣闯”。

（二）多元的评价方式

我校的综合测评分为过程性评价、形成性评价和综合性评价三

个维度。三个维度贯穿学生日常学习始终，立体而具体地对学生学科素养、学习能力和策略、品行品德、情感态度等各方面进行精细而科学的测评。

1. 过程性评价

我校的过程性评价强调过程导向，通过课堂积分、学生导师、定期家访、德育高地等多种方式，全过程、全方位地及时了解学生身心发展的状况，积极予以学生和家长动态反馈，并形成学生成长手册、个性化辅导手册、家访记录

等多种学生档案，全面忠实地记录学生的发展过程。

2. 形成性评价

我校的形成性评价强调在闯关过程中遵循教育规律与学生身心发展规律，采用相对科学的评价体系，运用科学的评价方法，既反映学生学习成效，又彰显学生的个性、特长和发展潜能，努力获取学生德、智、体、美、劳诸方面素质的全面信息，关注学生的个性差异及特长发展，扩大评价的涵盖面。同时，将“学中玩，玩中学”的课程理念落实到学生的形成性评价过程中，提升学生动手操作能力和解决问题的综合能力，促进学生表达能力的提升，规范表达习惯，增强学生的学习兴趣。

3. 综合性评价

综合性评价以立德树人为根本目标，从多方面对学生展开综合性的考察，化育智慧为育人。

学科内部，要求学生能够触类旁通、融会贯通。学科内部的考察，强调必备知识、关键能力、学科素养、核心价值的有机统一，通过设置综合层面的问题情境，培养学生在正确的思想观念引导下、综合运用多种知识和技能来解决问题的能力。

学科外部，要求学生具有跨学科的思维，能够综合运用各学科的知识在真实的实践情境中解决问题。跨学科的综合考察，通过设置复杂的情境活动，调动学生跨学科的知识与能力，将各个学科的知识融会贯通并能够付诸实践。

五育并举，我校综合性评价不仅考察学生学科内部、学科之间的知识与能力，更强调德智体美劳五育结合，全面综合地展开评价。

三、综合测评的内容设计

表 1　一年级：《寻宝记——中国行》情景设计与任务安排

情境	学科	实体场景	任务	
古都西安寻宝记	语文道法	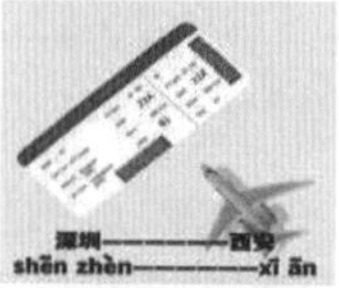 深圳——西安 shēn zhèn——xī ān	关卡一 经典咏流传	经典咏流传：中国古典诗词源远流长，是中华民族杰出的艺术创造和丰富的情感记录，是我们代代承传的文化瑰宝。请同学们随机抽取图片，说说对应的是哪首古诗，并结合图片说说古诗的意思，即可获得从深圳前往西安的机票。
			关卡二 词语巧仿说	词语巧仿说：秦兵马俑被誉为“世界第八奇迹”，有着丰富的历史文化内涵，它不但是中国人民同时也是全人类的珍贵文化财富。请同学们抽取词语形式，说出同类型的词语即可获得“秦始皇帝陵博物院 -- 兵马俑”参观门票。
			关卡三 园地大接力	园地大接力：千百年来，大雁塔一直是古城西安的象征和标志性建筑。高耸入云的大雁塔，象征着玄奘法师崇高的人格品质和伟大精神。请同学们抽取名人名言前半句，完成后半句接力，并根据情境，将该名人名言运用其中，即可获得参观大雁塔的门票。
京都寻宝记	数学		关卡四 楼阁探密	中央电视台总部大楼是世界十大建筑奇迹，突破了传统建筑观念，是我国电视文化和管理中心，在这里我们感受到了图形之美。说出下面这些图形的名字，即可获得参观门票哦！
			关卡五 宫殿寻宝	故宫见证了近代中国的兴衰，这座古老的宫殿在历史的长河中屹立不倒。我们也在知识的宫殿里探索发现，请你说出卡片中算式的得数，宝藏就藏在你学过的知识里！
音乐之都哈尔滨寻宝记	英语		关卡六 欢声笑语 （I can say）	圣·索菲亚教堂构成了哈尔滨独具异国情调的人文景观和城市风情，它又是沙俄入侵东北的历史见证和研究哈尔滨市近代历史的重要珍迹。现在请同学们抽取单词卡，并流利响亮地朗读出来，即可获得参观教堂诗班吟诵的机会噢。
			关卡七 声声不息 （I can sing）	哈尔滨犹太老会堂，具有欧式经典建筑、神圣庄严会堂和犹太文化积淀三大亮点。一二层为音乐厅主体，将主演西洋古典高雅音乐，再现哈尔滨西洋室内音乐的辉煌，组织中俄音乐文化交流，塑造哈尔滨音乐圣殿，被国务院批准为“国家级重点保护建筑”。你想进去听一场音乐会吗？只要能把这首歌流利响亮的唱出来，即可获得音乐会的门票噢！

续表

古都镇江寻宝记	科学		关卡八 不失毫厘	欢迎来到美丽的邯郸，三国时期，曹冲曾在这里用一艘船和石头就能称出大象的重量！经过本学期的学习，你已初步习得称重这项本领，请你在此一展身手，准确测量桌面上物体的重量，拿到前往下一关的门票吧！
劳动小达人寻宝记	劳技 综合实践		关卡九 叠衣大赛	江苏的盛泽镇是一个有悠久历史的丝绸纺织重镇，早在明清时期就有发达的丝绸织造和繁荣的丝绸贸易，与苏州、杭州、湖州并称为中国的四大绸都。为了传承热爱劳动的美德，进一步提高学生生活技能，锻炼动手能力，培养劳动习惯，增强劳动观念，体现我的生活我做主，将进行一场“生活技能——叠衣大赛”的活动。
体育英雄寻宝记	体育		关卡十 跳绳小英雄	黄埔出了全国跳绳冠军团队，直奔央视星光大道，闪耀世界舞台！体育精神一直激励着人类不断战胜自我、挑战极限，富有体育精神的勇士才能成功完成寻宝任务，请同学们进行30s快速跳绳，顺利闯关夺宝。
深圳寻宝记	美术		关卡十一 慧眼识图	关山月是中国著名国画家、教育家、岭南画派的代表人物。他的作品画风独特，给人的感觉仿佛是置身在山水之间，体现出浓郁的生活气息。进深圳关山月美术馆，亲爱的小朋友们，你能找出哪一幅是关山月的作品吗?
陕西汉江寻宝记	音乐 形体		关卡十二 莺歌燕舞	发源于陕西西端秦岭南麓的长江最大支流——汉江，曾在中国历史上产生过深远影响。例如汉朝、汉族、汉字的“汉”名，都与这条大河有着千丝万缕的联系。抛开宏大的历史，仅从微观而言，汉江之于陕西，也留下了无数自然美景、留下了诸多人文古迹；请同学们根据图片用音乐和舞蹈的形式认真演唱歌曲《左手和右手》

表 2　二年级：《寻宝记——中国行》情景设计与任务安排

情境	学科	实体场景	任务	
古都西安寻宝记 游览三朝风光 寻找历史宝藏	语文 道法		关卡一 词语长城	秦长城是世界建筑史上的奇迹，更是中华民族辉煌历史、灿烂文化的象征，如今仍以苍苍莽莽的气势，威武雄浑的壮阔，浓缩成了一种厚实的文化积淀，永远地留在了华夏文明的史册里。现在请同学们来到"词语长城"，完成词语填空，用你们的智慧搭建出文化奇迹。
			关卡二 博览群书	石渠阁建立于汉初，是西汉的国家图书馆和档案馆，司马迁写《史记》就参考了这里的档案。同学们已阅览过不少书籍，收获颇丰，欢迎来到石渠阁开启《古都西安寻宝记》的第二关，流利背诵出你所抽到的课文，就可以顺利通关了。
			关卡三 唐诗盛世	大明宫，大唐帝国的大朝正宫，唐朝的政治中心和国家象征，位于唐京师长安（今西安）。大明宫是唐帝国最宏伟壮丽的宫殿建筑群，也是当时世界上面积最大的宫殿建筑群。欢迎来到大明宫开启第三关——唐诗盛世，流畅背出你所抽到的古诗，就可以顺利通关了。
岭南美食寻宝记 舌尖上的数学	数学		关卡四 神机妙算	广东早茶，是岭南美食文化中的一大特色。广东人喜欢"叹"早茶，"叹"可以理解为"享受"。美味的水晶虾饺、叉烧包、凤爪、干蒸烧麦、奶黄包、流沙包、萝卜糕、糯米鸡、蛋挞、肠粉、艇仔粥……欢迎同学们来到广州茶餐厅开启第四关——运用加减乘除、购物等数学知识来完成早茶点单任务，只要你能解答出抽到的数学题，就可以顺利通关啦！
			关卡五 垂涎三尺	鲜嫩美味的水晶虾饺，是广东人非常熟悉的特色小食。虾饺皮爽软，色白，晶莹透亮，软韧而爽，饺内馅料隐约可见；馅心鲜美，形态精致玲珑，味鲜香醇。欢迎同学们进入广州茶餐厅"叹"早茶！快快来开启第五关吧——隐藏在水晶虾饺中的数学奥秘。根据你所抽到的提卡中的美食情境图，编一个与乘法或者除法相关的小故事，就可以顺利通关啦！

续表

音乐之都 哈尔滨 寻宝记	英语		关卡六 身临其境 I can read	圣·索菲亚教堂构成了哈尔滨独具异国情调的人文景观和城市风情，它又是沙俄入侵东北的历史见证和研究哈尔滨市近代历史的重要珍迹。现在请同学们抽取绘本，并流利有感情的朗读出来，即可获得参观教堂诗班吟诵的机会噢。
音乐之都 哈尔滨 寻宝记	英语		关卡七 声声不息 I can chant	哈尔滨犹太老会堂，具有欧式经典建筑、神圣庄严会堂和犹太文化积淀三大亮点。一二层为音乐厅主体，将主演西洋古典高雅音乐，再现哈尔滨西洋室内音乐的辉煌，组织中俄音乐文化交流，塑造哈尔滨音乐圣殿，被国务院批准为“国家级重点保护建筑”。你想进去听一场音乐会吗？只要能把这首韵律歌流利响亮的唱出来，即可获得音乐会的门票噢！
瓷都 景德镇 寻宝记	科学		关卡八 料事如神	景德镇是享誉世界的瓷都，千年以来，白瓷争艳，美不胜收，这里是全世界制瓷人的朝圣之地！陶瓷是一种非常重要的材料，经过一学期的学习，相信你已对各种材料的特点了如指掌。盒子里有一种餐具（玻璃、木头、陶瓷、塑料、金属），接下来，请你描述材料特征，注意老师的反应（点头或摇头），表达流畅、快速猜测出来即可通关。
遇见过去 预见未来	劳技 综合 实践	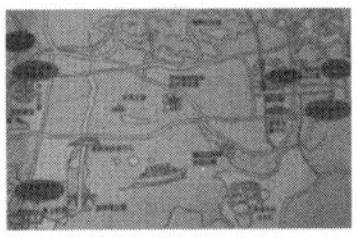	关卡九 袜履紧切	我们是祖国的未来。我们是未来的希望。我们将遇见精彩的过去，预见未知的将来。《弟子规》有云：冠必正，纽必结。袜与履，俱紧切。置冠服，有定位。勿乱顿，致污秽。千里之行，始于足下。让我们从系好鞋带开始开取人生的诗和远方。
奥运 加油站 北京鸟巢 寻宝记	体育		关卡十 花式跳绳	鸟巢，又叫国家体育场，是 2008 年北京奥运会的主体育场。同时承担 2022 年北京冬奥会、冬残奥会开闭幕式。在奥运的赛场上中国的体育健儿们挥洒汗水，为国争光，尤其在 2008 年的北京奥运会上，金牌总数 48 枚，位居世界第一。奥林匹克精神（更快、更高、更强、更团结）值得我们学习。现在，请你通过自编花式跳绳并能连续完成 10 次以上即可通关。
寻宝·敦煌 神彩之美	美术	 寻宝·敦煌莫高窟	关卡十一 敦煌神彩	这一站，你将来到历史悠久，美丽神秘的甘肃敦煌。进入上百个洞窟中，探寻莫高窟美轮美奂的壁画，喜怒安详的彩塑等珍宝秘密。你将有三次寻宝机会，每成功闯关一次，你将得到下一次闯关机会。关卡 1：九色鹿的缤纷色彩；关卡 2：飞天人物谁最美；关卡 3：彩塑中的神秘表情。（每人有 3 次答题闯关机会，答对一题则进入下一题，答错则止步）勇敢的小小少年们，冲吧！

续表

歌舞之乡新疆寻宝记	音乐形体		关卡十二麦西来甫	“麦西来甫”在维吾尔语中意思为“欢乐的歌舞聚会”，是维吾尔族群众的一种以歌舞和民间娱乐融为一体的民间传统娱乐活动。请同学们以闯关小组为单位围成圈，随着新疆音乐创编律动，动作中至少包含一个新疆风格动作，就可以顺利通关了！

四、综合测评的过程设计

（一）策划阶段

1. 组建工作小组

组长：刘劲松

副组长：李一民

下设办公室，负责活动执行工作

主任：吴敏资

副主任：杨志军、黄青春、赖海广、乔柯、蒋艳、唐桂萍、孙群力

成员：1–2 年级各班主任、各科组、物业。

2. 研定操作模式

（1）召开工作会议，研讨、确定测评活动的操作模式。

（2）落实板块分工和负责人。

3. 拟定测评方案

（1）由一二年级年级主任牵头，草拟测评工作方案；

（2）修订测评工作方案；

（3）定稿测评工作方案。

（二）准备阶段

1. 确定测评内容与评价标准

（1）以备课组为单位，以“全面考查，重点评估，综合考量”为原则，根据本学期教学内容设计本年级的测评内容。

（2）科学设计每个闯关项目的星级测评标准。

（3）统一印制纸质材料，并分配好各关卡测评人员。

（4）星级标准：1–5 星

2. 组建闯关小组，进行闯关宣传

（1）以“组间同质，组内异质”的原则将每班学生分为 5 个闯关战队，并选拔出队长。

（2）班主任牵头，全体教师利用课堂做好闯关活动的前期动员和学科训练。确保每个学生熟知闯关的流程，熟练掌握考核内容。

3. 巩固测评知识

（1）各备课组整理闯关测评知识内容。

（2）各位科任教师利用课堂进行有针对性的强化训练。

4. 物品准备

（1）设计并统一印制闯关卡：一年级 320 份，二年级 350 份。

（2）设计、印制闯关背景墙、宣传横幅和各闯关项目名称。

（3）购买星星印章（24 枚）和关卡装饰品。

5. 招募和培训家长志愿者

（1）招募家长志愿者：以班级为单位，每班招募 5 名家长志愿者，活动当天负责组织、管理学生。

（2）培训家长志愿者：年级召开志愿者工作会议。宣讲活动安排和流程，明晰家长志愿者职责，提出组织、安全等方面的要求。

6. 活动场地及布置

（1）场地：体育馆。

（2）布局：分一年级和二年级两大阵营。每年级各有 12 个关卡。

（3）每个关卡配备 2 套桌椅，共 48 套。由物业摆放，备课组长跟进摆放所需物品。

（三）实施阶段

1. 启动仪式

（1）宣讲闯关规则要求、安全要求等。

（2）校长寄语。

（3）宣布综合测评活动正式开始。

2. 志愿者带领小组通关

每班 5 名志愿者负责组织学生（每位志愿者负责 9–10 位学生）。

3. 各关卡考核、评定星级

各考官逐一对学生进行测评，根据学生表现进行星级评定，为学生各个闯关项目加盖星星。学生全部考核完毕后，将闯关单交给班主任，由各科任老师根据学生的星级评价进行综合考评，给出 A+、A、B+、B、C 五个等级的期末综合评价。

4. 综合评定星级标准

学生完成所有关卡后，由家长志愿者带队到“总评台”处进行星级标准的综合评定（1–5 星级学生）。

5. 星级榜拍照留念

（1）学生个人“星级榜”拍照留念。

（2）闯关战队“星级榜”拍照留念。

6. 闭幕式

（1）综合测评活动小结。

（2）现场表彰“文明班级”，颁发奖状。

（3）宣布测评活动圆满结束。

（四）总结阶段

1. 个人评价与表彰：以班级为单位，整理学生个人综合测评“星级指数”，利用升旗仪式进行表彰，颁发“华附少年，乐学趣闯”星级证书。

2. 小组评价与表彰：在班级内部，统计各小组“星级排行榜”，并对优胜小组进行表彰。

3. 期末综合考核：将学生闯关“星级指数”情况纳入期末综合考核项目。

附件 1：华中师范大学综合测评实践模型

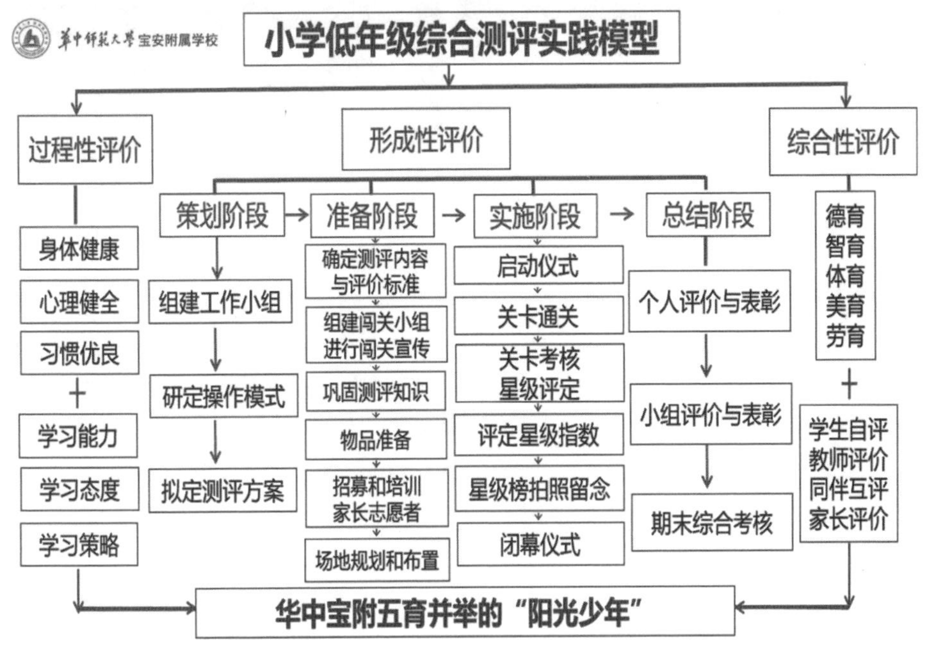

附件 2：学生综合素养测评记录反馈表

本次测评着眼于各学科核心素养，采用闯关集星卡的形式，精心设计测评内容，用符合学生发展水平和年龄特点的文字、图案编设关卡名称及卡面，将测评项目按照阶梯式关卡排布，给学生营造循序渐进的趣味闯关氛围。

闯关卡通过五星评级，将学生的综合素养水平直观呈现。以一年级某班学生为例，从集章卡中，教师和家长可以清楚地得出结论，学生各学科的知识掌握扎实，能够运用课堂上积累的知识完成各项闯关，在非“五星”的项目，则需要强化基础，加深理解。同时，对学生而言，五星评级也能直观地让学生了解自己的不足，并且能够在学生之间形成你追我赶的竞争意识，从而达到激活学生学习积极性，激发学生学习方面的好胜心，激励学生勇于挑战与改进的效果。

闯关卡设计精美、制作精良，对于学生和家长而言，是记录学生成长过程的阶段性材料，也是能成为学生将来回忆快乐童年、趣味学习的宝贵素材（见图 1、表 2）。

图 1 “华附少年 乐学趣闯”闯关文牒

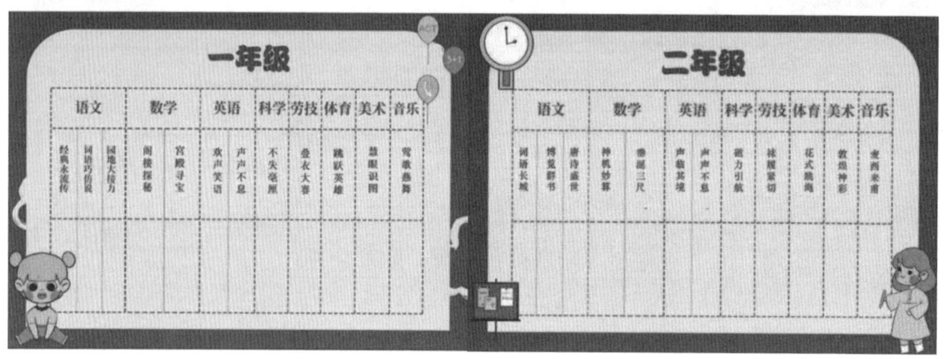

表 2 二（5）班 XX 同学的测评记录反馈表

关卡	语文			数学		英语		科学	劳技	体育	美术	音乐	形成性评价
	词语长城	博览群书	唐诗盛世	神机妙算	垂涎三尺	声临其境	声声不息	磁力引航	袜履紧切	花式跳绳	敦煌神彩	麦西来甫	
李 XX	5 星	5 星	5 星	5 星	5 星	5 星	5 星	5 星	5 星	5 星	5 星	5 星	该生诚恳好学，基础扎实。
等级	A+			A+		A+		A+	A+	A+	A+	A+	

华附少年　乐学趣闯

——华中师范大学宝安附属学校 2022–2023 学年度第二学期低年级综合测评总结

一、综合测评活动的概况

秉承“学中玩，玩中学”的课程理念，为提升学生动手操作能力和解决问题的综合能力，促进学生表达能力的提升，规范表达习惯，增强学生的学习兴趣，同时也为促进学生全面和谐的发展，培养华中宝附阳光自信的“五有少年”，一二年级借助于趣味闯关的活动形式，进行主题为“寻宝记——中国行”的综合素养测评活动。

各备课组根据本学期教学内容，设计本年级的测评内容，科学设计每个闯关项目的星级测评标准。在活动过程中，以“组间同质，组内异质”的原则将一个班级分为 6–8 个闯关战队，并选拔出队长。由班主任牵头，全体教师做好闯关活动的前期动员和学科训练，确保每个学生熟知闯关的流程，熟练掌握考核内容。年级召开志愿者工作会议，宣讲活动安排和流程，明晰家长志愿者职责，提出组织、安全等方面的要求。活动当天，分一年级和二年级两大阵营，每年级 12 个关卡。年级主任宣讲闯关规则要求、安全要求等；志愿者带领小组通关，各考官逐一对学生进行测评，根据学生表现进行星级评定，为学生各个闯关项目加盖星星。学生全部考核完毕后，将闯关单交给班主任，由各科任老师根据学生的星级评价进行综合考评，给出 A+、A、B+、B、C 五个等级的期末综合评价。学生完成所有关卡后，由家长志愿者带队到“总评台”处进行星级标准的综合评定（1–5 星级学生）并为每一个学生在“星级榜”前拍照留念。

二、综合测评活动的结果及结果的分析与运用

从学生层面来看，一二年级的学生在老师们精心准备的闯关活动中获得了良好的活动体验。本次活动不仅改变了以往传统的考查模式，落实了“双减”

政策的要求，而且体现了“学中玩，玩中学”的课程理念，提升了学生的动手操作能力和解决问题的综合能力，促进了学生表达能力的提升，增强了学生的学习兴趣。在活动中，学生们通过各个关卡时都获得了成就感，在核算最终测评结果时，获得了相应的奖状，又获得了一定的荣誉感，因此整个活动备受学生喜欢，学生们对下次活动热切期待。

从教师层面上看，各位教师在准备活动的过程中，不仅要考虑各个关卡与学科、课标之间的联系，而且要考虑其实操性，因此这是一次走进学科，走进课标的奇特学习之旅。经过这一次活动，教师们对自己的学科教学都有了新的更深的认知，对课堂的设计也有了新的灵感，收获颇丰。另一方面，活动的筹备工作和实施工作都较为复杂辛苦，教师们通过不断的合作和磨合，产生了强烈的团队荣誉感和认同感，成为一支值得信赖的具有强大团队精神的队伍。

从学校层面上看，本次活动在学生和家长群体中获得了良好的口碑，家长们纷纷在朋友圈分享了活动的精彩瞬间。对学校而言，这是一次对学校的的正面宣传，其效果不言而喻。此外，本次活动邀请了一部分家长志愿者的加入，他们在与学校合作的过程中，不仅感受到了学校和教师们对于促进学生全面发展的执着追求，而且感受到了家校良好合作的重要性，这为我校培育良好家校关系，继续推进家庭教育指导课程奠定了坚实的基础。

三、综合测评活动的亮点与问题

（一）亮点

1. 坚持全面发展，育人为本

评测坚持“五育”并举，通过真实的实践情境巧妙地将“德智体美劳”有机地统一起来，闯关答题等形式利用活动进行育人，在面向全体学生的基础上尊重个体和个性差异，在寓教于乐中促进学生多种技能综合运用的能力。如“经典咏流传”环节既锻炼了学生的想象力，也有利于学生语言表达能力的培养。

2. 加强课程综合，注重关联

测评注重综合性，不仅重视学生多种能力的综合，也注重测中各学科之间的综合。如“不失毫厘”要求学生用天平测量桌面物品的重量，表述答案时则需要用到学生数学课上学习的单位“克”，整个环节既回顾了科学测量知识，也复习了数学单位知识，一举两得，强化课程协同育人功能。

3. 变革育人方式，突出实践

评测立足“双减”背景，创造性以真实的情境活动为载体，充分发挥实践的独特育人功能，学生在游戏中活跃了思维、培养了能力、锻炼了胆量，倡导学生“做中学”“用中学”“创中学”，让学生玩学兼顾，快乐成长。

4. 加强家校合作，增进了解

评测充分发挥家长参与学校活动、陪伴孩子成长的意愿，有效增进家校合作，同时家长在参与中更能观察、感受孩子习惯养成的重要性、自家孩子与其他孩子的对比，从而提升家庭教育的针对性、有效性，和学校教育的协同性助力学生健康成长。

（二）问题

本次评测组织过程，因人力短缺、关卡设置集中，且关卡难度不一，造成某些关卡学生集中排队时间过长，部分小朋友发挥受到影响，没有展现出自己的最佳状态。

1. 没能早出方案，提示大家将需要这些活动、能力的训练融合到一个学期的教学中去进行。

2. 知识点的考查不够全面。本次活动每个年级只设有 12 关，每个关卡即 1 个知识点，这难以全方面涵盖整个学期的所有内容，也无法真实考查学生的真实学习水平。为此，以后的活动应早做准备，让每个关卡的知识点富有挑战性和综合性。

3. 评价单一。一是本次活动只进行了盖章评价，没有进行全方面评价，无法对孩子们的多元智力进行评价；二是评价中奖章的多少主要凭老师的经验或是直觉，缺乏科学性与严谨性；三是本次活动只对知识的掌握程度做了评价，而有些学科如英语口语的流利度、数学心算速的度、语文思维的广度和深度等这些都未作为评价的标准。

趣学乐评，幸福成长

—— 宝安区实验学校（集团）宝安实验学校 2022-2023 学年度第二学期低年级综合测评方案

一、综合测评方案设计的理念与原则

图 1 “趣学乐评，幸福成长”测评的理念与原则

（一）我校的办学理念

为了贯彻“减负提质 ”的相关精神，基于新课程方案及学生全面发展观，我校制定了以“善学乐评，幸福成长”为主题的低年级综合测评方案，这一主题正与我校“在学习中领悟幸福真谛，在奋斗中启航幸福人生 ”的教育理念相连接努力使学生在综合测评中体验到学习 的乐趣，在奋斗中收获幸福。我校在构建学科特色的同时也强化德育、体育、艺术教育等教育模式。秉承学校的多元发展观，制定了多学科融合的测评方案。

（二）培养全面发展的人

以培养全面发展的人为核心，综合表现为人文底蕴、科学精神、学会学习、健康生活、责任担当、实践创新等六大素养（见图 1）。本次制定的以“趣学乐评，幸福成长”为主题的综合测评方案，主要是让学生在具有实践性、多学科融合的评价活动中体会学习的乐趣；设置多维的评价标准，使学生在评价活动中建立“善于学习、乐于学习”的健康理念。

（图 1）

（三）《义务教育课程方案（2022 年版）》

课程方案在“培养目标 ”中指出要在增强学生综合素质上下功夫。培养有理想、有本领、有担当的社会主义建设者和接班人。基于“三有 ”目标，我校制定了多学科融合的综合测评，旨在培养具有较 强综合素质且初步具有远大理想、合作能力、团队精神和能够尊重文化的多样性。

二、综合测评的目标设计

“趣学乐评，幸福成长 ”低年级综合测评方案不仅关注学生的学业成绩，而且能发现和发展学生多方面的潜能， 了解学生发展中的需求，帮助学生认识自我、建立自信、发挥评价功能，促进学生在原有水平上更好发展。

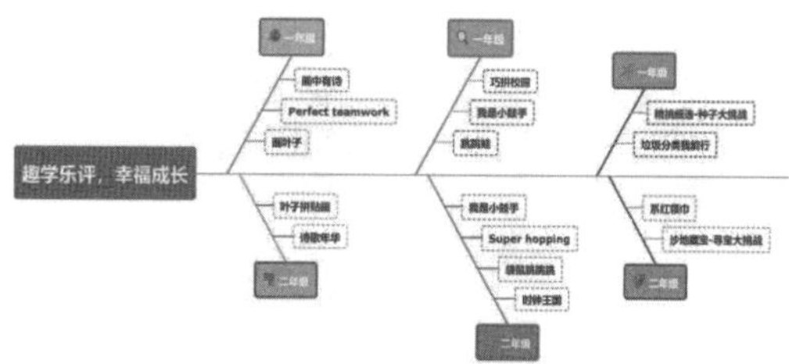

图 2 “趣学乐评，幸福成长”活动设计

三、综合测评的内容设计

本次综合测评以“趣 ”“乐 ”“幸福 ”为关键词，以分学科活动为测评方式，但每个活动所涵盖的能力指向远远不止一种。活动的设计以“学科融合”为原则，关注“用在学校所学的知识解决生活中的问题”的能力培养。育人导向，激趣指向。用充满趣味性的活动调动孩子们的参与热情，提高学科热爱，为学习赋能。

表1 一年级活动设计目的

科目	活动名称	活动目的	融合学科
语文	画中有诗	考查学生对古诗词的理解及背诵，关注语文核心素养。给学生展示古诗积累的平台，感受古诗的语言美和情感美。	美术
数学	巧拼校园	考查学生利用所学的基本图形拼图的能力，涉及长方形、正方形和三角形，学生可在活动中进一步感受图形的特征。	英语 美术
英语	Perfect Teamwork	将单词识别融合到游戏中，激发学生认读单词的兴趣，提高其思维能力。通过形体动作来表达单词，能更好地理解词义，学会团队合作。	形体
科学	精挑细选－种子大挑战	通过认一认、辨一辨、粘一粘的探究活动，感受种子的神奇和力量，认识到小小的种子跟多种多样的植物密切相关。	语文 科学 数学 美术
音乐	我是小鼓手	以培养学生的兴趣为主，引导学生积极参加艺术活动，让学生对音乐有基本的了解和鉴赏。	体育
体育	跳跳蛙	坚持"健康第一"，推进素质教育，提高学生弹跳及协调能力，加强健身意识，增强身体素质。营造积极向上、健康文明的校园文化氛围，培养学生竞争精神和集体荣誉感，促进其全面发展。	数学
美术	画叶子	考查学生对物体的观察能力和对绘画元素点、线、色的运用与实践，引导学生发现身边的美，体会大自然。	科学
劳育	垃圾分类我能行	通过看图认读卡片上的物品，结合垃圾分类常识，正确投放垃圾。在"大转盘"趣味游戏中学会垃圾分类，树立环保意识。	语文 英语

表2 二年级活动设计目的

科目	活动名称	活动目的	融合学科
语文	诗歌年华	考查学生古诗词的积累与背诵，关注语文核心素养，给学生展示积累古诗的平台，感受古诗文的语言美和音韵美。	音乐
数学	时钟王国	结合生活经验与操作，学生能准确读出钟面上的时刻。通过拨钟表，了解钟面上时针和分针分别是怎样表示时间的。	劳动
英语	Super Hopping	本次活动旨在根据低年级孩子的年龄特点，设计读单词跳格子的活动，激发学生学习英语的兴趣。	体育
科学	沙地藏宝－寻宝大挑战	通过还原沙地的场景，激发学生的的好奇心。通过选一选、找一找、数一数，培养学生动脑动手的实践能力。通过工具的挑选，增强学生对工具作用的认识。	数学

续表

音乐	我是小鼓手	以培养学生的兴趣为主，引导学生积极参加感受音乐、体育相关的活动，激发学生对音乐的兴趣，提升其艺术鉴赏能力。	体育
体育	袋鼠跳跳跳	坚持“健康第一”，培养学生终身锻炼的意识。增强体能、肺活量及手眼协调功能，锻炼身体的协调性和灵敏度。	数学
美术	叶子拼贴画	考查学生对叶子的形状、大小的组合与运用，在采 集和拼贴叶子的过程中发现身边的美，体会大自然。	科学
劳育	系红领巾	激发少先队员对红领巾的热爱之情，学会正确佩戴红领巾、行队礼，提高学生的动手能力，提升少先队员的精神面貌。	语文

四、综合测评的过程设计

本次综合测评将会采用“年级游园”的形式进行，具体时间安排（见图3）。

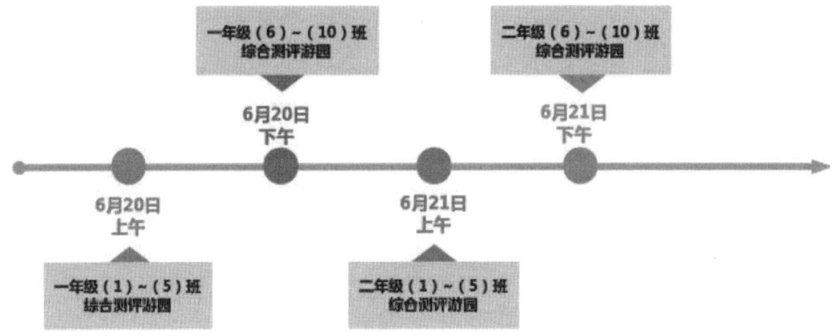

图3　测评时间安排

表1　一年级活动过程与评价试

活动名称	活动过程	评价方式
画中有诗（语文）	1. 充分了解本学期所学古诗词的诗句意思。 2. 选择自己喜欢的一首诗，画出其中的情景。 3. 看图猜诗，流利、完整地背诵。	对学生诗意、情景的理解及背诵熟练程度进行评价。
巧拼校园（数学）	1. 利用所学图形的拼图活动，来进行“数学图形 + 英语 + 美术”的学科融合。 2. 培养良好的英语学习氛围和创造性思维，进行美育教育。	对学生用七巧板（或基础图形）拼出图案的时长及效果进行评价。
Perfect teamwork（英语）	1. 两个学生为一组。两个人合作完成挑战。 2. 一个学生认读单词并用肢体动作来表达，另一个同学来猜。	对学生正确表达单词的意思、两人合作、比划及猜测能力进行评价。

续表

精挑细选—种子大挑战（科学）	1. 找出对应的种子，粘贴在写有“宝安实验”字体的空隙处。 2. 种子不可以贴在空隙的外围，也不可以重叠在其他种子上。每认对一种，得 1 个印章，最多可获 5 个印章，认错后游戏停止。	对学生识别种子的准确度、种类数、粘贴位置、合理性等维度进行评价。
我是小鼓手（音乐）	1. 学生抽选简易的四个小节的节奏练习。 2. 可选用乐器、蹦跳等表现节奏韵律。	对学生辨别节奏、蹦跳动作、能否准确表现节奏上进行评价。
跳跳蛙（体育）	1. 用粉笔在地上画出一个或若干个类似荷叶的圆圈。 2. 运用呼啦圈作为“荷叶”，形成一个圆圈，进行游戏。	对学生的弹跳能力、手脚协调度等全方面进行评价。
画叶子（美术）	1. 找一片自己喜欢的叶子，写出叶子的名称。 2. 画出叶子的形状、花纹、色彩。	对学生叶子的形状、花纹、色彩的绘制效果进行评价。
垃圾分类我能行（劳育）	1. 排队抽取一张卡片，用中英文认读。 2. 结合垃圾分类常识，将卡片投放到相应的垃圾筒中。 3. 转动转盘，说出一种垃圾的类别。	对学生垃圾的识别、投放速度及环保意识进行评价。

表 2　二年级活动过程及评价方式

活动名称	活动过程	评价方式
诗歌年华（语文）	1. 选择自己喜欢的一首诗，可朗诵也可歌唱。 2. 正确、流利、有感情地分享古诗词。	对学生诗句的节奏把握及表现能力进行评价。
时钟王国（数学）	1. 从多个时钟模型中随机抽取一个来辨认。2. 根据抽取时间牌，在钟面上准确拨出时间，并说一说你在做什么（如做早操、午间唱歌）	以“1 分钟”为时间界限，对学生完成的准确度进行评价。
Super Hopping（英语）	1. 准备 5 个呼啦圈排成一列。 2. 展示单词，读出单词就往前跳一格。	对学生读出单词的速度、数量进行评价。
沙地藏宝—寻宝大挑战（科学）	1. 选择需要的工具，在 10 秒内找出沙地中的 5 枚回形针。 2. 每找出一颗计 1 个印章，最多可获 5 个，如果还意外寻出沙地中的彩蛋，额外奖励神秘礼物。	对学生挑选工具的合理性、时间、寻宝的数量等进行评价。
我是小鼓手（音乐）	1. 抽选中等难度的四个小节的节奏练习。 2. 可选乐器、蹦跳等表现节奏韵律。	对学生辨别节奏、蹦跳动作等维度进行评价。
袋鼠跳跳跳（体育）	1. 测评 30 秒单摇跳绳个数。 2. 听到指令后开跳，30 秒计时结束计算总数。 3.30 秒内跳绳个数多者为优。	对学生的弹跳能力、手脚协调等全方面进行评价。

续表

叶子 拼贴画 （美术）	1. 找出大小、形状不同的叶子。 2. 拼贴出动物、植物、人物或建筑的拼贴画。	对学生组合的物体造型及细节进行评价。
系红领巾 （劳育）	1. 学生快速解下胸前的红领巾，在桌上展平。2. 在30 秒内系好红领巾，整理仪容仪表并敬礼。	对学生的完成速度、动手能力和效果进行评价。

附：学生综合素养测评记录反馈表

“趣学乐评，幸福成长”

班级：
姓名：

一年级综合素养评价券

画中有诗 （自我评价：☹ ☺）

我是小鼓手 （自我评价：☹ ☺）

巧拼校园 （自我评价：☹ ☺）

跳跳蛙 （自我评价：☹ ☺）

Perfect teamwork （自我评价：☹ ☺）

画叶子 （自我评价：☹ ☺）

精挑细选 种子大挑战 （自我评价：☹ ☺）

垃圾分类我能行 （自我评价：☹ ☺）

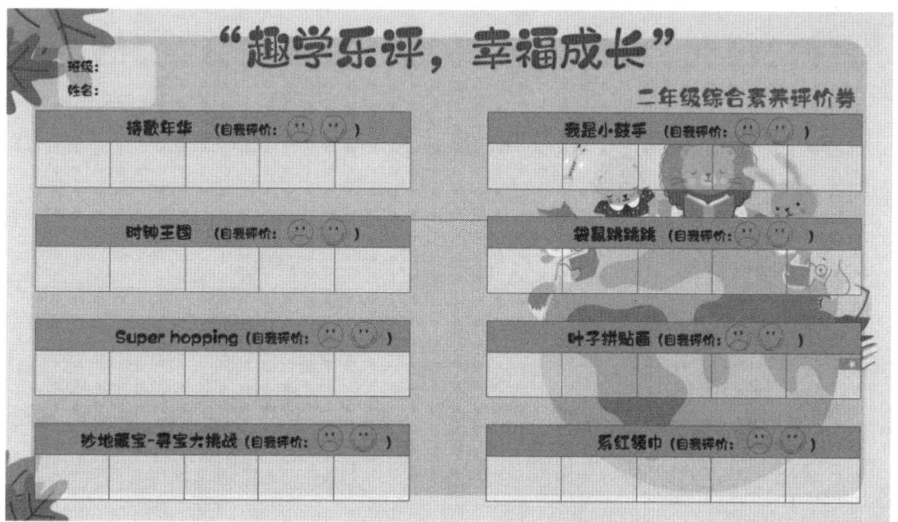

“趣学乐评，幸福成长”

班级：
姓名：

二年级综合素养评价券

诗歌年华 （自我评价：☹ ☺）

我是小鼓手 （自我评价：☹ ☺）

时钟王国 （自我评价：☹ ☺）

袋鼠跳跳跳 （自我评价：☹ ☺）

Super hopping （自我评价：☹ ☺）

叶子拼贴画 （自我评价：☹ ☺）

沙地藏宝-寻宝大挑战 （自我评价：☹ ☺）

系红领巾 （自我评价：☹ ☺）

趣学乐评，幸福成长

——宝安区实验学校（集团）宝安实验学校

2022-2023 学年度第二学期低年级综合测评总结

一、综合测评活动的概况

时值六月，走过了春的旖旎，迎来了夏的蓬勃。宝实一二年级的孩子们也迎来了属于他们欢乐“期末游园日”。

落实“五育”并举，秉承宝实“在学习中领悟幸福真谛，在奋斗中启航幸福人生”的育人理念，我校于 6 月 20 日 -21 日举行了“趣学乐评，幸福成长”一二年级学生综合测评活动。通过多元评价，改变单一的考试评价方式，全面测评学生的发展，加关注学生的个体差异。在本次活动的举办过程中，一二年级的小朋友通过闯关的形式体验了 8 项不同育人指向的游戏活动，充分感受到了期末测评原来是一件极具乐趣的事情！

一年级活动根据学段和科目的不同素养要求，设计项目，把各学科的知识与能力融入有趣的任务中，调动学生的积极性，激发学生的学习兴趣，测试学生的综合运用能力，以全面考评学生的学业水平。二年级为孩子们呈现了一场别开生面的趣味游园测评活动。活动当天，二年级的孩子们化身为“闯关小达人”，以“玩”代“考”，在游戏、表达、体验、挑战及创造中，“玩”出了新高度，“闯”出了新境界。

二、综合测评活动的结果及对结果的分析与运用

“趣学乐评，幸福成长”低年级综合测评方案不仅关注学生的学业成绩，而且发现和发展学生多方面的潜能，了解学生发展中的需求，帮助学生认识自我、建立自信、发挥评价功能，促进学生在原有水平上的发展。通过本次测评中学生现场呈现的行为反馈及现场考官们的工作反馈，我们将本次的测评结果

进行分析与反思。

（一）寓“学”于“评”

本次综评活动中，每一项活动都同时指向了文化知识和综合能力，让学生参与测评闯关时，还能同时“学习新的内容”。

例如，一年级劳动教育的测评活动为“垃圾分类我能行”，孩子们能够在对卡片中的垃圾进行分类的过程中，学习到更多的垃圾种类。

又如，二年级数学的测评活动为“时钟王国”，孩子们在多个时钟模型中随机抽取一个进行辨认，并在钟面上拨出时间，说说这个时间自己一般在做什么。孩子们不仅能呈现自己对数学知识中“时钟”的辨识能力，还能在参与的问答过程中，反思自己的日常生活时间安排，考官会对孩子们的回答进行指导评价。

还有，二年级的劳动教育测评活动“我为红领巾添光彩”，孩子们为考官展示自己佩戴红领巾的过程，同时考官会对他们的表现进行指导。一些系红领巾并没有很熟练的孩子能在此过程中复习。

（二）以“评”促“教”

本次活动中，各科的考官由科任老师 + 家长义工组成，在此过程中，考官们能感受到学生在学科素养能力上的薄弱点，并将其作为教学经验反馈到新的教学中去。

如一年级的体育测评活动为“袋鼠跳跳跳”（见图 1），体育老师们在测评时观察到，学生弹跳能力比预期得要好，因此，在今后对一年级的弹跳能力进行教学和测评中难度设置可以增大。

再如一年级的英语测评活动为“Perfect Teamwork”，两个学生为一组合作完成挑战，一个学生认读单词并用肢体动作来表达，另一个同学来猜（见图 2）。预想中一年级学生在两分钟内完成 5 个单词的比划和猜测，是略有难度的。但从现场中看，孩子们的表演能力特别强，表演惟妙惟肖，对方一看便懂。这给英语老师们的教学提供了灵感，借助表演以完成词汇学习的教学形式可以多运用到日常教学之中。

图 1 "袋鼠跳跳跳"活动

图 2 "Perfect Teamwork"活动

三、综合测评活动的亮点与问题

（三）特色与亮点

1. 育人导向，激趣指向

本次综合测评以"趣""乐""幸福"为关键词，以分学科活动为测评方式，但每个活动所涵盖的能力指向远远不止一种。活动的设计以"学科融合"为原则，关注"用在学校所学解决生活中的问题"的能力培养。育人导向，激趣指向。用充满趣味性的活动调动孩子们的参与热情、提高学科热爱、为学习赋能。

2. 评价即学习

如上所述，在本次评价中，学生除了参与闯关，获得奖章以完成本学期的期末综合评价，同时在参与活动中，考官们会对孩子们表现的弱项进行点拨，无形中达到再次学习的效果。

3. 关注学生主题体验

在测评活动的评价券上，我们除了设置考官评价栏，还设置了学生自我评价栏。由于低年级段孩子的思维和理解能力还处于较低阶的水平，因此在学生自我评价栏的部分，采用了"笑脸"和"哭脸"的呈现方式（见图 3），让学生对每个活动的自我表现进行直观选择，帮助他们形成"总结反思"的学习习惯。

图 3 自我评价表

（四）问题与不足

1、活动过程设计仍需完善

本次活动原定预留时间为两个整天。因本校一二年级各有十个教学班，因此我们安排每次多个班级同时进行，原定需要1.5小时的安排，只用了40分钟。因此日后我们的活动设计可以再增加过程化的步骤，让孩子们的体验更深刻，也让评价更扎实。

2、各项活动之间主题的联系性需增强

本次活动各年级的主题都是围绕“幸福成长”，总体举行下来，感觉活动之间的联系性不强。如果能够更好地建立活动间的联系，设计成递进式或并列式的学科活动主题，会让孩子有更深刻的体验感，也能更好地将孩子们带动到整个测评主题活动的氛围中来。

四、各项活动负责人的总结反思

表1 一年级活动总结

科目	活动名称	考官总结反馈
语文	画中有诗	一年级语文是“看图猜诗”，图画是学生根据诗意画出来的，学生比预测中画得好，诗意明确，绘画水平也很高。综评现场大多数学生能快速猜出古诗并流利背诵，个别学生需要思考后再尝试背诵，而因为需要背诵5首诗，给学生思考的时间不多，下回可改为背诵3首。
数学	巧拼校园	著名教育家苏霍姆林斯基曾说过：“儿童的智慧在他的手指尖上”。孩子们积极参与到“巧拼校园”活动中，利用七巧板，个个变身为动手小达人，融入了我们学习的各种平面图形，流露出浓浓的数学味儿。
英语	Perfect Teamwork	本次的perfect Teamwork主要是让学生在相互合作中来表达英语。预想中一年级学生在两分钟内完成5个单词的比划和猜测，是略有难度的。但从现场中看，孩子们的表演能力特别强，表演惟妙惟肖，对方一看便懂。而这样的表演也给现场的评委和孩子们带来欢乐，让现场的同学都跃跃欲试。
科学	精挑细选——种子大挑战	本次一年级科学综评活动，孩子们从认植物种子，到将种子粘贴到中国地图上，兴趣浓厚，参与热情。活动结束后，一幅幅种子地图吸引了不少老师家长们的眼球。
音乐	小兔蹦蹦跳	本次一二年级音乐综合测评活动圆满结束了，一二年级的孩子对一切新奇事物都有着浓厚的兴趣。我们3位老师（李洁、满达、蒙雪琪）设计了小兔蹦蹦跳（一年级）和兔兔跳（二年级）的活动，动感的音乐和蹦跳的节奏非常适合低年级孩子们活泼爱动的天性，得学生们的喜爱，和老师们的一致好评。

续表

体育	跳跳蛙	在测试前对学生进行身体健康状况的摸底调查，有计划、有组织地进行测试，测试的项目统一的评价标准，在测试过程中，学生积极主动、态度端正、认真测试，但学生弹跳能力比预期考虑的要好，一年级难度设置可以增高。
美术	画叶子	孩子们对于叶子的观察比老师们预想中的要细致，他们的视角各显独特。有的孩子关注整体色彩，有的孩子关注纹路，有的则专注描绘形状。这次的活动让我们感受到了孩子的观察力和发现力是无穷的，这也是美术学科的魅力。
劳育	垃圾分类我能行	大部分的孩子在“大转盘”的考验中都能清晰分清不同垃圾的类别，但仍有不少孩子存在疑惑。我们需要加强对学生们生活常识的教育，这也体现了劳动教育课程开展的必要性和重要性。

表2 二年级活动总结

科目	活动名称	考官总结反馈
语文	诗歌年华	本次活动主要考察学生们的诗歌背诵能力，很多孩子都能按照要求完成，并且能带有情感地背诵。下次将考虑融入更多的表现形式或设置更丰富的活动要求，让孩子们从多维度感受诗歌的魅力。
数学	时钟王国	孩子通过辨认钟面时刻并说出日常生活。不仅感受到数学学习的乐趣，也深刻体会到数学源于生活、用于生活。
英语	Sharp eyes	本次英语测评活动主要由二年级英语备课组五位老师共同组织，从活动设计到活动道具都经过备课组老师精心讨论和安排，既综合考评了孩子们对课本知识的掌握程度，又很好地激发了学生学习英语的兴趣。
科学	沙地藏宝—寻宝大挑战	学生能很快速地选用条形磁铁或蹄形磁铁在沙池里吸回形针和彩蛋。有学生将磁铁平躺着，用磁铁两极更大的面积吸回形针，效果更好，速度很快。整个活动学生都能运用磁铁能吸铁的性质，选取合适的工具。最后能用吸到的彩蛋换取礼品，更是增加了活动趣味性。
音乐	兔兔跳	我们是希望孩子们能在欢快的蹦跳中认识音乐课本中的节奏并能够用蹦跳的形式表现出来，在掌握节奏型的同时，提升乐感与节奏感。老师们前期准备十分充足，提前准备了道具、编排好节奏、剪辑好音乐，还精心录制了活动视频，在测评前一周播放给孩子们看，并进行简单的讲解与示范，这充满了趣味性的设计一下就吸引了孩子们，学生轻松掌握了节奏对应的律动。
体育	袋鼠跳跳跳	在测试前对学生进行身体健康状况的摸底调查，有计划、有组织进行测试，测试的项目有统一的评价标准，在测试过程中学生积极主动、态度端正、认真测试。
美术	我手绘我心	二年级的活动由原本的“叶子拼贴画”改成了“画我心目中的太阳”。修改的原因是前一天一年级的活动效果，让我们发现孩子们在小小的一张手掌卡片上，能够静下心来进行思考和描绘。
劳育	我为红领巾添光彩	虽然二年级的孩子入队已经一年，但很多小朋友还是无法自主系红领巾，有的孩子动作较慢，有的孩子不懂得先整理衣领等。在测评过程中，考官也对孩子们正确系带的方法进行了指导。孩子们完成了任务后，还可以领取一条全新的红领巾作为纪念奖品，十分有意义。

附件：学生综合素养测评记录反馈表

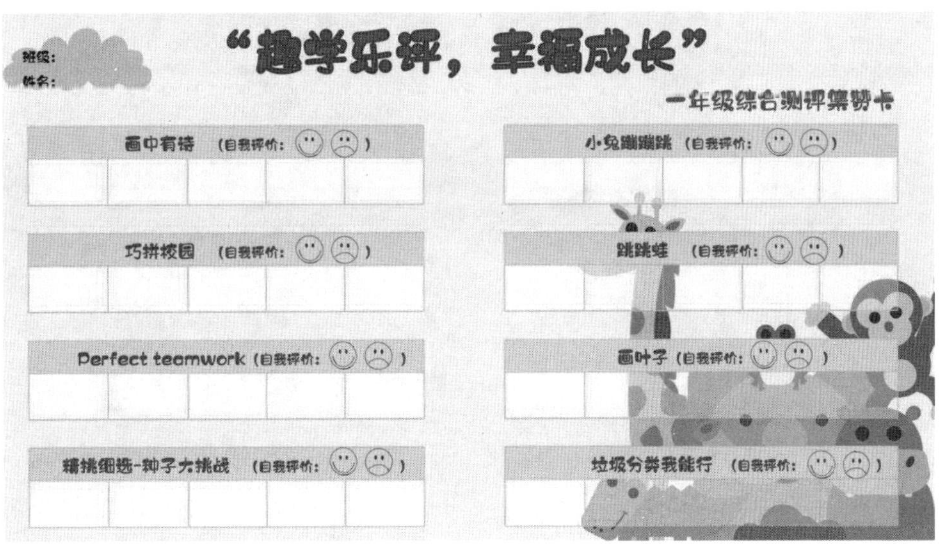

宝安区实验学校(集团)
Bao'an Experimental School Group
宝安实验学校
2022-2023学年度第二学期二年级综合测评集赞卡
趣学乐评
幸福成长

“趣学乐评，幸福成长”
班级:
姓名:
二年级综合测评集赞卡
诗歌年华 (自我评价:)
兔兔跳 (自我评价:)
时钟王国 (自我评价:)
袋鼠跳跳跳 (自我评价:)
Sharp eyes (自我评价:)
叶子拼贴画 (自我评价:)
沙地藏宝-寻宝大挑战 (自我评价:)
我为红领巾添光彩 (自我评价:)

葵园天地、乐享成长之“绿野仙踪”历险记

——西湾小学（集团）固成小学 2022—2023 学年度第二学期低年级综合测评方案

为深入贯彻中央关于教育评价改革和“双减”工作部署要求，对学生进行综合素质评定，这是全面实施素质教育，促进学生全面发展的重要举措，为了全面推进基础教育课程改革，激发学生的创新意识，培养学生的实践能力，鼓励学生的个性发展，坚持素质教育内容的时代性和全面性。通过公正、客观、科学的评价，引导广大小学生在知识、能力、素质诸方面协调发展，结合我校课程改革以及学生评价改革的实际情况，制定本方案。

一、理念与原则

（一）理念

坚持教育创新，全面推进素质教育，积极探索建立促进学生发展的多元化评价体系，本着“立足过程，促进发展”的原则，我校将对学生进行综合素质发展的多元化评价。淡化甄别与选拔，关注个体的进步和多方面的发展潜能。充分发挥评价的促进发展功能。通过评价，让每名学生都能体验成功、把握优势，增强自信，为学生的终身发展奠定基础。

（二）原则

1. 导向性

评价应坚持素质教育的正确方向，引导学校正确贯彻教育方针面向全体学生，从德智体美劳全方面综合评价学生的发展，培养学生具有高尚的道德品质，终身学习的愿望与能力、健壮的体魄、良好的心理素质及健康的审美情趣。

2. 全面性

学生综合素质评定，要有助于推进基础教育课程改革，着眼于全面性，反

映学生综合素质，促进学生的全面发展。

3. 发展性

评价要坚持形成性评价与终结性评价相结合，以发展的眼光看待学生，为学生的发展服务。评价中既要考虑学生的过去、重视学生的现在，更应着眼于学生未来的发展，注重评价的过程，使多元评价更进一步深入学生发展的进程，激励学生健康成长。

4. 可操作性

学生综合素质评定是一项系统工程，必然要经历一个实践、积累、总结、完善的过程，要逐步完善评定的内容、标准、方法和程序，要做到操作性强、实用性强、简单、易行、科学、合理。

二、测评目标

为进一步推动“双减”政策的实施，实现“减负增效”，创新评价方式，进一步完善学生学业评级制度，以发展核心素养、培养全面发展的人为总目标，以固戍小学“志存高远，向阳成长”理念为指引，开展低年段综合素养评价展示活动，实现“赋能成长，全面育人”的学校目标。

（一）基础性发展目标

基础性发展目标是评价学生综合素质的主要依据。其基本内容要包括道德品质、公民素养、学习能力、实践创新、交流与合作、运动与健康、审美与表现等。

（二）学科性发展目标

学科性发展目标是评价学生学业水平的主要依据。其内容是各学科课程标准中列出的学习目标和各个学段学生应达到的目标，包括知识与技能、思维发展、学习兴趣、学习态度、学习方法、学习习惯的评价、自主合作探究能力的评价，关注学生人生精神的提升。

三、测评内容

（1）“五育”并举：评价内容包含语文、数学、英语、科学、音乐、体育、美术、道法、劳动、综合实践等学科，在葵园课程引领下，一年级以畅游动物园为情境，二年级以“绿野仙踪’为情境，通过笔头练习和口头表达相结合的方式全面考察学生的综合素养。

（2）学科融合：评价内容既有独立彰显学科特点的项目内容，又有互相融合联动的综合项目内容，比如美术与综合学科融合，道法与音乐学科的融合，体现跨学科整合。

四、测评过程

表2 二年级“绿野仙踪”游园活动具体安排

情境名称	学科	活动名称	活动内容	评价指标（2个葵花1个葵花）	测评教师、家长（培训教师划线）
澳芝的秘密	语文	第一关 澳芝的秘密——“金木水火土”家族	转动转盘，说出转盘指针指向的“金木水火土”其中一个部首的若干字。	说出3–5个及以上含有部首的字，得2个葵花；说出1–3个含有部首的字，得1个葵花。	郑春秀、潘婉灵、21班1名家长
		第二关 澳芝的身世——传统文化知多少	转动转盘，说出转盘指针指向的一种传统文化的知识（如习俗、时间、古诗等方面）	文化知识点全面，得2葵花；不全面，得1葵花。	王菊、周慧、21班1名家长
		第三关 澳芝施魔法——《绿野仙踪》人物我来夸	转动转盘，说出转盘指针指向《绿野仙踪》书中人物的优点或特点，要求思路清晰、语句通顺。	说出人物特点或优点，思路清晰，语句通顺，得2葵花奖励；基本说出人物特点或优点，思路基本清晰，语句基本通顺，得1葵花。	谢敏、22班2名家长
会见芒琦金人	数学	第四关 会见芒琦金人时间线	说出多萝茜醒来的时间；说出遇见芒琦金人的时间；拨出女巫消失的时间11：30。	全对得2个葵花；对1–2个得1个葵花。	江雪金、21班1名家长
		第五关 绘制当地地图	根据提示语绘制出当地地图。提示语：当地中心是翡翠城，东方是一片大沙漠，南方居住着桂特琳人，西方被邪恶的西方女巫统治，北方是澳芝国。	全对得2个葵花；对2–4个得1个葵花。	祁瑶、22班1名家长
		第六关 前往翡翠城	去翡翠城的路上是用黄砖铺成的，请仔细观察，你能根据规律往下铺吗？	全对得2个葵花；不对不得葵花。	林丽璇、22班1名家长

续表

救出稻草人	英语	第七关 I can say 我是单词小达人	在24张“绿野仙踪”卡片中随机抽取5张并准确朗读。	全对得2个葵花；对2–4个得1个葵花。	23班2名家长义工
		第八关 I can sing 我是歌曲小明星	转动转盘，演唱唱针指向序列号的歌曲。	能准确唱出整首歌曲，得2个葵花；不能清晰准确的唱完整首歌曲则得1个葵花；不会唱则不得葵花。	李凤雅、23班1名家长
		第九关 I can talk 我是小小演说家	看一看，说一说，运用所学，描述图片。	讲出符合图片内容的句子3句，得2个葵花；1–2句得1个葵花。	廖奇竞、24班1名家长
勇闯花田迷宫	科学	第十关 1. 指南针辨认花田方向 2. 磁性笔勇闯花田迷宫 3. 辨别花田中的植物	1. 利用指南针准确辨认东西南北方向； 2. 一分钟内利用磁性笔勇闯花田迷宫； 3. 观察植物，能准确说出所观察植物的颜色、气味，手感等特征。	1. 指南针辨认花田方向：能根据指南针准确指出南北方向，得2葵花；只能指出北或南其中一个方位的，得1葵花。 2. 勇闯花田迷宫：能说出迷宫道具的原理并闯关成功，得2葵花；能说出迷宫道具原理或闯关成功，得1葵花。 3. 辨认花田中的植物：能准确说出植物名称并用多种感官描述植物的特点，得2葵花；能准确说出植物的名称并用一种感官描述植物的特点，得1葵花	卢刚、24班2个家长
	体育	第十一关 负重运球过杆	在负重下，控制好自己重心，同时完美的控制足球穿过迷宫。	在规定时间内，负重完成带球绕过障碍物，很流畅，得2个葵花；在规定时间内，负重完成带球绕过障碍物，流畅性一般，得1个葵花。	雷桂铃、胥李

续表

探秘翡翠城	美术	第十二关 1. 童画城堡 2. 说画	1. 用各种绿色画出城堡并剪下来； 2. 说出你画中有哪些颜色，并评价一下自己的画。	能说出3钟颜色，能从构图、色彩、线条、图案等方面评价自己的画，得2个葵花；能用绿色为主色调画出城堡并裁剪，评价不够详细，得1个葵花。	陈婧瑜、25班1名家长
	劳动／综合	第十三关 1. 绿色小卫士 2. 试种一粒籽（葵花籽）	抽签，以下题目二选一。 1. 绿色小卫士 ①书包我会收（在规定时间范围内完成）； ②衣服我会叠（在规定时间范围内完成）； ③垃圾我会分（正确给垃圾分类） 2. 试种一粒籽 ①绿色植物有什么作用呢？（口语描述） ②种植葵花需要有哪些前期准备？（口语描述） ③给葵花的生长周期排顺序。（按照葵花的生长顺序，将图片贴到正确的位置上）	3项全部完成可，得2颗葵花；完成2项可，得1颗葵花。	刘攀、26班3名家长
凯旋！回到家乡	道法	第十四关 1. 青春有我，薪火相传 2. 开庭啦！我是小法官	抽签，二选一 1. 青春有我，薪火相传（抽奖箱里面抽题） ①少先队的创立者和领导者是谁？ ②国旗和队旗的含义是什么？ ③少先队员的标志是什么？ ④少先队的作风是什么？ ⑤背出社会主义核心价值观24个字。 2. 开庭啦！我是小法官（抽奖箱里面抽题） ①我们可以在旋转木马上面打闹（ ）； ②春天悄悄地来了，明明在湖面上玩耍（ ）； ③妙妙独自一人去爬山（ ）；	答对5题可获得2颗葵花；答对3题可获得1颗葵花。	27班3名家长、25班1名家长
	音乐	第十五关 1. 我是小小歌唱家 2. 我是小小演奏家	8人一组，通过转盘选择表演内容，完成“歌曲展示”“演奏乐器”两项任务挑战，用音乐抒发自己喜悦的心情。	完成“歌曲展示”获得1个葵花；“演奏乐器”获得1个葵花。	符洁莹、25班1名家长

表1　一年级“动物园”游园活动具体安排

学科	活动名称	活动目标	活动内容	评价指标	测评教师、家长
数学	第一关 售票小能手	在进动物园买票的过程中，学会计算票价，提出问题	算一算不同票价需要多少钱？老师用100元买票，还剩多少钱？最后提出一个问题。	每通过1个小环节得1个葵花印章。	刘金红、11班家长
	第二关 动物拼拼拼	观察拼好的七巧板图形，利用七巧板拼出小动物，在这个过程中辨认不同图形的特征，培养空间想象能力。	观察图片，利用七巧板拼出小动物。	每通过1个小环节得1个葵花印章。	庄甜甜、12班家长
	第三关 观察小动物	通过观察小动物的平面图，知道是从哪个方向观察的，会用数学眼光观察世界。	随机抽取图片，想想图片中的小动物是坐在哪个位置观察得到的？走到对应位置。	每通过1个小环节得1个葵花印章。	周家琼、13班家长
英语	第四关 I can say 我是单词小达人	随机抽查本学期核心词汇	从24张片中随机抽取5张，全部准确读出，即可获得印章。	每通过1个小环节得1个葵花印章。	黄楷旋、14班家长
	第五关 I can sing 我是歌曲小明星	演唱本学期学过的歌曲，培养学生英语语感和对英语学习的兴趣。	转动转盘，随机唱出指向序列号的歌曲，即可获得印章。	每通过1个小环节得1个葵花印章。	刘攀、15班家长
	第六关 I can talk 我是小小演说家	绿野仙踪的情境中，将所学内容实际运用。	看一看，说一说，运用所学，描述3句以上，即可获得印章。	每通过1个小环节得1个葵花印章。	蒋思尧、郑晓微
语文	第七关 巧背诗文	主要考查本学期要背诵的课文与“园地日积月累”，考查学生记忆知识的水平，要求发音准确，背诵流利。	桌子上放数字1—10的扑克牌，学生任意抽取一张扑克牌，背诵抽到数字对应的古诗文。	每通过1个小环节得1个葵花印章。	梁翠环、17班家长
	第八关 小小表达者	学生感悟生活中的美好并表达出来，在提高语言运用的同时，也提高学生思维表达能力和鉴赏审美能力。	抽取任意题卡，按照要求完成口语表达。	每通过1个小环节得1个葵花印章。	李红艳、陈晓菲

五、具体活动安排

（一）活动时间

一年级：6月20日（周二）上午8：50—11：10；二年级：6月20日（周二）下午15：00—17：30。

（二）参加人员

一二年级全体学生、一二年级科任教师，以及其他部分老师、家长义工。

（三）活动地点

一年级：一（1）班、一（2）班、一（3）班、一（4）班教教室门口；二年级：足球场。

（四）评价标准：

葵园标兵有23–30朵葵花，葵园能手有15–22朵葵花，葵园少年有15以下葵花。

（五）活动安排

1. 教师准备工作

（1）教师制定各游园项目评价指标、内容、方式，题目准备、打印，设计美观有童趣。（各学科教研组长、教师）

（2）班主任下发每个年级的学生活动项目安排（评价项目、评价内容、评价标准），班主任及相关学科教师积极指导学生进行练习，并发动学生佩戴故事中的角色头饰、穿戴相关服饰。（班主任、学科教师）

（3）班主任招募家长义工。每班邀请14名家长义工（3名家长评委+8名带队义工+2名维持纪律义工+1名兑奖义工）周二14:30到校，家长评委到一楼固成课堂集中，带队义工、维持纪律义工、兑奖义工到一楼文化小讲堂集中。（班主任负责）

2. 家长评委：测评学生活动。

3. 带队义工：每个班级学生分成8大组，每队6名学生，指定小队长，由带队义工全程管理6名学生参加闯关活动，闯关时哪里人少去哪里，确保每位学生完成每个关卡的测评，学生手持“闯关卡”根据葵花印章数量，到领奖处领取奖品。完成后由家长义工带回班级进行自主阅读、观看视频等。

4. 维持纪律义工：维持现场纪律，提醒学生有序排队。

5. 兑奖义工：各班一名负责本班奖品兑换。

6. 培训评委教师、家长义工。由培训教师于周二 14:30 到固成课负责培训相应学科的家长评委，由年级组长于周二 14:30 到文化小讲堂对各班带队义工、维持纪律义工、兑奖义工进行培训。活动结束后由年级组长组织家长义工和评委进行留念合影。（培训教师、许小倩）

7. 拱门、海报、门型展架、闯关卡、向日葵印章、大转盘 2、向日葵、等候区条。（办公室老师）

8. 闯关卡、标语、背景设计。（杨茜、许小倩）

9. 奖品准备。（杨茜、许小倩）

10. 活动现场布置。（苏经理）

11. 摄影摄像。（徐斌、石泳诗）

12. 电子标语。（李温静）

13. 总协调。（教学处）

14. 报道。（林梦娴）

葵园天地、乐享成长之“绿野仙踪”历险记

——西湾小学（集团）固成小学 2022–2023 学年度第二学期低年级综合测评总结

一、综合测评活动的概况

为了更好地贯彻“双减”政策精神，培养学生的组织、创造、口语表达等能力，提高学生对各学科的学习兴趣，提升学生的综合素养，丰富校园文化生活，固成小学现开展以“葵园天地、乐享成长”为主题的综合素养评价活动，使学生在本次活动中寓学于乐。

一二年级的任课老师们根据学生年龄特点，结合学年段的知识点，以学生阅读过的课外书目《绿野仙踪》为主线，巧妙设计了“澳芝的秘密”“会见芒琦金人”“救出稻草人”“勇闯花田迷宫”“探秘翡翠城”“凯旋！回到家乡”六个情境，串联起各科要考查的知识与能力，不仅体现了人文性，还体现了趣味性，更体现了综合性与知识性（见图 1）。

图 1 “澳芝的秘密”测评活动场景布置

情景一：澳芝的秘密

关卡一：五行家族我会认，澳芝秘密我能破。考查学生的识字能力。

关卡二：传统文化我会说，澳芝身世我能揭。考查学生所了解到的传统文化知识。

关卡三：绿野人物我会夸，澳芝魔法我能解。考查学生的表达能力。

情境二：会见芒琦金人

关卡一：学生根据时钟说出了时间，并且在时钟上拨出了女巫消失的时间；关卡二：学生根据提示语后，画好了当地地图。考查学生对的方向感及观察能力。

图 2 “会见芒琦金人”场景布置

情景三：救出稻草人

关卡一：准确朗读出了 5 张“绿野仙踪”卡片；关卡二：准确有感情地唱出英语歌曲；关卡三：根据自己学到的英语知识形象地描述图片。

图 3 “救出稻草人”场景布置

情境四：勇闯花田迷宫

关卡一：闯关者根据指南针准确指出南北方向，说出迷宫道具的原理，更能辨认花田中的植物名称并说出特点；关卡二：在负重的前提下，完美地控制足球穿过了迷宫。

图 4 “勇闯花田迷宫”场景布置

情境五：探秘翡翠城

小小绘画家们画出的绿色城堡。

图 5 “探秘翡翠城”场景布置

情境六：凯旋！回到家乡

通过转盘选择表演内容，完成“歌曲展示”“演奏乐器”两项任务挑战，用音乐抒发自己喜悦的心情。

图 6 “凯旋！回到家乡”场景布置

不以纸笔定能力，虽无笔墨也飘香。本次期末展评活动，以有趣的活动方式考查了学生对知识的掌握程度，让学生闯出了喜悦，闯出了自信，闯出了水平，促进了学生综合素质的提升。

二、综合测评活动的结果及对结果的分析与运用

（一）综合测评的结果

二年级综合测评活动共有 15 个关卡，每个关卡有两个葵花奖章，即一共有 30 个葵花印章。根据总印章的数量，将获得不同数量葵花奖章的学生分为 3 个等级：一等奖“葵花标兵”有 23–30 朵葵花奖章，二等奖“葵花能手”有 15–22 朵葵花奖章，三等奖“葵花少年”有 15 朵葵花奖章。

此次二年级共有 337 名学生参加综合测评活动，每个班级学生的葵花印章数量见表 1。

表 1　二年级学生葵花印章数量

等级班级	二（1）	二（2）	二（3）	二（4）	二（5）	二（6）	二（7）班
葵花标兵	35	33	34	35	31	35	32
葵花能手	9	10	8	10	12	7	7
葵花少年	5	5	7	5	6	5	6

从每个关卡获得的奖章数量来看，以二（1）班 49 人、二（2）班 48 人为例，数量见表 2。

表 2　两班级每关卡获得的奖章数量

关卡班级		二（1）班	二（1）班
语文	第一关	91	90
	第二关	96	93
	第三关	94	91
数学	第四关	90	88
	第五关	94	93
	第六关	95	93
英语	第七关	95	92

续表

	第八关	94	90
	第九关	96	95
科学	第十关	49	48
体育	第十一关	49	48
美术	第十二关	45	44
劳动 / 综合	第十三关	49	48
道法	第十四关	49	48
音乐	第十五关	44	42

（二）结果的分析与运用

（1）结果分析。

从表 1 可以发现：二年级大约有 70% 的学生基本能获得 23–30 朵葵花奖章，成为“葵花标兵”，大约有 18% 的学生能取得 15–22 朵葵花奖章，成为“葵花能手”，剩下 12% 学生取得 15 朵以下葵花奖章成为“葵花少年”。

从各个班级学生测评结果来看，大部分二年级学生是能顺利通过该综合测评的，并且与平时上课学生表现情况相较而言，学生在综合测评中的展现更为优异。说明相较纸质的书面测试、课堂上即时发言的形式，学生对于此次多种形式的测评更加得心应手。“葵花标兵”们能在小组合作通关的过程中展现自己优秀的领导力和组织力。班级其他学生在综合测评的过程中更多元、丰富地展示自己，能获得更充分的自我效能感。

表 2 以二（1）班和二（2）班为例，通过统计的结果可以发现，学生在通过第一关“澳芝的秘密”、第四关“会见芒琦金人”、第十二关“童画城堡”、第十五关“我是小小歌唱家”和“我是小小演奏家”时存在困难。对于英语、科学、体育、劳动综合、道法这几个学科，学生表现良好。对于学生存在困难较多的学科，任课教师可以调整教学方式方法，加强该项知识点的巩固练习，鼓励学生动手操作，合作交流。

（2）结果的运用。

在此次的综合测评中，一共包含了十四个学科的考核内容，考核的方式有转盘抽题、限时回答、动手摆、现场说画、合作唱歌、限时运球、收拾书包、叠衣服等，考核的方式多种多样，考核学生的基础知识、动手能力、小组合作能力，生活基本技能等，适应不同层次水平的学生。学生运用课堂上的所学所思，通过转盘、抽签等有趣味性的方式抽取题目，即时思考，呈现出了多种思维的表征方式。

教师要关注到获得“葵花少年”的学生在测评过程中遇到的具体困难，一般情况下这部分学生存在平时课堂上的参与度不高、不愿开口，较少参与到小组的合作探究过程，依赖父母课后辅导等现象，教师可以通过帮助他们寻找“小老师”“好同桌”，加强家校沟通等方式，提高这部分孩子的学习热情，激发学习兴趣，培养学习自信心。

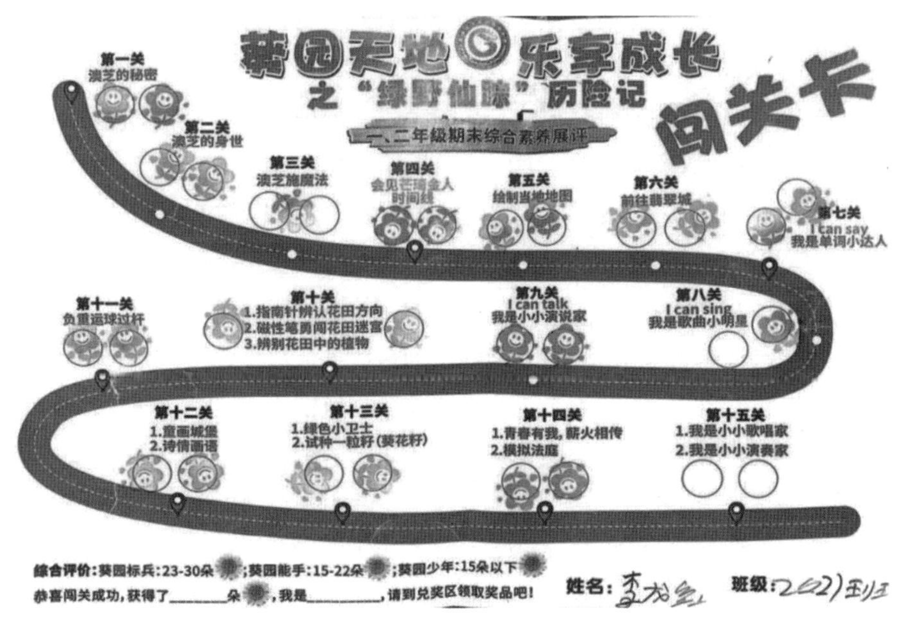

图 7 “葵园天地 乐享成长”闯关卡

三、综合测评活动的亮点与问题

1. 阅读启迪智慧，书籍赋能成长

书籍是孩子们的精神食粮，以阅读为媒介，抵达心灵深处，触发独立思考。为培养具有高贵灵魂、各美其美的固小学子，学校坚持把“成为读者”作为阅读作业的理想追求，立体全方位推进全员阅读。正是由于长期坚持“阅读立校，人人参与，共读一本书，同频齐进步”，才有了这次丰富多彩的综合测评活动。

本次综合测评的设计，综合考虑学生年龄身心特点，深度基于学生阅读喜好，现场还原书中真实场景，圆梦学生“绿野仙踪”。当学生们看到自己最爱的书籍以别样的形式展现在眼前，而自己成为书中主人公，体验丰富多彩的活动，又经历重重挑战闯关成功获得心仪礼物时，成长的喜悦是孩子们阅读最好的收获。相信经过这一次活动，他们会以更饱满的热情投入到阅读中来，期待下一次的精彩历险。

2. 创设真实情境，激发情感释放

生活即教育。真实的生活滋养生动的灵魂，真实的情境激发丰富的情感。本次测评情境设置的目标，是让学生们置身于有趣的情境活动中，结合情境提出明确的测评任务，学生通过任务驱动开展研究活动，运用知识解决问题，发展素养，增强自信，乐享成长。六大情境的设置，来源于书本，升华至生活，落实到个体，紧扣目标，难易适中，动静结合，层层递进。人文与趣味兼具，传统同现代共存。所谓一千个人有一千个哈姆雷特，对于固小的学子来说，每位学生对于情境的体验均不相同，释放出来的情感也各有差异。固小的学子们，在踏进“绿野仙踪”这扇门之前，有激动万分，立志通关全部挑战的自信学子；也有在活动开始前就忧心忡忡，不知如何前进的胆怯学子；更有思绪变化万千，表面荣辱不惊的从容学子。然而在走到最后一个情境之门时，我们看到的，是一张张蜕变过后的笑脸和一个个想要和你分享他精彩之旅的鲜活个体。这样一场神奇的情境历险记，助力固小学子们体验不同情感，发掘潜在能力，锻炼自主意识，感受成长惊喜。

3. 丰富活动形式，锻炼多样思维

著名教育家陶行知曾说：“真教育是心心相印的活动，唯独从心里发出来的，才能达到心的深处。”心心相印的活动，需要从学生的角度出发，思学生所想，虑学生所忧，排学生所惧，解学生所难。这次的活动充分展现了老师们为学生排忧解难的能力。老师们把重点知识仔细打磨，结合活动分解难度，不同学科巧妙融合，激发思维灵活转换。就奥芝的秘密这一情境来说，学生们面对的不再是枯燥乏味的认识汉字和死记硬背的文化常识，而把二年级学生最重要的识字练习、传统文化与表达能力同书本故事巧妙结合，学生们在多样的活动中化身魔法小达人，发挥自身优势，独立解决难题，顺利闯关成功。不同的情境连接不同的学科，情境与学科之间的转化，锻炼学生快速转换思维的能力，把思考与活动相结合，直击学生心灵深处，实现真教育目标。

4. 五育全科并举，落实育人目标

本次测评活动将整体性、科学性、层次性及艺术性紧密结合，情境和活动的设计以科学性为前提，设置不同层次情境，聚焦德智体美劳，指向全学科全课程，全面落实各门课程目标要求，准确把握重点难点，设计全科评价内容，摒弃传统学习方式，带领学生们鉴赏美、感受美、抒发美、创造美，真正体会到用知识解决问题的快乐，以此助推立德树人根本任务的落地，实现育人目标。

本次测评活动群策群力、集思广益，充分展示了固小学子的综合素养。百尺竿头，需更进一步。在下一次的测评活动中，我校将找准学生新的阅读兴趣点，注重活动组织形式的实效性，强抓落实学生秩序感和参与度，提升活动评价的信度和效度，强化学生对测评结果的敬畏之心，为固小教育再添新风景。

多彩项目齐发力 多元智能促提升

——壆岗小学 2022-2023 学年度第二学期低年级综合测评方案

一、综合测评方案设计的理念与原则

作为深圳市首批义务教育阶段“减负提质”实验校，壆岗小学积极落实新时代教育评价改革的要求，改进结果评价，强化过程评价，探索增值评价，健全综合评价，着力推进评价观念、方式、方法的改革。

此次综合测评以“多元智能理论”为核心理念，主张在真实的情境中评价学生的核心素养，从单维到多维评价学生的综合素养，从静态到动态评价学生的发展轨迹，构建壆岗小学低年级“项目化”评价体系，坚持“尊重差异，追求合适；激励增值，促进发展”的评价导向，建立“在学中评”与“在评中学”的双向评价机制，力求全面、客观评价学生发展情况，促进学生全面、个性化发展。

此次综合测评遵循以下原则：

（1）评价目标的教育性与多元化原则。坚持育人为本，强化评价育人导向，注重对正确价值观、必备品格和关键能力的考查；尊重学生个体发展差异，以多元标准评价学生。

（2）评价实施的情境性与综合性原则。从真实情境出发，注重学生对解决实际问题能力的评价；聚焦学科核心素养，探索跨学科、多维度综合性评价。

（3）评价结果的指导性与反馈性原则。倡导评价促进学习的理念，注重提高学生自我评价、自我反思的能力，引导学生合理运用评价结果改进学习。

二、综合测评的目标设计

（1）充分发挥评价的育人功能。通过对学生参评过程中的文明礼仪、参与态度等必备品格的评价，发挥评价的育人导向；通过设计增值性评价、过程性评价，引导学生树立正确的价值观，在测评中正确认识自我，不断反思、不断进取，进而实现自我的超越。

（2）充分发挥测评的诊断、反馈作用。通过设计情境化测评任务群，了解学生本学期通过各学科学习所掌握的运用知识解决问题的能力，把握学生核心素养的整体情况及个性化差异表现，并将该测评结果及时反馈给任课教师，为教师后续改进教学提供数据支撑。

（3）充分发挥测评的正向激励作用。通过设计融知识性与趣味性为一体的学科测评活动，激发学生学习兴趣与热情；通过设计丰富多彩的测评活动，以多元标准评价学生，让每个学生都能在测评中发现自己的闪光点，获得学习的成就感。

三、综合测评的内容设计

本次综合测评根据一二年级的课程开设情况，通过现场测评与过程性测评相结合、多学科联动测评与单学科特色活动相结合、班级整体测评与学生个性化测评相结合的模式，设计了三大特色测评项目。内容上涵盖了对道德与法治、语文、数学、英语、科学、音乐、体育、美术、劳动，共九个学科的核心素养的考查。

（一）“渡溪书院开放日”主题情景式测评项目

通过近一年的精心打造，我校渡溪书院于2023年9月正式向全校师生开放。崭新的渡溪书院环境典雅、功能齐全，备受全校师生、家长的关注和喜爱。此次综合测评以“渡溪书院开放日”这一真实生活情境为切入点，根据各学科本学期学习重难点，聚焦学科核心素养，设置多学科联动的测评任务群，真实考查学生运用所学知识解决问题的能力（见表1）。

表1 “渡溪书院开放日”主题情景测评设计

任务名称	内容描述	设计意图	年级进阶	学科
图书名字我会认	能够正确、快速认读书籍封面的名称。	识字是低年级的主要学习任务。通过认读有趣的书名，考查学生生字积累情况，既能引导学生在生活中认字，又能激发学生的阅读兴趣，从而发展语言运用的核心素养。	第一学段要求学生认识常用汉字1600个左右，会写其中800个。根据一二年级识字量的不同，选择不同的认读书目。	语文

续表

古诗名字我来猜	通过观察书籍中诗歌的插图，能准确、快速说出诗歌名称。	低年级学生以形象思维为主，通过引导学生看插图，帮助学生理解诗歌内容，以趣味性形式激发学生对中华优秀传统文化的学习兴趣，达到诗歌“理解与传承”的目的，培养学生“文化自信”的核心素养。	第一学段要求学生背诵优秀诗文50篇（段）。根据一二年级古诗词积累量的不同，选择不同的诗歌插图。	语文
介绍书院我能行	能流利、大方地为来我校书院参观的客人介绍书院情况。	真实的语言情境能激发学生表达的热情，引导学生在真实的语言情境中运用语言文字练习口语表达，发展核心素养中“语言运用”的能力，渗透接待客人时的文明礼仪教育	根据一二年级思维发展能力的不同，对介绍时的句子长度、句子数量要求不同。	语文 道德与法治
图书分类我能行	能够根据不同的分类标准，整理分类图书。	新课标要求培养小学生的数据意识，在第一学段经历简单的分类过程，会对物体、图形或者数据进行分类，初步了解分类与分类标准的关系，形成初步的数据意识。	根据一二年级已学的分类知识，对分类的复杂程度作不同要求。	数学 科学 劳动
我是统计小能手	能够准确统计出不同类型书籍的数量，并用画图或符号来进行简单的数据整理。	新课标要求学生能对“数据的收集、整理与表达”。通过统计不同类型书籍的数量，让学生初步感受现实生活中存在大量数据；再借助图表的形式表示不同书籍的数量，让学生感受数据中蕴含着有价值的信息，形成初步的数据意识。	让学生在活动中积累分类经验，提高实践能力。第八单元调查与记录的要点就是能读懂他人记录和调查数据，能用自己的方式记录调查数据和结果。	数学 劳动
数学应用我在行	能根据“我是统计小能手”的统计结果，提出简单的实际数学问题并解答。	让学生在实际情境和真实问题中，运用数学的知识与方法，经历发现问题、提出问题、分析问题、解决问题的过程，感悟数学与社会活动之间的联系，形成和发展模型意识、创新意识，提高解决实际问题的能力，形成和发展了核心素养。	年级考查加与减（计算、解决100以内加与减的问题）、除法、方向与位置、生活中的大数等。	数学
Magic Circles“中国十二生肖”单词套圈	用套圈的形式从十二生肖的书籍中任选3个动物，准确读出动物英文单词。	通过有趣好玩的套圈游戏，让学生读出套中的单词，从而检验学生对于一二年级动物相关单词的掌握情况，从而达到“音正达意，浸润融合”的学科要求，并学会对中国的十二生肖用英文进行表达与介绍。	根据一二年级已学的动物相关单词，可适当进阶，运用所学知识，对动物进行简单描述，如运用big、small、cute、yellow等词。	英语
Super Box“中华美食”句子盲盒	出示书籍中的美食插图，学生用开盲盒的方式，抽选插图，准确说出对应的英文单词。	通过有趣好玩的抽盲盒游戏，让学生从句子盲盒中抽取与中华美食相关的句子并读出，从而检验学生对于一二年级食物相关的句子的掌握情况，从而达到“音正达意，浸润融合”的学科要求，并学会对中国的美食用英文进行表达与介绍。	根据一二年级已学过的与实物相关的句子，进行对话的练习。	英语

续表

Colourful Seasons “美丽中国，缤纷四季”	出示有关四季的挂图，学生说出最喜欢的季节，描述它的天气、活动、所穿的服饰等。	通过对挂图中一年四季景色的描述，检验学生对于一二年级季节、颜色、活动、衣物、天气等单元的融合掌握情况，并对美丽中国产生热爱之情。	一年级主要以词句为主，二年级主要以句子为主，根据不同年级学生掌握的语用等级，进行分阶段练习。	英语
The Voice of Bogang “壆岗好声音”	演唱一首本学期你最喜欢的英文歌曲欢迎来书院参观的客人。	新课标中要求小学生要学会80首英文歌谣。本活动即可检验一二年级学生对于课本中英文歌曲的掌握程度。	可由课内英文歌曲进阶到课外英文歌曲。	英语 音乐
书院迷宫我来闯	出示迷宫图纸，在图纸关键位置粘贴条形磁铁，学生利用另一条形磁铁顺利、快速从入口移动到出口。	磁铁有磁性与磁极，学生通过动手操作感受磁铁磁极之间的相互作用，进一步理解S极和S极相互排斥，N极和N极相互排斥，S极和N极相互吸引，N极和S极相互吸引。	一年级学生只要求将磁铁顺利移动到终点，没有误入分岔路；二年级则要求在操作完成后能准确表达出磁铁磁极间相互作用的原理。	科学
美化书院我最棒	制作剪纸作品，布置书院、美化书院环境。	引导学生通过对日常生活的观察、体验、想象等，根据自己的兴趣和爱好，发现美的事物，运用感觉、知觉等感性形式，通过剪纸把握事物的形式特征，从整体与局部对剪纸作品进行感知与识别转化。	一年级能够剪出简单的对称字或结合学校体育节剪出足球。二年级运用已有的剪纸经验剪制可以装饰环境的花瓶。	美术 劳动
文明参评小达人	观察学生在参评过程中的文明礼仪、学习态度等具体行为表现。	通对学生参评过程中的文明礼仪、参与态度等必备品格的评价，发挥评价的育人导向。	排队礼仪，跟监测员问好礼仪，遇到问题主动求助，遇到困难积极面对等品质。	道德与法治

（二）“缤纷学科节”学科特色测评项目

缤纷学科节	学科特色测评任务	测评内容及形式
语文诗词月	班级诗词大比武	围绕壆岗小学诗文诵读课程一二年级相对应的课内外古诗词，采取“全班齐背20首＋全班无伴奏吟唱一首＋个人抽背3首”的形式考察学生课内外古诗词积累情况。
英语文化节	“I can draw my ...”单词字母设计比赛	一年级“I can draw my”、二年级“I can draw my cat”，通过英语字母、单词创意设计，实现英语、美术跨学科融合，激发学生学习英语的兴趣，提升学生的审美创造能力。

续表

活力体育节	绳王争霸赛（一二年级）	通过班级初赛，每班选派 20 名选手代表班级参加年级争霸赛，限时 1 分钟，统计各班跳绳总数。
	班际足球赛（二年级）	各班结合每周足球课程上课情况，组建班级男足、女足各一支队伍参加垦岗小学第二十二届“校长杯”班际足球赛，采用国际五人制足球竞赛规则，与同年级进行淘汰赛制。
六一文艺汇演	班班有歌声	各班结合本学期音乐课学习情况，选择一首曲目进行班级合唱展示。一二年级分别举办一场年级展演，根据展示情况评选合唱优秀班级。
	个人才艺秀	学生录制个人演唱视频，通过班级海选，年级复选，挑选“垦小好声音”在年级展演中演出。

（三）“让成长可视化”学科素养过程性验收测评项目

为切实提高学生的语文书写、英语书写、数学计算的水平，学校提出“让成长可视化”的理念，针对以上三项学科核心素养，采取过程性验收形式。以语文书写为例，通过开学初、学期中、学期末 3 次书写阶段性验收，在同一张纸上呈现同一名学生同一学期 3 个不同阶段的书写水平，让学生清晰看到自己书写的变化，培养学生写一手好字的意识与兴趣。

四、综合测评的过程设计

（一）“渡溪书院开放日”主题情景式测评项目

1. 测评时间：二年级 6 月 20 日下午，一年级 6 月 21 日下午。

2. 测评地点：渡溪书院内。

3. 监测人员：一二年级任课教师、每班 3 名家长义工。（一名义工协助教师开展测评任务，两名义工协助管理学生秩序）

4. 测评安排：每两个班为一组进入书院同时参与测评，每个年级共分为 4 组进行，每组预计用时 40 分钟。

5. 评价方式：设计“渡溪书院开放日闯关卡”，每个测评任务设计 1–3 个奖章等级评价，共 12 个测评任务，学生获得最高 36 枚奖章时，颁发“书院小状元”荣誉证书；获得 32–35 枚奖章时，颁发“书院小榜眼”荣誉证书；获得 28–31 枚奖章时，颁发“书院小探花”荣誉证书；获得 24–27 枚奖章时，颁发“书院小进士”荣誉证书。

（二）“缤纷学科节”学科特色测评过程

表3 “缤纷学科节”过程设计

缤纷学科节	学科特色测评任务	测评时间	过程设计
语文诗词月	班级诗词大比武	5月30日 素养课	一二年级语文教师交换监测门采用“班级齐背＋班级吟唱＋个人抽背”形式，了解班级情况，填写问卷星调查表反馈班级古诗词积累情况。
英语文化节	“I can draw my...” 单词字母 设计比赛	6月1日至 6月5日	学生利用假期完成创意作品设计，年级交叉评比。获奖作品在学校公众号、渡溪书院及校门口电子屏进行展览。
活力体育节	绳王争霸赛 （一二年级）	5月30日课后 服务时段	各班选派20名选手代表班级参加年级争霸赛，限时1分钟，统计各班跳绳总数，表彰年级前3名的班级，以及年级前10名的个人。
	班际足球赛 （二年级）	4月19日至 5月6日课后 服务时段	采用国际五人制足球竞赛规则，同年级进行淘汰赛制。表彰各年级男足、女足冠亚季军。
六一文艺汇演	班班有歌声	5月26日	每班一首合唱曲目展示，设置合唱金奖、银奖、铜奖。
	个人才艺秀	5月15日至 5月26日	5月15日开始收集学生个人演唱视频，通过班级海选、年级复选，各年级挑选10名学生在年级文艺汇演当天进行展示。

（三）“让成长可视化”学科素养过程性验收测评项目

第一周、第十周、第二十周，分别开展一次学生语文书写、英语书写、数学计算素养验收。将同一学生同一学科的3次验收在同一张验收单上呈现，立体化呈现学生成长轨迹。

附：学生综合素养测评记录反馈表

表1 “渡溪书院开放日”主题情景式测评项目记录反馈表

任务名称	学生的文明礼仪	学生对参评项目的兴趣表现	学生对项目知识点的掌握情况	对该测评项目的改进建议
图书名字我会认				
古诗名字我来猜				
介绍书院我能行				
图书分类我能行				
我是统计小能手				
数学应用我在行				
Magic Circles “中国十二生肖”单词套圈				
Super Box “中华美食”句子盲盒				
Colourful Seasons “美丽中国，缤纷四季”				
The Voice of Bogang “壆岗好声音”				
书院迷宫我来闯				
美化书院我最棒				

表2 “缤纷学科节”学科特色测评项目

缤纷学科节	学科特色 测评任务	学生对参评项目的兴趣表现	学生对项目知识点的掌握情况	对该测评项目的改进建议
语文诗词月	班级诗词大比武			
英语文化节	“I can draw my ...” 单词字母设计比赛			
活力体育节	绳王争霸赛（一二年级）			
	班际足球赛（二年级）			
六一文艺汇演	班班有歌声			
	个人才艺秀			

趣学乐考促成长 家校合力增实效

——塱岗小学 2022-2023 学年度第二学期低年级综合测评总结

一、综合测评活动的概况

本次综合测评根据一二年级的课程开设情况，现场测评与过程性测评相结合、多学科联动测评与单学科特色活动相结合、班级整体测评与学生个性化测评相结合的模式，设计了三大特色测评项目。内容上涵盖了对道德与法治、语文、数学、英语、科学、音乐、体育、美术、劳动共九个学科的核心素养的考查。

（一）“渡溪书院开放日”主题情景式测评项目

该项目主要考查学生的学科专业知识在真实情境中的运用。围绕本学期新建成开放的“渡溪书院”真实情境，共设计了 12 个进阶关卡。为保障现场测评的实效，我们在方案实施的过程中，多次联合一二年级级长、备课组长召开专题研讨会，商定具体推进细则。

为保障现场测评的质量、提高测评效率，通过会议研讨，我们对活动方案的细则进行了微调，由原来的所有学生集中测评改为两个年级分别用一天时间开展活动（6 月 20 日二年级专场，6 月 21 日一年级专场）。每个年级按班级顺序轮流进入测评场地，既保证测评现场的秩序，又节约学生等候的时间。6 月 19 日下午，我们召开了家长义工培训会，使参与活动的家长理解活动的意义，明确活动当天的具体分工。

经过前期充分的准备，此次测评开展非常顺利。测评过程中不仅能感受到孩子的文明有礼和扎实的学科素养，更是能看到孩子们开心的笑颜，真正做到了趣学乐考。

（二）“缤纷学科节”学科特色测评项目

该项目主要是以学科基本技能展示为主，如朗诵、合唱、跳绳、剪纸等。与项目一相比，该项目更侧重于对学生班级整体学习情况的评价，如班级诗词大比武、班级合唱、班级绳王争霸赛。

该项目从五月份开始，每周一学科主题展示时让不同层次、不同特长的学生都能体会到学习的成就感，充分激发了学生的学习兴趣。

（三）“让成长可视化”学科素养过程性验收测评项目

该项目以学科基本素养为考察对象。与项目一、二相比，该项目更侧重于过程性评价，贯穿学生整个学期的学习过程。如语文的书写验收分 3 次开展，开学初一次，学期中一次，学期末一次，3 次验收分别记录在同一套书写纸上，让学生一学期的书写变化清晰可见，有效激发了学生积极进取、追求卓越的内动力。

二、综合测评活动的结果及对结果的分析与运用

（一）“渡溪书院开放日”主题情景式测评项目

在该项目中，我们看到了学生在文明礼仪、参评兴趣方面表现较好。具体到学科知识掌握上，一年级学生识字量较大，认读书名快速准确，数学统计知识掌握牢固，英语动物单词能准确认读。一年级学生有待提升的项目是“古诗名字我来猜”，即看图猜古诗，部分学生积累古诗词数量不足或对古诗词大意不甚理解；数学图书分类计算时，个别学生会出现漏看漏数的情况；英语朗读单词时，如“please”等单词个别学生发音有误，演唱英文歌曲部分学生不够大方自信。二年级学生四季古诗词背诵、成语故事朗读、图书分类、数学统计应用、英语动物单词认读等考核项表现出色，但是在“中华美食我能读”环节，比较多学生将“Would you…”误读成“What do you…”；在演唱英文歌曲环节，学生对于较长的句子演唱不够流畅。

该测评结束后，我们回收了 12 个测评任务负责家长、教师的记录表，根据记录表分析学生在活动中的表现，并集备研讨如何针对学生的问题进行改进。如在书本统计环节，可能要更多考虑到对色盲、色弱学生的保护；在“壆岗好声音”英文歌曲演唱部分，要在日常教学中鼓励学生大方自信演唱，对于长句子要多示范朗读，给予更多的方法指导。

（二）“缤纷学科节”学科特色测评项目

在该测评项目中，我们邀请校领导、教师代表、家长代表作为学生学科技能展演的评委，现场点评学生的展演表现，既给予学生鼓励和肯定，又给予学

生改善方法的具体指引。

同时，通过学科素养展演选拔下学年参加宝安区班级合唱比赛、古诗文诵读比赛等活动的参赛班级、选手，让优秀的学生有更高、更多的展示平台。

（三）“让成长可视化”学科素养过程性验收测评项目

该测评项目相对于前两项能更直观展现学生学科素养习得情况。通过贯穿一整学期的过程性评价，不断发现学生在书写、计算、口语等方面存在的问题，不断强化练习，个别指导，让学生不断成长。

三、综合测评活动的亮点与问题

（一）此次综合测评的亮点

1. 评价主体多元化、评价方式多样化、评价内容综合化

通过三大测评项目，从单维到多维评价学生的综合素养，从静态到动态评价学生的发展轨迹，坚持“尊重差异，追求合适；激励增值，促进发展”的评价导向，建立“在学中评”与“在评中学”的双向评价机制，力求全面、客观评价学生发展情况，促进学生全面、个性化发展。

2. 注重过程性评价，真正发挥评价的反馈性和指导性作用

通过三大测评项目，将测评贯穿于学生整个学期的学习过程中，倡导评价促进学习的理念，注重提高学生自我评价、自我反思的能力，引导学生合理运用评价结果改进学习。

（二）此次综合测评的问题

1. 由于渡溪书院可容纳学生人数不多，测评需要分班开展，整个测评过程开展了整整两天，教师和家长义工都比较辛苦。下学期的测评，我们计划直接将现场活动测评的场地布置在年级教室，排好时间表，每节课更换具体测评任务。

2. 测评任务应提高与教材学习内容的关联度，在保证活动趣味性的同时，保障活动的实效性。

智创“绮云”屋 慧学向未来

——西乡小学 2022–2023 学年度第二学期低年级综合测评方案

一、理念与原则

（一）设计理念

1. 聚焦素养，提质减负。坚持“五育并举，融合育人”，创设真实性情境，打通学科间融合，让学生在游戏化综合测评中会学、慧学，提升语言表达能力，建构思维模型，培育艺术种子，练就健康体魄，提升综合素养。

2. 立足传承，创新评价。着力厚植传统文化之根，从“绮云”文化入手，创新评价模式，系统设计基础评价、特色评价和拓展评价，建构“绮云少年”校本评价体系。

3. 学科整合，多元共育。充分利用我校“绮云书室”的文化底蕴，以“智创‘绮云’屋 ·慧学向未来”为主题，联结与整合核心素养统领学科知识，学生独立或合作完成测评，获取“绮云书屋”学科零部件，拼接“绮云书屋”，组建“绮云战队”，在多元评价中激发学生探究知识、获取知识、学会合作、学会思考、学会坚持，实现知识内化、技能强化、习惯优化和素养深化。

（二）设计原则

此次综合测评从主题情境出发，充分发掘学科与核心要素之间的有机关联，形成主题情境下的任务群内容，引导学生在真实情境中，由零散、浅层的学习走向有关联、深度的学习，由远离生活走向解决实际问题，从而提升学生的综合素养（见图 1）。

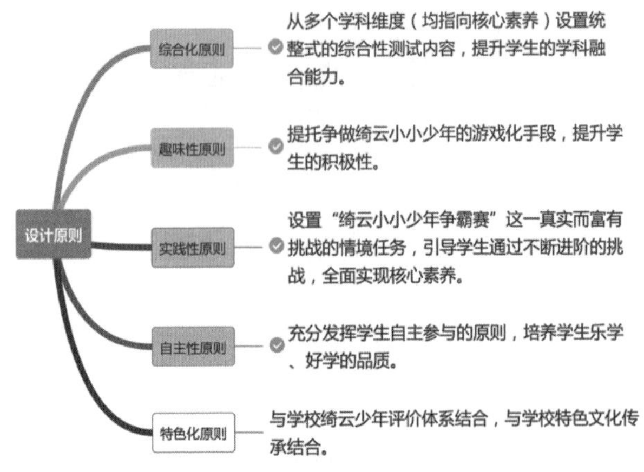

图 1　测评设计原则

二、目标设计

围绕“承传统、融分享、育多元”的教育目标，结合“智创‘绮云’屋·慧学向未来”主题，引导学生综合、灵活地使用课内各学科所学的知识点，考查他们交往、沟通、识字写字的能力，形成自理自律的意识，达成寓学于乐、寓趣于评的效果（见图 2）。

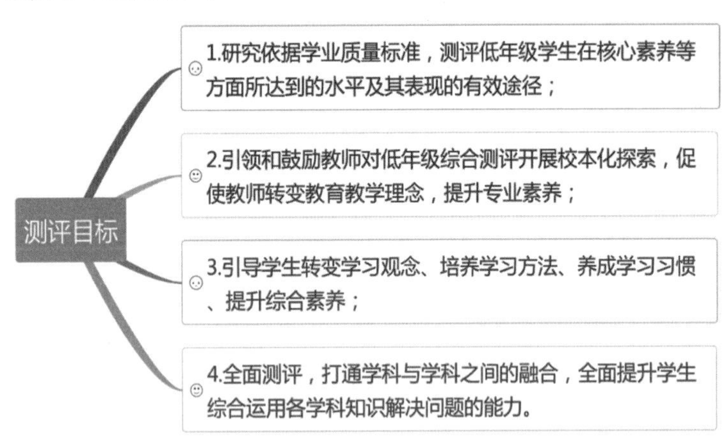

图 2

三、内容设计

基于本学期各学科所学的内容设计有维度、有广度、有区分度的测评内容，打通学科与学科之间的壁垒，综合从以下项目主题进行测评内容设计（见图 2）。

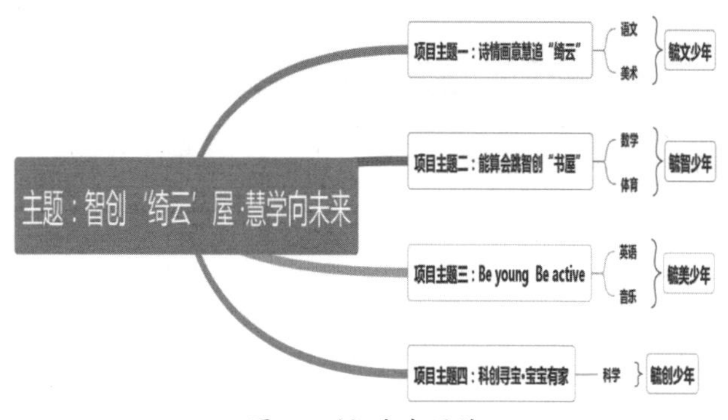

图 3　测评内容设计

（一）项目一：诗情画意慧追“绮云”（科目：语文、美术）

语文学科测评内容设计		
项目	测评内容	学业质量标准
识字与写字	字典达人秀：用部首、音序查字法查 20 个生字。展示 20 个生字，进行连线，限时 2 分钟。	1. 喜欢识字，遇到不认识的字，主动查字典或者向他人请教。 2. 能借助汉语拼音认读汉字。
	爱“读”才会赢：展示 500 个常用字，每人限时 1 分钟。	
阅读与鉴赏	背诵擂台：看图背古诗。	1. 朗读时能使用普通话，注意发音，用对语气，愿意和同学交流朗读体验。 2. 喜欢读古诗，能熟读成诵。
表达与交流	朗读 PK：精选 5 篇课文，进行 30 秒有感情朗读。	1. 乐于表达自己的想法，主动合作，积极参与讨论。 2. 看图说话，能描述一幅图画的主要内容，说出多幅图画之间的内容关联。 3. 愿意向他人讲述读过的故事，乐于向他人展示自己的作品。 4. 喜欢在学校、社区组织的故事会、课本剧表演等活动中展示。
	绘声绘色：准备 3 套图片作为测试内容，从中选取一套现场看图说话。	
梳理与探究	识字贴报：独立完成识字小报。	1. 喜欢识字，有意识地梳理在日常生活中学习的汉字、词语，并尝试进行分类。 2. 愿意整理自己的学习成果，并向他人展示。
跨学科综合运用：语文 + 美术 + 劳动	扇传古韵：将卡纸剪成想要的图案，进行诗配画，最后将卡纸和一次性筷子进行粘连形成一把扇子，也可进行适当装饰。	在跨学科学习和探究活动中有好奇心和求知欲，能用自己喜欢的方式呈现学习所得。
	吟唱对韵：吟唱声律启蒙，选择自己想要表演的小节，可自己完成也可自行寻找小伙伴组队完成吟唱（3 人—5 人）。	

续表

美术学科测评内容设计		
项目	测评内容	学业质量标准
古诗配画	给学过的古诗配一副画。	图像识读：能从古诗的文字中表达自我感知。 艺术表现：能根据古诗内容用绘画形式表现情境。 核心能力：创新，能对古诗中的情境展开想象，添加内容，画出自己独特的创意和美感。考查审美感知、艺术表现、创意实践。
	“我是小小画家” 作品画的是什么？ 作品中有哪些色彩？ 用词语概括画面。	

（二）项目二：能算会跳智创“书屋”（科目：数学、体育）

数学测评内容设计（一年级）		
项目	测评内容	学业质量标准
计算小能手	50 以内加减法	通过活动，加深对数字的理解，提升数学计算的兴趣和能力。
分一分 摆一摆	将图中物品的实物分一分、摆一摆（里面有立体图形和平面图形）。	初步提高把握图形的特征和共性，以及整理数据的能力，通过操作、游戏等丰富多彩的活动，分析图形的性质，体会研究图形的多样性，激发研究图形的好奇心，形成空间观念和初步的几何直观。
投一投 算一算	数学和体育学科相结合。	通过操作、游戏等丰富多彩的活动，提升学生数学运算能力，发展思维空间，形成应用意识。
猜一猜我是谁	1. 我比 50 多 20，我是谁？ 2. 20 比我少 15，我是谁？ 3. 我的个位是 8，十位是 9，我是谁？	通过猜一猜、算一算的活动，理解数位、位数、计算单位，加深对数量关系和算法的理解。

《“图里乾坤”大揭秘》——数学测评内容设计（二年级）		
项目	测评内容	学业质量标准
图中方向 做一做	1. 制作方向板。 2. 按指令说图中物品的方向与位置。 3. 听口令队列练习，立定跳远并测量统计。	1. 通过制作方向板，加深对数学知识的理解，提升学习数学的兴趣，初步获得一些数学活动经验。了解物体间方向与位置的相对性，形成初步的空间观念。 2. 跨学科融合，形成学生的合作交流意识，提高兴趣。
图中物品 量一量	观察刚指定的图中物品的实物，先估一估有多长（高或厚），再实际测量。	对物体的长度进行估算与测量，加强对所学长度单位实际意义的体会，进一步发展测量和估测能力，形成初步的空间观念和量感，并感受数学与现实生活的联系。

续表

图中图形认一认	1. 在图中分别找出一个长方形、一个角、一个轴对称图形。 2. 折一个直角。 3. 分别画一个锐角和一个钝角。 4. 剪一个轴对称图形。	通过操作、游戏等丰富多彩的活动，分析图形的性质，体会研究图形的多样性，激发对图形研究的好奇心，形成空间观念和初步的几何直观。
图中问题解一解	1.174+258= 口述计算过程 2.261−183= 口述计算过程。 3. 你还能提出什么问题？口头列式。	结合现实生活情境，尝试用数学语言描述生活中的实际问题，经历用数学的眼光发现和提出问题，用数学的思维与数学语言分析和解决问题，形成初步的数感、运算能力、应用意识等。

体育测评内容设计

项目	测评内容	学业质量标准
体育知识我知晓	已学基本的体育课堂知识和运动安全常识	全部回答正确，获得 3 星章；回答正确 2 个的，获得 2 星章；回答正确 1 个的，获得 1 星章。
队列我最棒	基本的队列口令和动作	全部口令正确、动作干净、利落的，获得 3 星章：部分动作出错，整体完成较好的，获得 2 星章；动作较熟悉，不够流畅，总体能完成的，获得 3 星章
50 米快速跑	小学一二年级身体基本运动中跑的技能	跑步成绩达到优秀标准的，获得 3 星章：跑步成绩达到良好标准的获得 2 星苹：努力完成比赛和测试成绩达到及格的，获得 1 星章。
跳短绳	连续跳跃能力	跳绳成绩达到优秀标准的，获得 3 星章；跳绳成绩达到良好标准的获得 2 星章；努力完成比赛和测试成绩达到及格的，获得 1 星章。
趣味投掷	学习的基本投掷方法	将沙包精准投入 3 个或 3 个以上获得 3 星章；将沙包精准投入 2 个获得 2 星章；在帮助下能认真完成比赛的或将沙包精准投入 1 个获得 1 星章。

（三）项目三：Be Young Be Active（英语、音乐）

英语测评内容设计

项目	测评内容	核心理念
Super Singer（唱一唱）	演唱一首与本册教材内容相关的英文歌曲，录制视频，通过钉钉发送至英语教师，要求：6 月中旬前完成	低年级学生应以视、听、说为主，引导学生乐于模仿。调动学生多感官参与学习。通过演唱歌曲、说唱歌谣激发学生好奇心和求知欲，引导他们积极投入语言学习和实践。
Happy Reader（读一读）	选择一本绘本，朗读并录制视频，发送至英语老师，要求：6 月中旬前完成	调动学生多感官参与学习，利用视频、图片、实物等，带领学生声情并茂地朗读故事，引导他们积极投入语言学习和实践。

续表

Word Hunter （读一读）	1. 读出图片所代表的单词（一年级）。 2. 根据图片说出单词，按要求读出单词（二年级）。 3. 限时 1 分钟，读出越多获得星越多。 4. 由小考官进行测评：五年级 12 名，六年级 12 名 。 5. 时间：学校统一安排。	低年级学生语言学习以视、听、说为主。 通过直观、形象、生动的教具，调动学生多感官参与学习。
Spelling Bees （拼一拼）	1. 一年级：拼读 CVC 单词。 2. 二年级：拼读 CVC 和 CVCE 单词。 3. 随机抽取 CVC 以及 CVCE 单词题卡并拼读出单词。 4. 由小考官进行测评：五年级 12 名，六年级 12 名。 5. 时间：学校统一安排。	语音是语言教学的重要内容之一。自然、规范的语音和语调将为有效的口语交际奠定良好的基础。引导学生在感知、理解语言的基础上，体会语音的表意功能，发现并归纳语音规则。学习拼读规则、习得见词能读、听音能写的拼读技能。
Great Speaker （秀一秀）	1. 随机抽取情景图片，根据情景与同伴进行对话。 2. 由小考官进行测评：五年级 12 名，六年级 12 名。 3. 时间：学校统一安排。	低年级语言学习要鼓励学生大胆开口、乐于参与学习活动，积极开展简单的日常交流。

音乐测评内容设计

项目	测评内容	学业质量标准
声乐	演唱歌曲 （一二年级）	1. 能用正确的姿势、自然的声音，有感情的演唱，并加入适当的动作进行表演。 2. 能运用自己的表情、肢体动作进行模仿或表演。
听辨	听辨音乐（一年级）	聆听音乐：能判断音乐的高度、快慢、强弱、长短、音色变化，并做出相应的体态反应或简单描述。能辨认乐器，简单描述或画出乐器特色。
	辨音小能手（二年级）	

项目四：科创寻宝·宝宝有家（科学）

科学测评内容设计（一年级）

项目	测评内容	学科核心概念与学业要求
小小科学家 —蜗牛小行家	1. 画一只蜗牛。 2. 观察蜗牛。 ①能指认蜗牛的口、触角、眼和腹足的位置； ②能识别蜗牛是动物； ③说出动物的共同特征。	【生命系统的构成层次】 1. 认识周边常见地动物，并简单描述其外部特征。 2. 能结合动物和植物的外部特征，比较动物和植物的异同，能概括动物的某些共同特征。

续表

小小工程师：给动物造个家（鼓励小组合作完成）	1. 结合一种生活中熟悉的动物，给动物设计一个家，知道某种动物生活具体需要什么。 2. 描述作品用到的材料及材料的用途。 3. 通过眼睛看、鼻子闻、用手摸等途径观察，并描述其中一种材料的特征。	【技术、工程与社会】 能使用常见的工具和材料制作简单实物作品。 【工程设计与物化】 具有实物制作的兴趣，乐于表达，讲述自己的想法。 【物质的结构与性质】 1. 能说出生活中常见材料的外部特征。 2. 能利用感官进行观察并描述，能口述或利用简单图形表达想法。
科学测评内容设计（二年级）		
项目	**测评内容**	**学科核心概念与学业要求**
小小科学家－身体结构我能辨	观察人体结构图，说说身体是由哪几部分组成的，并且回答人体外形结构有什么特点。	【生命系统的构成层次】 能利用多种感官或简单的工具，观察对象的外部形态特征及现象。
小小工程师：利用磁铁让小车动起来（鼓励小组合作完成）	1. 结合对磁铁的学习，设计一个以磁力为动力驱动的小车，并说出其中的原理。 2. 描述作品用到的材料及材料的用途。 3. 通过观察指出磁铁的南北极以及对应的字母。	【技术、工程与社会】 1. 能使用常见的工具和材料制作简单实物作品。 【工程设计与物化】 1. 具有实物制作的兴趣，乐于表达、讲述自己的想法。 【物质的结构与性质】 1. 能说出生活中常见材料的外部特征。 2. 能利用感官进行观察并描述，能口述或利用简单图形表达想法。
知识大爆炸	用绘画或思维导图的形式，将所学的知识画出来。	【工程设计与物化】 1. 能利用多种感官或简单的工具，观察对象的外部形态特征及现象； 2. 能用语言初步描述信息

四、过程设计

（1）测评形式及人员：线上测评（上交作品）、闯关游戏、现场测评；一二年级任课教师、家长义工以及五六年级的学生代表

（2）测评流程。

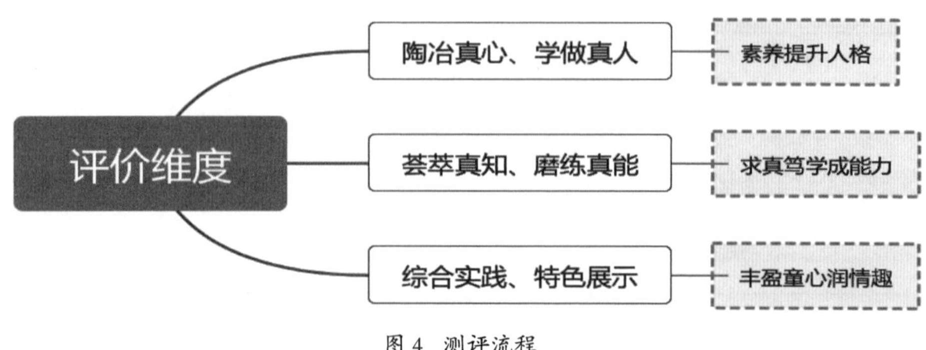

图4　测评流程

（3）评价维度（见图5）。

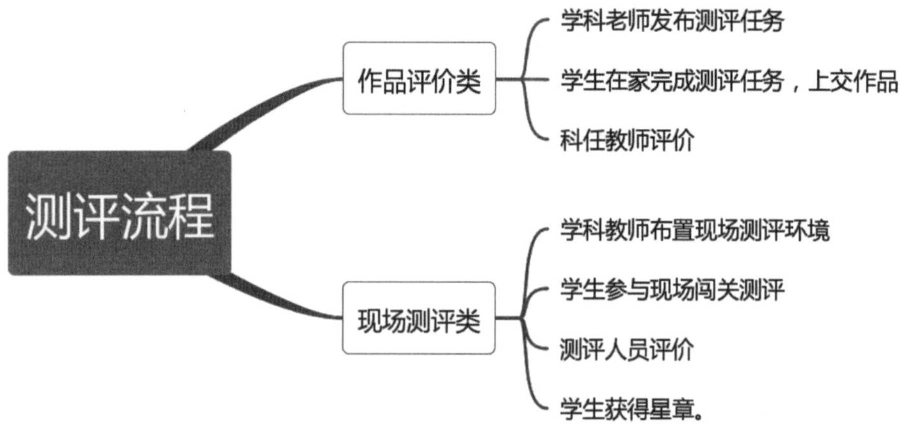

图5　评价维度

（4）评价特点（见图6）。

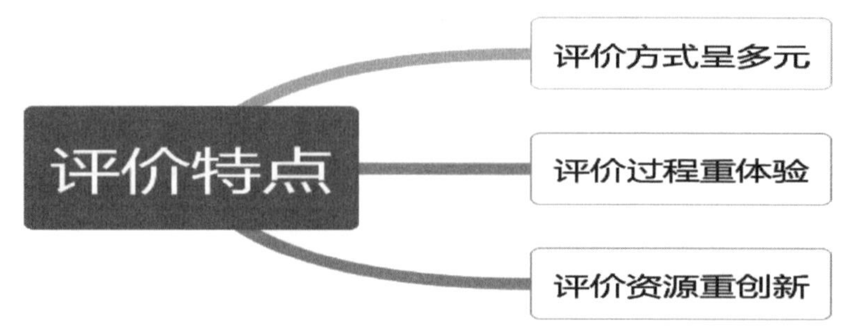

图6　评价特点

（5）结果应用

此次低年级期末学生综合素养评价是西乡小学落实“双减”的一项探索，是对“减负提质”理念的实践与落实，也是学校对“绮云”教育体系在评价层面的进一步深化。化“考”为“游”，化“结果”为“过程”，测评呈现出素养化、情境化、活动化、交往化、反思化、综合化等特点，让每一个孩子都能够遇见最好的自己，在西小校园中培养多彩“绮云少年”，“双减”落地有声，成长悄然绽放。

表1　西乡小学综合素养测评记录反馈表

班级：　　　姓名：　　　测评时间：

<table>
<tr><th>测评主题</th><th>测评内容</th><th>获几颗星</th><th>绮云小小少年争霸赛</th></tr>
<tr><td rowspan="10">诗情画意慧追“绮云”
语文＋美术</td><td>字典达人秀</td><td></td><td rowspan="10">在“毓文”少年争霸赛中，我总共获得了（　　）星。</td></tr>
<tr><td>爱“读”才会赢</td><td></td></tr>
<tr><td>背诵擂台</td><td></td></tr>
<tr><td>朗读 PK</td><td></td></tr>
<tr><td>绘声绘色</td><td></td></tr>
<tr><td>识字贴报</td><td></td></tr>
<tr><td>扇传古韵</td><td></td></tr>
<tr><td>吟唱对韵</td><td></td></tr>
<tr><td>古诗配画</td><td></td></tr>
<tr><td>我是小小画家</td><td></td></tr>
</table>

续表

能算会跳 智创"书屋" 数学＋体育	计算小能手		在"毓智"少年争霸赛中，我总共获得了（　）星。
	分一分 摆一摆		
	投一投，算一算		
	猜一猜我是谁		
	图中方向做一做		
	图中物品量一量		
	图中图形认一认		
	图中问题解一解		
	体育知识我知晓		
	队列我最棒		
	50 米快速跑		
	跳短绳		
	趣味投掷		
Be Young Be Active 英语＋音乐	Super Singer（唱一唱）		在"毓美"少年争霸赛中，我总共获得了（ ）星。
	Happy Reader（读一读）		
	Word Hunter（读一读）		
	Spelling Bees（拼一拼）		
	Great Speaker（秀一秀）		
	声乐（演唱歌曲）		
	听辨（听辨音乐）		
	听辨（辨音小能手）		

续表

<table>
<tr><td rowspan="5">科创寻宝
宝宝有家
科学</td><td>小小科学家—蜗牛小行家</td><td></td><td rowspan="5">在“毓创”少年
争霸赛中，
我总共获
得了（ ）星。</td></tr>
<tr><td>小小工程师：给动物造个家
（鼓励小组合作完成）</td><td></td></tr>
<tr><td>小小科学家－身体结构我能辨</td><td></td></tr>
<tr><td>小小工程师：利用磁铁让小车动起来（鼓励小组合作完成）</td><td></td></tr>
<tr><td>知识大爆炸</td><td></td></tr>
<tr><td colspan="4">各板块设置“绮云屋”学科零部件兑换规则，班级设置8人小组，8人小组在凑好的零部件搭建“绮云屋”，最后进行统计，书屋获取数量多给予团队奖。</td></tr>
</table>

智创“绮云”屋，慧学向未来

——西乡小学 2022–2023 学年度第二学期低年级综合测评总结

一、综合测评活动概况

（一）活动背景

党的二十大报告指出，要全面贯彻党的教育方针，落实立德树人根本任务，发展素质教育，推进教育公平，培养德智体美全面发展的社会主义建设者和接班人。综合与实践领域因其自身特有的综合性、应用性等特点，成为学科教学当中凸显育人价值，发展核心素养的重要载体。

《义务教育课程标准（2022 年版）》明确指出，综合与实践领域的教学活动，以解决实际问题为重点，以跨学科主题学习为主，以真实问题为载体，适当采取主题活动或项目学习的方式呈现，通过综合运用各学科的知识与方法解决真实问题，着力培养学生的创新意识、实践能力、社会担当等综合品质。

《教育部关于全面深化课程改革落实立德树人根本任务的意见》指出，充分发挥学科间综合育人功能，开展跨学科主题教育教学活动，将相关学科的教育内容有机整合，提高学生综合分析问题、解决问题能力。

为贯彻党的教育方针，落实立德树人的目标，我校坚持以学生发展为本，上好每节课，关注每个学生，减负不减效。结合低年级教学实际情况，制定了一二年级各学科素养测评方案并且进行了实施。

（二）活动理念与原则

1. 聚焦素养，提质减负。坚持“五育并举，融合育人”，创设真实性情境，打通学科间融合，让学生在游戏化综合测评中会学、慧学，提升语言表达，建构思维模型，培育艺术种子，练就健康体魄，提升综合素养。

2. 立足传承，创新评价。着力厚植传统文化之根，从“绮云”文化入手，创新评价模式，系统设计基础评价、特色评价和拓展评价，建构“绮云少年”校本评价体系。

3. 学科整合，多元共育。充分利用我校“绮云书室”的文化底蕴，以“智创‘绮云’屋 · 慧学向未来”为主题，联结与整合核心素养统领学科知识，学生独立或合作完成测评，获取“绮云书屋”学科零部件，拼接“绮云书屋”，组建绮云战队，在多元评价中激发学生探究知识、获取知识、学会合作、学会思考、学会坚持，实现知识内化、技能强化、习惯优化和素养深化。

二、综合测评活动的结果及结果的分析与应用

本次测评有一二年级共 12 个班级参加，有 4 个项目，分为线上测评以及现场测评两个阶段。

（一）诗情画意慧追“绮云”（“敏文”少年争霸赛）

本项目是语文，美术的跨学科融合项目。将听、说、读、写和本学期的学习内容结合，安排了本次测评的内容。在设计好内容后，语文备课组的老师们全体上阵，测评了学生的表达与交流能力。

通过“字典达人秀”“爱读才会赢”“背诵擂台”“朗读 pk”“绘声绘色”“识字贴报”“古诗配画”等多个小活动串联锻炼学生的识字与写字、阅读与鉴赏、表达与交流、梳理与探究、跨学科综合运用能力。

（二）能算会跳智创书屋（“敏智”少年争霸赛）

本项目是数学与体育学科的跨学科融合项目。如二年级数学包含四大项（8 小项）的测评内容，基本上能全面考查本学期学生所学内容及需培养的各方面素养与能力。根据所学进度，分别在 5 月 10 日，校科技文化节（5 月 29 日上午），及 6 月 20 日下午“智创绮云屋，慧学向未来”活动，完成了全部测评。

1. 图中方向做一做

全年级 299 人，全部完成方向板制作，能正确说图中物品的方向与位置，但少部分学生听口令移动方向还不太过关。后续还需指导学生进一步体会、掌握。

2. 图中物品测一测

一部分学生估计物品的长度差距很大，说明长度单位概念建立得不是很好，选择测量工具测量时能较好完成。根据这一情况，教师后期可多加强学生对长度单位的感知，多测量生活中的物品，建立好 1 米、1 分米、1 厘米、1 毫米的

概念。

3. 图中图形认一认

学生随机抽取题卡完成题目的情况很好。

4. 图中问题解一解

口述加减法竖式计算完成情况良好，但减法算式能解决图中什么问题，一部分学生不能说出。后续还需加强此类数量关系的理解与掌握。

（三）Be Young Be Active（“敏美”少年争霸赛）

本项目是英语和音乐的跨学科融合，内容上，能够全面囊括本学期所学习的各项知识点，包括单词、拼读、对话、歌曲和绘本，同时通过音乐的形式提升学生兴趣。从形式上，也充分体现了学生英语核心素养，培养听、说、读、唱能力。通过本次测评，能全面了解学生英语学习方面的情况。

（四）科创寻宝，宝宝有家（“敏创”少年争霸赛）

本项目是科学和劳动的跨学科融合项目，从以下几个方面进行综合素质测评。

1. 知识掌握程度

作为一门学科，科学的基础就是知识。二年级的学生应该掌握一定的科学知识，如比较常见的观察与比较的方法；理解物理的基本现象，如磁铁的性质。

2. 实践操作能力

科学实践是科学学习的重要环节之一。学生需要实验、观察、记录、分析实验结果，培养自己的科学思维和实践操作能力。二年级学生的实验内容比较简单，如观察植物生长过程、用水漂浮物体等。但是，从实验设计到实验操作，都需要学生进行主动探究和尝试。

3. 科学思维能力

学生需要通过科学学习，培养自己的科学思维能力。例如，学生需要提出问题，进行观察、实验以及总结和归纳科学活动，以培养科学探究精神。同时，学生还需要掌握科学的方法，如观察、比较、分类等，来处理和解决问题。

4. 科学素养

科学素养是综合的，它包括了学生对科学的认识、对科学知识的理解和应用、对科学态度和价值观的形成等。二年级学生需要在科学学习中形成对科学知识的兴趣和自信心，以及积极探索和解决问题的态度。

（五）现场搭建“绮云屋”

学生以 10 人为一组完成现场测评项目后，把获取的“绮云屋”零部件进行汇总，团队合作，凑齐 1–10 号零部件即可拼创一座“绮云”屋。看哪个小组“绮云”屋数量最多，评选出优秀团队。本项目旨在激发学生参与热情，培养学生团队意识，在活动过程中合作共赢。

三、综合测评活动的亮点与问题

（一）诗情画意慧追“绮云”（“敏文”少年争霸赛）

1. 亮点

（1）目标明确：从识字、朗读、背诵、表达等多个方面精准测试学生的语文核心素质。

（2）协同育人：充分发挥语文教师、家长义工、高年级优秀学生的作用，实现家校社协同育人。

（3）方式灵活：既有现场测评项目，也有提交视频的项目；既有个人项目，也有小组合作项目和亲子合作项目。

（4）学科融合：在坚守语文学科本位的基础上实现跨学科融合，引导学生在综合运用多学科知识的过程中提高语言文字运用能力。

（5）形式新颖：通过团队合作智创“绮云屋”的方式，激发了学生的积极性和创造性，培养了团队合作精神。

（6）收获良多：学生在此次综合测评中表现优良，基本都能按照测评要求用心做好各项准备，在测评过程中遵守秩序和规则，同学之间互相帮助，展现了新时代小学生的精神风貌。

2. 不足

学生的整体素养很好，但有个别同学存在表达困难、表达时声音微弱、表达不够清楚，无感染力等问题。今后我们在教学中要重视对学生进行声音响亮、条理清晰、态度大方的表达能力训练。

（二）能算会跳智创书屋（"敏智"少年争霸赛）

1. 亮点

整个测评以一幅图贯穿全过程，涵盖了数与代数、图形与几何、统计与概率、综合实践等方向，并与美术、体育学科融合且各项目能较全面地考查学生的核心素养。

2. 不足

现场测评前对考官人数、场地等因素考虑不足。

（三）Be Young Be Active（"敏美"少年争霸赛）

1. 亮点

（1）前期准备工作充分；活动进行顺利有序；活动后学生拼装有序。

（2）每班除了 1–2 名特别困难的学生外，绝大部分的学生能较好地完成各项测评任务。

（3）提倡合作，根据情境，创编对话，灵活运用语言。

（4）灵活运用高年级学生成为"小老师"，协助活动。

2. 不足

（1）应重视不同层次学生的心理和学习差异状况，针对学生的个体学习情况，在测评中有的放矢，保证以评促学。

（2）应进一步丰富测评内容，改进测评内容的呈现形式，以促进不同层次学生英语运用能力的提高。

（3）应重视加强对学生音素意识的渗透，部分孩子对音素切分掌握不够好。

（4）形式与以往没有太大的创新，缺少趣味性。

（四）科创寻宝，宝宝有家（"敏创"少年争霸赛）

1. 亮点

（1）目标明确：紧扣"生命系统的构成层次""技术、工程与社会""工程设计与物化""物质的结构与性质"等学科核心概念与学业要求精准测试学生的学业水平。

（2）协同育人：充分发挥科学教师、家长义工、高年级优秀学生的作用，实现家校社协同育人。

（3）方式灵活：既有现场测评项目"小小工程师：给动物造个家"，也有随堂测评项目“小小科学家：蜗牛小行家”；既有个人项目，也有小组合作项目。

（4）收获良多：学生在此次综合测评中表现优良，基本都能按照测评要求用心做好各项准备，在测评过程中遵守秩序和规则，同学之间互相帮助，展现了新时代小学生的精神风貌。

2. 不足

学生的整体素养很好，但有个别学生现场测评的时候比较紧张、表达不清，有的学生在测评的时候忘记带作品，也有的学生现场测评的作品材质选用玻璃等易碎品，在携带、搬运的过程中出现损坏。今后我们在测评前期的工作布置和教学指导中要重视对学生表达能力的训练，也要提醒学生选材的时候注意选用安全、耐用、易搬运的原材料。

我校低年级综合测评在李赠华校长的带领下，多次组织低年级学科老师深入解读课标，研讨基于儿童发展所需要的多元评价、兴趣激发、创新想象的测评内容，真正落实学科融合、立德树人的导向，本次低年级测评，学生不仅仅只是 6 月 20 日下午的现场活动测评。有些需要动手实践操作的测评项目学生已经提前两周去完成，如一年级的识字小报、钟表制作，二年级的方向板制作、扇传古韵的制作，不仅需要运用语文、数学、美术学科知识，还培养了学生的劳动素养，其他学科均有立足于本学科的测评内容。我校本次测评的创新在于把“绮云书室”的文化融入到评价中来，第一阶段已经测评的项目各科老师会在学生的评价卡上盖章，学生在测评当天以 10 人小组为测评单位，测评完某个区域的项目即可完成一次“绮云”屋零部件的兑换，完成 4 个区域 7 个学科的测评后学生就可以拼“绮云”屋了，学生参与得都非常认真，想方设法去完成拼创。也许教育最需要的就是开垦一块块的土壤，让孩子们去播种、去动手开荒、去合作，取得最后的成就。我校本次低年级综合测评真正开垦了一块很肥沃的土壤，培养低年级孩子快乐幸福地成长。当然，本次测评也发现有些内容可以优化，如何让测评的环境更加适合孩子开口说、大胆说，让测评更优质、深度，不断迭代优化，让低年级学生综合测评内涵式发展。

附：学生评价表

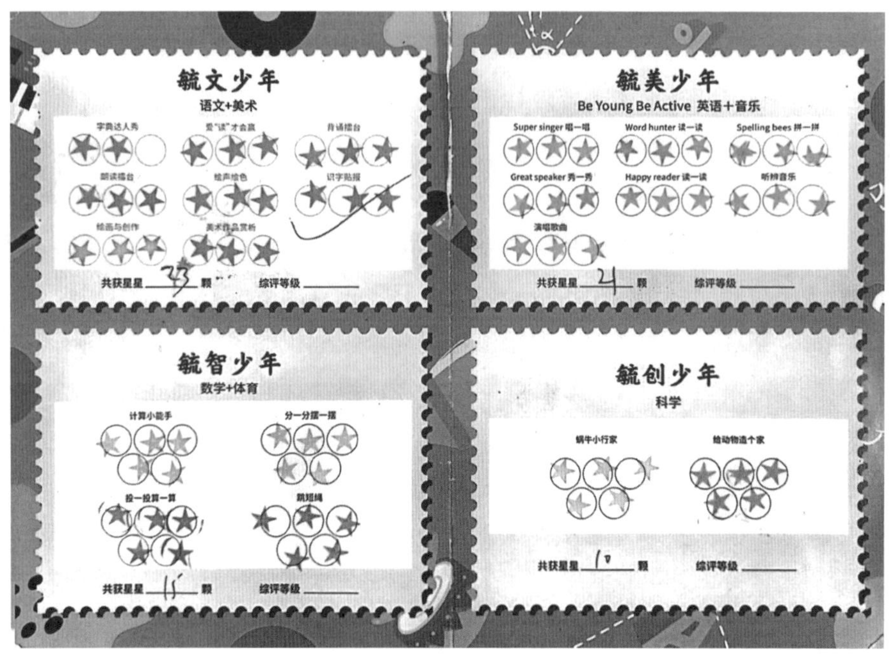

图 1　一年级学生评价表

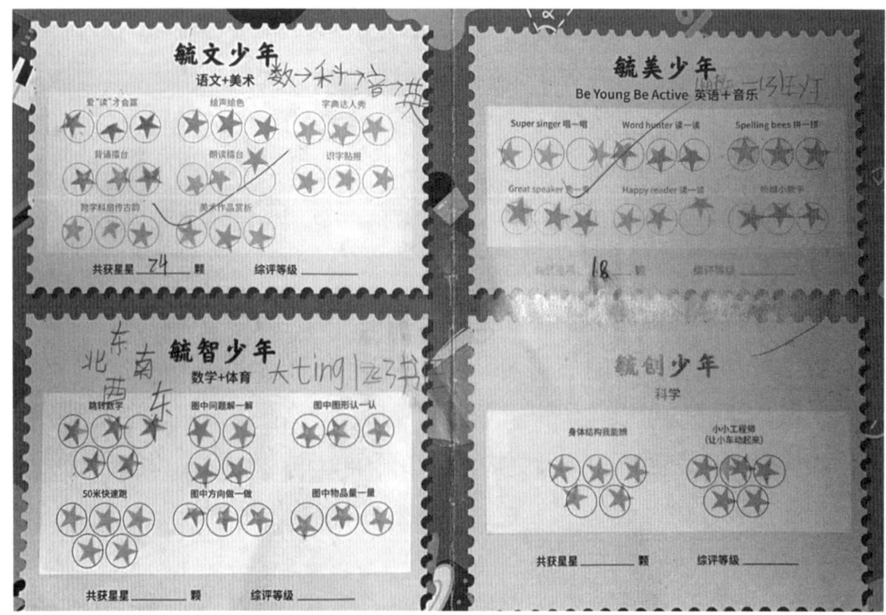

图 2　二年级评价卡

闯关集星我能行 快乐学习我最棒

——坪洲小学 2022–2023 学年度第一学期低年级综合测评方案

一、综合测评方案设计的理念与原则

为了进一步落实国家课程目标，切实落实“双减”政策，减轻学生学业负担，引导学校、家庭、社会树立科学的育人理念，促进学生全面发展，真正发挥评价的教育和导向功能。以基础性、科学性、趣味性为原则，突出学科与学段特点，强化所学知识的运用。努力让孩子在轻松愉快的多样的评价中，感受学习知识的快乐，体验学习成功的喜悦，更好地指导教师的教和学生的学。

（一）基础性原则

在评价过程中坚持实事求是，从学生的实际出发，做出合理的评价，注重评价内容的基础性：既要关注课程的学业要求，又要关注课程的素养要求；既要注重评价内容的多元化，又要注重方法的多样化。以此保障全体学生的全面发展。

（二）科学性原则

遵循教育规律与学生身心发展规律，围绕评价目的，建立简单易操作并符合学科课程标准的评价体系和评价标准，运用科学、多样、灵活的评价方法。

（三）趣味性原则

遵循基础性与科学性，注重评价内容的趣味性。设置有趣的评价内容，调动学生参与评价的积极性，激发学生参与评价的热情。

二、综合测评的目标设计

1. 探索“双减”背景下学校教育教学评价的新样态，提升学科质量。

2. 帮助学生形成扎实的学科知识、严谨的学科思维，以表现性和多元化评价引领师生走向教育本源。

3. 设计考核学生基础知识的掌握和基本技能的达成情况的测评活动，检验和评价低年级学生学习质量。

三、综合测评的内容设计

<table>
<tr><th>学科</th><th>通关内容</th><th>通关地点</th><th>站点</th><th>站点介绍</th></tr>
<tr><td rowspan="3">语文</td><td>识字大王</td><td>体育馆</td><td rowspan="3">语文翻翻乐</td><td rowspan="3">桌面上有 10 张扑克牌，请翻开其中一张属于你的幸运卡片，会有对应的题目等来你答，争做识字大王和积累小达人吧！</td></tr>
<tr><td>积累小达人</td><td>体育馆</td></tr>
<tr><td>小小推荐官</td><td>教室</td></tr>
<tr><td rowspan="3">数学</td><td>知识小达人</td><td>教室</td><td rowspan="3">数学智乐园</td><td rowspan="3">亲爱的同学们：欢迎大家走进数学智乐园！本站点有三关，祝你们闯关成功！
第一关：知识小达人（在教室完成测评）；
第二关：测量小能手（用尺子度量指定物品的长度）；
第三关：购物小专家（选择你想要购买的物品并正确支付）。</td></tr>
<tr><td>测量小能手</td><td>体育馆</td></tr>
<tr><td>购物小专家</td><td>体育馆</td></tr>
<tr><td rowspan="2">英语</td><td>书面测评</td><td>教室</td><td rowspan="2">The English Club</td><td rowspan="2">亲爱的同学们：欢迎大家走进 The English Club! 本站点有两关，祝你们闯关成功！
第一关：Lucky Cards(随机抽出单词卡，读出单词）；
第二关：Ridddle Box.(随机抽谜语，猜动物）。</td></tr>
<tr><td>口语测评</td><td>体育馆</td></tr>
<tr><td rowspan="3">科学</td><td>太阳的位置</td><td>体育馆</td><td rowspan="3">科学智慧馆</td><td rowspan="3">亲爱的同学们：欢迎大家走进科学智慧馆！本站点有三关，将小卡片正确的放置在相应的位置，祝同学们闯关成功！</td></tr>
<tr><td>月相变化</td><td>体育馆</td></tr>
<tr><td>认识材料</td><td>体育馆</td></tr>
<tr><td rowspan="2">音乐</td><td>唱一唱
跳一跳</td><td>体育馆</td><td rowspan="2">小小音乐家</td><td rowspan="2">亲爱的同学们：欢迎大家走进小小音乐世界！本站点有两关，祝你们闯关成功，成为小小音乐家！
第一关：能独自有情感地演唱并且为歌曲编动作；
第二关：听音乐，分辨音乐形象。</td></tr>
<tr><td>听一听
－金耳朵</td><td>体育馆</td></tr>
<tr><td rowspan="3">美术</td><td>我的小发现</td><td>体育馆</td><td rowspan="3">美术小达人</td><td rowspan="3">亲爱的同学们：欢迎大家走进小小美术空间！本站点有三关，祝你们闯关成功，成为美术小达人！
第一关：分辨点线面；
第二关：分辨冷暖色；
第三关：找出民间玩具。</td></tr>
<tr><td>火眼金睛</td><td>体育馆</td></tr>
<tr><td>民间文化大观园</td><td>体育馆</td></tr>
<tr><td rowspan="2">体育</td><td>快速蹲起
20 个</td><td>体育馆</td><td rowspan="2">体育小健将</td><td rowspan="2">亲爱的同学们：欢迎大家走进体育世界！本站点有两关，祝你们闯关成功，成为体育小健将！
第一关：快速蹲起 20 个；
第二关：跳绳 50 个。</td></tr>
<tr><td>跳绳 50 个</td><td>体育馆</td></tr>
</table>

四、综合测评的过程设计

<table>
<tr><th>测评时间</th><th>测评内容</th><th>摊位负责人</th><th>班级</th><th>看班老师</th></tr>
<tr><td rowspan="7">6月27日上午</td><td>语文</td><td>张嘉静、崔畅、邹莉萍</td><td rowspan="7">8:00−9:50 1,2 班
9:50−11:30 3,4 班</td><td rowspan="7">二（1）郑资
二（2）陈雪纯
二（3）肖秀燕
二（4）鲁开旺
二（5）邹莉萍
二（6）（7）李坤前
二（8）陈丹</td></tr>
<tr><td>数学</td><td>庄宇欢、王旺兵</td></tr>
<tr><td>英语</td><td>赵雯娟、张楚璇</td></tr>
<tr><td>科学</td><td>李恺、护导老师 1</td></tr>
<tr><td>音乐</td><td>袁易、护导老师 2</td></tr>
<tr><td>美术</td><td>喻文舟、游妙凤、余琦</td></tr>
<tr><td>体育</td><td>程翊、朱恺禧</td></tr>
<tr><td rowspan="7">6月27日下午</td><td>语文</td><td>崔畅、邹莉萍、郑资</td><td rowspan="7">2:00−3:30 5,6 班
3:30−4:50 7,8 班</td><td rowspan="7">二（1）（2）陈雪纯
二（3）肖秀燕
二（4）鲁开旺
二（5）邹莉萍
二（6）（7）李坤前
二（8）陈丹</td></tr>
<tr><td>数学</td><td>庄宇欢、王旺兵</td></tr>
<tr><td>英语</td><td>赵雯娟、马媛</td></tr>
<tr><td>科学</td><td>李恺、护导老师 1</td></tr>
<tr><td>音乐</td><td>袁易、护导老师 2</td></tr>
<tr><td>美术</td><td>喻文舟、游妙凤、余琦</td></tr>
<tr><td>体育</td><td>程翊、朱恺禧</td></tr>
<tr><th>测评时间</th><th>测评内容</th><th>摊位负责人</th><th>班级</th><th>看班老师</th></tr>
<tr><td rowspan="7">6月28日上午</td><td>语文</td><td>张嘉静、崔畅、邹莉萍</td><td rowspan="7">8:00−9:50 1,2 班
9:50−11:30 3,4 班</td><td rowspan="7">一（1）陆旭
一（2）陈海波
一（3）蓝祥秀
一（4）刘薇薇
一（5）邹伟琼
一（6）郑吉燕
一（7）段诚
一（8）涂丝露</td></tr>
<tr><td>数学</td><td>庄宇欢、王旺兵</td></tr>
<tr><td>英语</td><td>赵雯娟、张楚璇</td></tr>
<tr><td>科学</td><td>李恺、护导老师 1</td></tr>
<tr><td>音乐</td><td>袁易、护导老师 2</td></tr>
<tr><td>美术</td><td>喻文舟、游妙凤、余琦</td></tr>
<tr><td>体育</td><td>程翊、朱恺禧</td></tr>
</table>

续表

<table>
<tr><td rowspan="7">6 月 28 日下午</td><td>语文</td><td>崔畅、邹莉萍、郑资</td><td rowspan="7">2:00–3:30 5,6 班
3:30–4:50 7,8 班</td><td rowspan="7">一（1）陆旭
一（2）陈海波
一（3）蓝祥秀
一（4）刘薇薇
一（5）邹伟琼
一（6）郑吉燕
一（7）段诚
一（8）涂丝露</td></tr>
<tr><td>数学</td><td>庄宇欢、王旺兵</td></tr>
<tr><td>英语</td><td>赵雯娟、马媛</td></tr>
<tr><td>科学</td><td>李恺、护导老师 1</td></tr>
<tr><td>音乐</td><td>袁易、护导老师 2</td></tr>
<tr><td>美术</td><td>喻文舟、游妙凤、余琦</td></tr>
<tr><td>体育</td><td>程翊、朱恺禧</td></tr>
</table>

多元评价 发掘潜力 促进成长

——坪洲小学 2022–2023 学年度第二学期低年级综合测评总结

一、综合测评活动的概况

为进一步落实“双减”政策，充分发挥测评的多效功能，有效夯实学生知识基础，多维度发展学生应用能力，全方面培养学生核心素养，促进学生全面发展，宝安区坪洲小学融合语文、数学、英语、科学、音乐、体育、美术、劳动等学科知识，以孩子的生活为基础，组织富有儿童情趣的活动，将知识、趣味、生活融为一体，以基础性、科学性、趣味性为原则，精心设计并组织开展了一场主题为“闯关集星我能行 快乐学习我最棒”的期末综合测评活动。

（一）领导重视，明确方案

为了促进学生的全面发展，提升学生的素质，我校领导非常重视此项工作，成立了考核小组，多次研究并制定了详实、具体的《宝安区坪洲小学 2022–2023 学年度第二学期低年级综合测评方案》，以促进此项工作的有效开展，为低年级期末测评工作明确了目标、把舵了方向。

（二）精心策划，周密组织

无论是测评内容、考核场地、评委的确定，还是考核时行走的路线、年组的先后顺序、学生的着装、注意事项等方面都由相关负责的领导、班主任以及辅导教师做了精心策划、周密组织，让每个学生都能充分展示自己的水平，一、二年级组共设置了 8 个学科、21 个关卡、42 个考核小组，为了结果更加准确、公正、公平，每组都设有两位评委，配有一名引导教师。此次考核人员，都能履行自己的职责，认真坚守，毫不懈怠，正因为大家的共同努力，使得低年级期末综合测评工作有条不紊顺利进行并完成。

闯关站点	闯关名称	我的星章
语文	识字大王	
	朗诵小百灵	
	小小推荐官	
数学	神机妙算	
	巧手拨珠	
	火眼金睛	
英语	认读小达人	
	问答小能手	
	小小朗读家	
科学	识别物体	
	火眼金睛	
	巧手制作	
音乐	唱一唱、编一编	
	听一听、金耳朵	
美术	我的小发现	
	火眼金睛	
	民间文化大观园	
体育	跳小栏架	
	跳绳 30 秒	
	50 米障碍跑	
劳动	劳动小能手	

图 1　二年级期末测评的 8 大学科、21 个关卡

（三）家校携手，共促成长

家庭是孩子成长的温馨港湾，家庭教育是学校教育的基础，是与学校教育互为补充的重要教育途径，是孩子成长的桥梁。家长是孩子的第一任老师，为

了让家长了解学校的办学理念及评价方式，明确今后家庭教育的方向。本次活动每班邀请了 7 名家长，分布到各个测评小组和班级，亲眼见证孩子们在各项考核中的表现。孩子们精彩的展示，评委老师的恰当点评，赢得了家长赞许的目光。家长对学校采取这样的考核方式给予了充分的肯定及高度的评价；增强了培养孩子的信心，也对学校的前景寄予了很高的希望。一致表示，在今后的学习生活中，将与学校携手并进，共促孩子健康成长。

（四）多元评价，提升素质

对学生进行综合能力考核，是全面贯彻教育方针的关键所在。近两年来，学校、年级组一直致力于对考核进行探究、改进与完善。特别是本学期，在“双减”政策的指引下，我校更坚定以多元评价代替以期末一张试卷的分数论学生好坏的评价方式。增设了朗读、说数、巧手制作、唱一唱、编一编、民间文化大观园、50 米障碍跑、叠衣服整理等 21 项能力考核。根据学生考核情况，由评委依据测评标准评定孩子的等级。

二、综合测评活动的结果及对结果的分析与运用

（一）综合测评活动结果

一年级综合测评结果				
闯关站点	闯关名称	三星人数	二星人数	一星人数
语文	我是识大王	389	8	2
	我是朗通小百灵	384	9	6
	我是小小推荐官	375	15	9
	我有一张小巧嘴	372	17	10
数学	我是计算小能手	368	23	8
	我是图形小天才	384	11	4
	我是方位小专家	377	14	3
英语	Look and Saye	375	21	8
	l Ask You Answer	376	15	6
	Little Singere	383	10	8

续表

科学	物体我分类	378	13	8
	动物鉴别高手	389	8	2
音乐	看画忆唱	367	20	12
	寻找力度	378	14	7
	唱出心中的歌曲	378	13	8
美术	分分冷和暖	389	14	6
	找找点线面	375	15	9
	圆圆、方方和尖尖	378	18	3
体育	跳小栏架	391	5	3
	拍球 30 秒	369	21	8

二年级综合素养测评结果

学科	通关摊位	三星人数	二星人数	一星人数
语文	识字大王	394	7	0
	朗诵小百灵	395	6	0
	小小推萃官	392	9	0
	神机妙算	401	0	0
数学	巧手拨珠	398	3	0
	火眼金膀	395	6	0
	认读小达人	395	6	0
英语	问答小能手	396	5	0
	小小朗读家	398	3	0
	识别物体	401	0	0
科学	火眼金脐	401	0	0
	巧手制作	390	11	0
音乐	唱一唱、编一编	398	3	0
	听一听、金耳朵	395	6	0

续表

美术	我的小发现	399	2	0
	火眼金睛	398	3	0
	民间文化大观园	399	2	0
体育	跳小栏架	395	6	0
	跳绳 30 秒	397	4	0
	50 米障碍跑	392	9	0
劳动	劳动小能手	366	35	0

图 2　一二年级期末综合测评结果

（二）综合测评活动结果的分析与运用

1. 根据综合测评活动结果发现，大部分同学各项考核结果均达到二星级及以上，整体表现优异，但个别同学能力偏弱或出现偏科现象。根据综合评价，学生对照评价的目标认识到自身的真实能力，帮助学生明确努力的方向，为学生的个性发展、全面有特色的发展提供了一定的空间。

2. 根据综合测评活动结果发现，一二年级同学整体在劳动能力方面较弱，需要进一步加强。各班主任、劳动学科教师针对此项不足，在假期和未来的学习生活中应进一步加强劳动教育，提高同学们的劳动素养和劳动能力。

三、综合测评活动的亮点与问题

（一）综合测评活动亮点

1. 学业评价手段和形式多样化，关注学生的个性差异

（1）评价中，我们依据各学科课程目标，全面考查学生的学科综合素质，各学科测评更重视学生实践能力、解决实际问题、团结协作的能力。

（2）改变评价的呈现方式，更体现对学生的人文关怀，为学生创设更为良好、轻松的评价氛围。如在评价中配以有趣的图片及相关的提示语，各学科设置有趣的栏目，引导学生进行分析，同时老师为学生提供建设性的意见，让评价真正发挥其促进发展的功能。

（3）为使学业评价真正成为促进学生发展的激励机制，我们在分项考查项目上均采用争星制，依据测评标准评定孩子的等级。这种特色评价，不仅发掘不同学生的潜能、张扬了他们的个性，还有利于学生认识自我、增强自信。

2. 以活动为载体，发挥学业评价的激励作用

（1）我们以“摘星”活动为载体，依据学科具体课程目标，制定系列评估标准，进行学习过程与方法、情感态度和价值观的综合考察，反映学科特点，符合年段学生认知特点。

（2）在综合测评活动中，让评委老师用心发现孩子的优点，用鼓励性语言激励孩子。同学们在测评活动中越测越自信，越测越勇敢，收获了成功的果实。

（二）综合测评活动问题

1. 综合测评设计仍需更加系统化

本次综合测评设计需要进一步对照各学科课标，拎清核心素养，进而对接设计目标，让测评活动的指向性更加清晰。

2. 综合测评评价仍需更加科学化

本次综合测评评价采用三星制，但标准不够明晰、不够科学，评价方法、评价表格的设计。

附：学生综合素养测评活动记录表